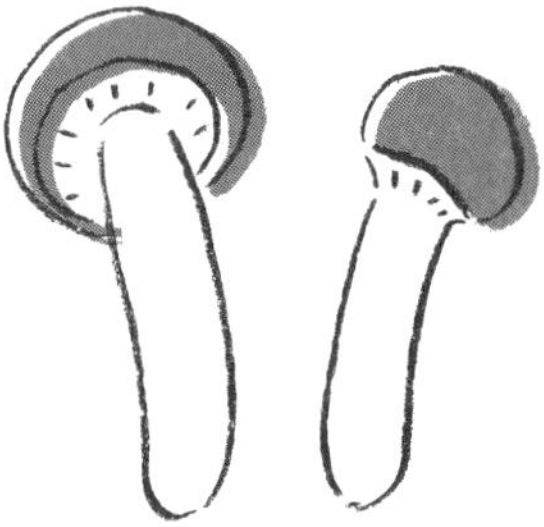

料理上手になる食材のきほん

分とく山　野﨑洋光

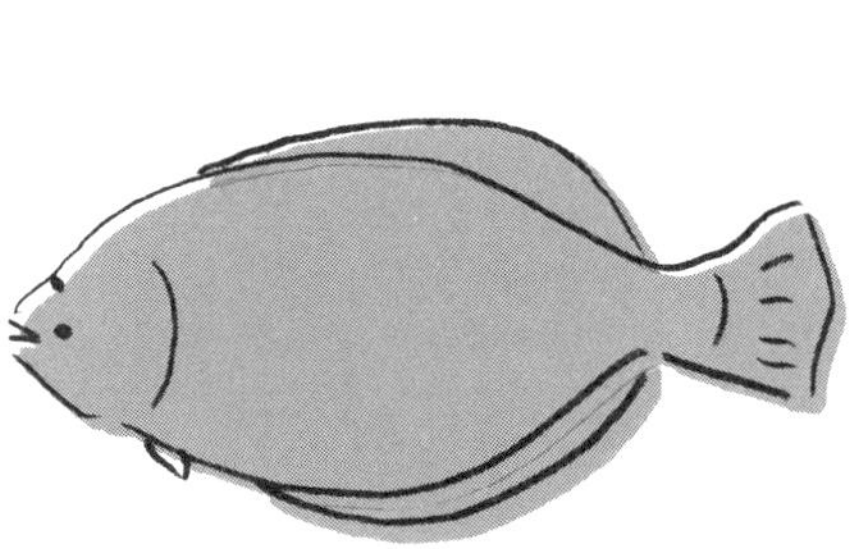

はじめに

長いこと料理を仕事にしてきたので、たくさんの食材と向き合ってきました。築地にも25年ほど毎日のように通いました。私なりに、魚介の善し悪しに通じるようになったと思いますし、値切ったり交渉したりのやりとりの中で、その魚介の価格が需要と供給の仕組みの中で決まることも、理解できました。

日本各地の農家の方を訪ねる旅も重ね、その方々の努力はもちろん、消えてゆきそうな伝統的な食材も多く目にしました。一方、新しい品種の誕生にも立ち会う機会がありました。

私は、食材を前にして何か疑問が生まれたら、いつもその道のプロに「なぜですか？」と質問を投げかけます。「なぜこの魚は最近、よく見かけるのか」「なぜ、この野菜の色が生まれたのか」など。返ってきた答えで、また考えを深めました。

こうして自然に蓄積されてきた食材の知識を、集大成としてこの本でお伝えしようと思います。

野菜、米、豆、きのこ、種実、豆腐、肉、卵、魚介、海藻、だし素材、調味料など一つひとつを取り上げ、由来や特徴、旬の時季、産地、栄養、そして料理する上でのコツまで網羅してあります。

レシピ本の「副読本」として、料理の相談相手として、楽しめる読み物として、キッチンの片隅に置き、いつでもどこからでもページを開いてください。

四季に恵まれた豊かな食材を享受できる日本に暮らし、料理することの楽しさ、そして奥深さを感じていただけると幸いです。

野﨑洋光

目次

米と豆

きのこと種実

目次

魚介

目次

魚介加工品ほか

海藻

だし素材と調味料

調味料

この本の使い方

◆各素材の名称は、和名を基本にしています。ただし魚介などでは種類によって、よく知られる通称で掲載しているものもあります。

◆素材の登場順は、その素材の旬の季節の中で、五十音順にしています。

◆「旬の時季」は、東京に入る時期を目安にしています。現代では、野菜はハウスなどの施設栽培が多く、魚介もその年によって変動が多いため、「旬」は地域によっても異なります。あくまでも目安にして下さい。

◆野菜類の「産地」、魚介類の「漁獲地」に載せた県名は、生産量・漁獲量の多い順です。農林水産省が発表する統計を基準にしています。

◆「栄養」は、素材に含まれる特徴的なものをピックアップしています。データは、平成27年（2015年）に公表された文部科学省「日本食品標準成分表2015年版（七訂）」に基づきます。

◆レシピのカップ1は200㎖、大さじ1は15㎖、小さじ1は5㎖です。

野菜と野菜加工品・乾物

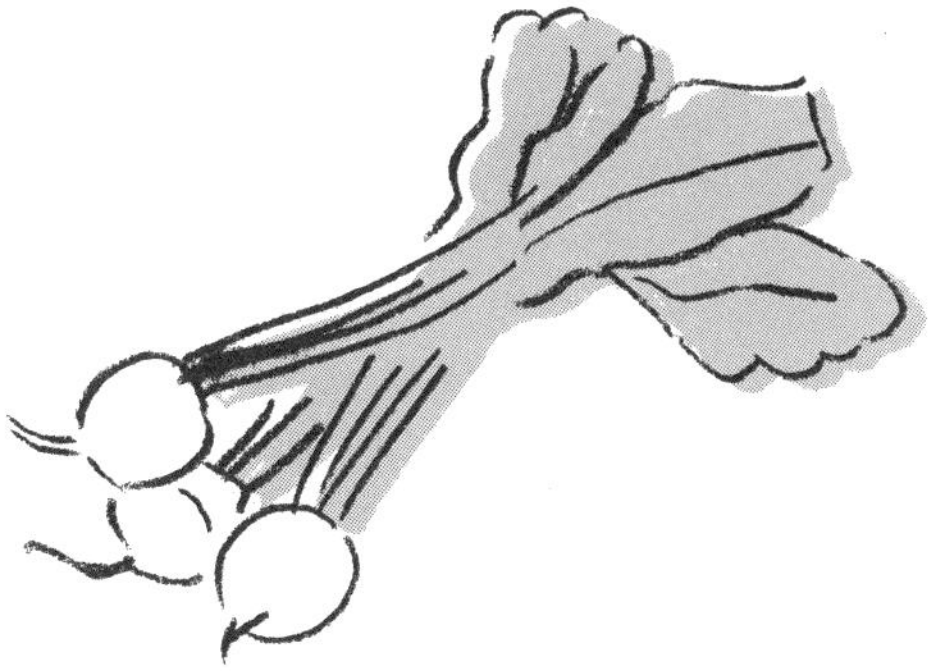

野菜の扱い方の基本

選びたいのは鮮度のいい野菜。食べて、その味を覚えておきましょう

近年の物流の発展には、目を見張るものがあります。朝採れの野菜がその日の昼には都会に届きます。私が料理人になった頃と比べれば驚くほどの変化で、新鮮な素材が、本当に簡単に手に入るようになりました。

〝素材の鮮度〟というのは、料理するにあたっては何にも増して大切なことなのです。特に野菜であれば、新鮮なものほど色鮮やかで甘みも旨みも濃いし、香りや風味も最高です。アクは出ていなくて、栄養価もピーク。調味料が少なくて済み、素材の味わいを生かしておいしく仕上げられます。しかし時間が経つほど、冷蔵庫内に入れておいても野菜の劣化は進み、それをカバーするために調味料を重ねることになってしまいます。鮮度のいい野菜を使うのが一番なのです。

また、野菜は、見た目の良否だけで判断してはいけません。今日のように品種改良で新しい野菜がどんどん生まれ、輸入野菜もあり、有機野菜や無農薬野菜もあるといった、バラエティに富んでいる中で選ぶには、自分で食べてみて経験することによってしか、判断基準は生まれません。本やテレビなどで得た「知識や情報」だけではなく、自分自身でこのトマトは形もよくて味もいい、とか、このじゃが芋は小粒だけど甘みは強いなどと、体験して身につけるしかありません。

野菜の個性はそれぞれ異なります。本質をきちんと知って、生かしたいもの

野菜には、当然ながらそれぞれ個性があります。春野菜を例にすると、独活《うど》ならば真っ白でほどよい苦みが魅力ですし、空豆は形が愛らしくて濃厚な香りがあります。秋野菜では、牛蒡《ごぼう》は風味と歯ごたえが持ち味で、里芋はぬめりがあってほっくりした歯ごたえです。

これら野菜それぞれの個性や本質をしっかり把握したうえで生かして料理するのが重要です。独活であれば、アクが出るので酢水にさらして白さを守るのが下ごしらえの基本ですが、もうひとつ苦みのためには、長くさらしすぎてはいけない、と思い至ることでしょう。

野菜の下ごしらえとは、つまりは、その野菜の調理

上のマイナス面を減らして、プラス面を生かすための準備にほかならないのです。料理の本には下ごしらえについて載っているので、それを行う意味を充分に理解するようにしましょう。

葉もの野菜は水に15～30分浸し、隅々まで熱の通り道を作ります

ほうれん草や小松菜などの葉もの野菜は、鮮度がよくてみずみずしいと早くゆでることができます。熱というのは、細胞に含まれる水分を通して伝わっていくからです。野菜の隅々まで水の通り道ができていれば熱は通りやすく、短時間で早くゆでることができ、野菜の色や食感のよさをキープできます。

一方しなびていると、ゆでるのに時間がかかる結果、色は褪せて食感は損なわれ、ビタミンCなど熱に弱い栄養素が減り、水溶性のビタミンなども流出します。しかも長くゆでることによって、野菜の組織から苦みやアクの素なども出てきて、野菜全体に回ります。

このように、短時間でゆでることのメリットは、たくさんあります。そのために、葉もの野菜はゆでる前に根元を15～30分ほど水に浸し、シャキッと生き返らせておきましょう（130ページ）。このひと手間で、葉っぱの先端まで水分が行き渡ります。切り花を活ける前に、根元を水に浸しておくと花がピンとしますが、野菜も同様です。アスパラガスやカリフラワー、ブロッコリーなども同じ。菜の花や三つ葉のように、穂先の美しさを生かしたい場合はなおさらです。

青菜をゆでるときに塩は不要。色よくゆでるには、温度のほうが大切です

「青菜をゆでるときに、湯に塩ひとつまみを入れる」と、長く言われてきました。塩を加えると、浸透圧の作用で野菜から水分を引き出してしんなりとゆで上がる、また、塩分は野菜との間に対比効果が生まれて野菜の甘みが強調される、湯の沸点が上がって早くゆで上がる、などが期待されていたと思います。しかし、その後の研究で、この効果はないに等しいとわかりました。

色の濃い青菜を色よくゆでるためには、野菜の容量の5倍くらいのたっぷりの湯を90℃以上に保ち、短時間でゆでることのほうが大切なのです。そのため、1束全部を一度にゆでると温度が下がるので、小分けにして少量ずつゆでます。湯の温度が低くなると、青菜

の色素を退色させる酵素も働いてしまいます。その後は、水にさらして水気を絞ります。ただし、枝豆の塩ゆでのように、下味をつけるために塩湯を使うこともあります。

アブラナ科の野菜は、辛みを引き出す 少し低めの70～80℃がゆでる適温

以上のように、野菜は一般には90℃以上の温度でゆでたいのですが、小松菜、青梗菜《ちんげんさい》、水菜、菜の花、大根、蕪《かぶ》、カリフラワー、キャベツ、芽キャベツ、ブロッコリーなどの「アブラナ科」の野菜は、少し低い70～80℃でゆでます。これは、野菜の芯温が50℃前後になるということ。アブラナ科の野菜には、ツンとした辛み成分（イソチオシアネート）が含まれていて、これらの野菜の持ち味となっています。この成分は、野菜の芯温が40℃くらいで働き始めますが、熱に弱いため、高温では揮発し、辛みやほろ苦さも失われます。例えば、小松菜を70～80℃と、90℃でゆでたものを食べ比べてみると、味の差に驚かされることでしょう（辛み成分は生をかじったり、すりおろしても生じます）。

70～80℃を計る料理用の温度計がなければ、１ℓの湯を沸騰させて水３００㎖くらいを加えると、ちょうどよくなります。かぶや大根には、胃もたれに効果的な消化酵素アミラーゼも含まれますが、この酵素も高温だと死滅するので、酵素を生かすためにも有効です。

筍《たけのこ》のアクは大根おろしの汁で抜きます。 風味が強く残り、食感もフレッシュ

筍は、掘って時間が経つと、空気に触れて渋みや苦みの素になるアクが急速に出てきます。このアクは、筍に含まれるアミノ酸が酸化してできるホモゲンチジン酸が主成分で、特に先端部に多く含まれます。アクを抜くには、「ゆで湯に米ぬかと赤唐辛子を入れる」と、昔から言われてきました。しかし研究の結果、私は筍を皮ごと縦半分に切り、皮付きの大根おろしの汁と水を同量ずつ合わせて1％の塩を混ぜた中に、3時間浸ける方法で行います。皮をむいて一口大にしたものなら1時間で。細切り、短冊切りであれば30分で充分です。大根の酵素の働きと塩の浸透圧作用とで、アクがしっかり引き出せるのです。時間がきたら水洗いをし、天ぷらではこのまま衣を付けて揚げますし、煮ものや筍ご飯には軽くゆでて使います。

このアク抜き法では、筍の風味が強く残って食感は今までになくフレッシュです。ほかにもわらびや実山椒のアク抜きにも使えますが、蕗《ふき》ではアクが抜けすぎて蕗の味わいを損なうので、適しません。

アクの強い根菜は、直前に湯通しを。汚れも落ち、根菜本来の味が生きます

牛蒡《ごぼう》、人参《にんじん》、蓮根《れんこん》、さつま芋、里芋などの根菜類は、料理する前に湯通しすると、アクや雑味が抜けてすっきりとおいしくなります。きのこも湯通しするとアクや汚れ、ぬめりが取れ、本来の味が引き立ちます。

湯通しの方法は熱湯にさっと通し、水にはとらずにざるに上げるだけ。このひと手間で、里芋などではぬめりも取れ、本来の味が引き立ちます。ただし牛蒡の独特のアクを含んだ香りを料理に生かしたい場合や、里芋もぬめりを生かした場合は、湯通ししません。目的によって使い分けが必要です。根菜の煮ものなどでは、まとめて一緒に湯通ししても結構です。

味がある野菜に、余分な調味料は不要。飾り切りもしないほうが現代的

料理の味付けとは、素材の味わいに塩味や甘みをバランスを見ながら加え、香りなどを補って仕上げるということ。その意味で、魚や肉にはない野菜の特徴として、素材自体が強い甘み、辛み、苦みなどを持つ場合があります。例えば、さつまいもには強い甘みがあるので、塩、醤油、味噌などで〝塩分だけ〟を足せば味のバランスは完成します。調味料の甘みは引き算して加えないことで、さつまいも本来の甘さが生かせるのです。次々と加えていきがちですから、これは留意しておきましょう。そのためには、野菜をかじったりして元の味を知っておくのは、とても大切です。

また、以前は、椎茸の傘に十文字の切り込みを入れるなど、飾り切りをよくしました。しかし現代はむしろ、素材そのもののおいしさを直球で味わう時代です。〝飾るための飾り切り〟は不要だと私は思います。

独活
うど

ウコギ科。日本原産で、もとは全国の山野に自生。江戸時代には、栽培が開始され、現在は栽培種がほとんどです。成長すると1～2mにも達し、風がなくても揺れるので、漢字では「独り」「活きる」とこの名前に。地下の穴蔵で日光を遮って栽培されるために色が白く、皮は少し赤みを帯びます。栽培には技術が必要で、高級野菜の一つ。自生種を改良した「山独活」は畑で栽培され、短かめで皮は緑色を帯び、アクも多く、野趣に富みます。いずれもサクサクした歯切れのよさや白い色、香気は、野菜の中でも格別です。

【選び方】 産毛の多いものが新鮮。極太よりも、五百円玉大の太さのものがおすすめです。

【旬の時季】 3～4月。12～5月頃まで出回ります。

【産地】 栽培に関東ローム層の土質が適しているため、関東圏に多く、群馬県、栃木県、東京都など。山独活は埼玉県、山形県、群馬県など。

【栄養】 食物繊維が多く、アスパラギン酸も含まれます。

◎料理のコツ

まずアクをしっかり抜いて、香りと歯ざわり、白さを生かします。皮をむくとすぐにアクが出て、そのままにしておくと褐色に変わるので、切ったらすぐ3%の酢水に浸けましょう。その後、水にさらして酢っ気を抜きます。生のまま酢のものや和えものにするほか、加熱して椀だね、揚げもの、焼きもの、煮ものにと万能に使えます。煮ものにする場合は、塩で味をととのえた薄めのだし汁で80℃くらいで煮ると、独活の色とほどよい苦みが生きて、料理に品格をもたらします。また、桂むきして縦に細切りにした「篠《しの》うど」は繊細で、刺身のけんや和えものにもぴったり。皮もおいしいので捨ててしまわず、きんぴらなどに活用を。繊維を断ち切るように横に切ると、筋っぽさが気になりません。

蕪

かぶ

アブラナ科。『日本書紀』や『万葉集』にも載っているほど、古くから食べられてきた野菜。芽吹いたばかりのものが、春の七草の一つ「すず菜」です。各地には大小さまざまな種類がありますが、一般的に出回るのは「小蕪」。生で食べても加熱してもよく、使いみちは多彩です。各地の固有種には京都の1個約5kgの「聖護院《しょうごいん》かぶ」、大阪の「天王寺蕪《てんのうじ》」、新潟の「寄居《よりい》かぶ」、滋賀県の細長い形の「日野菜《ひのな》」、岐阜県の「飛騨《ひだ》赤かぶ」など。以下は、一般的な小蕪について述べていきます。

【選び方】 葉付きは、葉の緑色がみずみずしく、株が真っ白で丸く、張りとツヤのあるものを。葉が落としてあるなら、茎の付け根付近が緑色のものを。

【旬の時季】 一年中手に入りますが、特に春2〜4月と秋10〜12月が一番柔らかく、おいしくなります。

【産地】 葉が傷みやすく輸送が難しいため、都市近郊が多く、関東では千葉県や埼玉県など。

【栄養】 白い株の部分は食物繊維が多く、葉は栄養豊富でβ《ベータ》-カロテンやビタミンCなどを含みます。

◎料理のコツ

蕪の旨みは皮の近くにあるので、風味を逃がさないよう、料理の直前にむきましょう。茎を少し残すと、蕪らしい形になります。薄切りにして、サラダに、塩もみして漬けものに。塩水にくぐらせて昆布締めにし、スモークサーモンを巻くと酒肴になります。すりおろしてドレッシングに使ってもいいでしょう。火を通す場合は、加熱しすぎないこと。70〜80℃くらいでゆっくり火を通すと（12ページ「野菜の扱い方の基本」）、歯ごたえがほどよく残りながら、噛んだときに違和感がなく、味わいを最大限に引き出せます。以前は米のとぎ汁でゆでてアクを抜く、と言われましたが、現代は流通がよく鮮度のいいものが出回るので、その必要はありません。葉は辛みがあっておいしく、刻んで切り昆布や赤唐辛子と塩もみにして副菜に。むいた皮は、きんぴらにどうぞ。

グリーンアスパラガス

ユリ科。日本へは18世紀末に、観賞用としてオランダからもたらされました。食用になったのは明治初期。アメリカやフランスから再導入され、北海道で栽培が始まりました。食べる部分は、葉や枝が出る前の若い茎と穂先です。グリーンアスパラガスは地上に芽を出して伸びたもので、ホワイトアスパラガスは光を遮って育てたもの。栽培法が違うだけで、同じものです。グリーンアスパラガスは味が濃く、ホワイトアスパラガスには甘みがあります。最近見かける紫アスパラガスは、加熱すると緑色になります。いずれも形を生かして使いたいので、穂先が大切です。

【選び方】 穂先がふっくらとして張りがあり、しっかりしたものを。

【旬の時季】 輸入ものも多く、一年中手に入りますが、国産の旬は5～6月。

【産地】 北海道を中心に、佐賀県、長野県など。

【栄養】 グリーンアスパラガスはβ《ベータ》-カロテンやビタミンCが豊富。疲労回復に効果的な、アスパラギン酸というアミノ酸も。栄養価は、ホワイトアスパラガスよりグリーンアスパラガスが勝ります。

◎料理のコツ

すらりと伸びたものを形のまま使って、素材感を味わいたいものです。根元は手でポキンと折り、根元付近の固い表皮をむくと、口当たりがぐっとよくなります。旬のアスパラガスのおいしさを味わうには、サラダ油を塗って丸ごと直火で焼くのが一番。ほかに揚げものにするなら「一本揚げ」（17ページ）に。長いまま、または半分に切って、新びき粉や天ぷら衣をつけて揚げます。ゆでるときは、たっぷりの湯にまず根元を立てて入れ、10秒ほど数えたら穂先まで全体を沈めて1分ゆで、ざるに上げて自然に冷ましましょう。水にとるとアスパラガスの香りや旨みが流出します。サラダに、ソテーに、豚肉や穴子を巻いて照り焼きなどにもどうぞ。

グリーンアスパラガスの一本揚げ

→p.138

材料(2人分)
グリーンアスパラガス …… 4本
小麦粉……適量
天ぷら衣
　卵黄 …… 1/2個分
　水 …… 1/2カップ
　小麦粉 …… 3/5カップ(60g)
揚げ油 …… 適量
塩 …… 少々

① アスパラガスは根元を落とし、皮むき器で、下から7〜8㎜ほどの固い皮を薄くむく。
②①に、刷毛で小麦粉を薄くまぶす。
③ 天ぷら衣の卵黄を泡立て器でほぐし、水を加え、小麦粉をさっと合わせる。
④ 揚げ油を170〜180℃に熱し、③に②をくぐらせて油に入れ、からりと揚げる。
⑤ 塩をふって器に盛る。

グリンピース

マメ科。豌豆《えんどう》の未熟果。別名「青豌豆」「実豌豆」。豌豆は、ヨーロッパ南部から中近東地域が原産地とされ、日本へは明治初期に渡来。明治半ばにはアメリカからの品種が大阪の碓井《うすい》に根づき、急速に広まりました。そのため「うすい豆」とも呼ばれます。香りが高く、独特の甘みとホクホクした食感があり、露地ものなら香りはいっそう濃厚。グリンピースを完熟させて乾燥させたものが、穀物の「えんどう豆」です。

【選び方】 むき豆も売られていますが、鮮度が落ちやすいので、さや付きがおすすめ。さやが緑色でふっくらと丸く、実のよく入ったものを。

【旬の時季】 4月末〜5月。

【産地】 和歌山県、鹿児島県、熊本県など。大阪の伝統野菜に「碓井豌豆《うすいえんどう》」、和歌山県に高糖度の「紀州《きしゅう》うすい」があります。

【栄養】 栄養価は高く、たんぱく質、炭水化物が豊富。β《ベータ》-カロテン、ビタミンB_1、C、鉄や食物繊維も。

◎料理のコツ

さやから出した途端に風味が落ちていくので、使う直前にさやから出し、水に入れておきます。美しい黄緑色を大切にするか、風味を大切にするか、生かし方は二通り。色を生かすゆで方は、湯に2％の塩と0.3％の重曹を加えて豆を入れ、沸騰したらすぐ火を止め、キッチンペーパーをのせて蓋をかぶせます。塩は色よくし、重曹は素材のアクを除いて発色をよくし、薄皮を柔らかくします。この後、水で洗い、昆布ひと切れを入れた1％の塩水に浸しておくと、色が鮮明なままで、しわも寄りません。これを豆腐と炊き合わせたり、吸いもの、卵とじなどに使います。一方、風味を生かす料理の代表は「豆ご飯」。米2合を浸水させ、水1½カップ、酒・淡口醤油各大さじ2を加え、生の豆をのせてそのまま炊きます。豆は色褪せますが、ご飯に濃い香りが移って、春の食卓を彩ります。

さや豌豆

さやえんどう

マメ科。ローマ時代には既に栽培されていた、歴史のある野菜。日本へは9世紀頃に伝来し、明治時代以降にさまざまな品種が伝わりました。さや豌豆は大別すると、「早採りしたさやを食べる品種」「さやも豆も食べる品種」「豆だけを食べる品種」に分かれます。さやを食べる品種には、さやの小さい「絹さや」、さやが大きい「オランダさや」など。両方を食べる品種には、「さとうざや」や1970年代に導入された「スナック豌豆（別名スナップ豌豆）」などがあります。豆だけを食べるのがグリンピース（18ページ）です。

【選び方】 さやだけを食べるものは、豆が育ちすぎず薄く、緑色が濃く、パキッと折れるほど張りのあるものを。さやも豆も食べる品種は、さやの緑が濃くて豆が詰まっているものを。

【旬の時季】 2〜4月。

【産地】 鹿児島県、愛知県、福島県、和歌山県など。

【栄養】 緑黄色野菜の一つなので栄養価が高く、豊富なβ《ベータ》-カロテン、ビタミンB_1やB_2、ビタミンCを含みます。豆そのものにはたんぱく質もあります。

◎料理のコツ

ゆでると甘みが出て、歯切れもよくなります。まず筋を取って塩湯でゆで、少しふくらんだくらいで引き上げ、水にとってすぐに水気をきります。水にとると旨みが逃げるとして、おか上げが推奨されますが、すぐに引き上げれば大丈夫。このほうが緑色が冴えます。美しい緑色と形のよさが重宝され、肉じゃがの青みにしたり、繊細に細切りして、卵とじ、ちらしずし、炊き込みご飯などの青みのように、料理の彩りに用いられます。煮ものや味噌汁に使う場合は、加熱時間が長いと歯ごたえを損なうので、別にゆでて、最後にさっと入れましょう。炒めものに使うとシャキシャキした歯ごたえが際立ちます。ゆでてフードプロセッサーでピューレにし、白和え衣に混ぜて緑色にし、魚介を和えて春の一品にも。

芹

せり

セリ科。古くは『万葉集』などでも詠まれた、日本原産の野菜。湿地に〝競《せ》り合って密生する〟ため、この名前に。アクを含んだ野趣豊かな香りと苦み、シャキシャキした歯ごたえは、春の訪れを知らせてくれます。「春の七草」の一つ。2〜3月頃、田んぼの畦や湿地、川べりなどで自生しますが、スーパーに出回るのはスラリとした栽培もの。野生ものは地を這うように横にも伸び、霜に当たって紫がかった色をしています。

【選び方】 緑色が美しく、茎がシャキッとしているものを選びましょう。

【旬の時季】 栽培ものは、夏以外はいつでも出回ります。味わいが濃くなるのは1〜2月。野生のものは2〜3月頃だけの季節の味です。

【産地】 茨城県、宮城県、大分県、秋田県など。

【栄養】 β《ベータ》-カロテン、ビタミンC、カリウム、鉄など。

●料理のコツ

芹は茎が空洞で、歯ごたえのよさが持ち味なので、ゆでる際は、短時間でさっと火を通すことが大切。この後、水にさらしてアクを抜くと、色も歯ごたえも生かせます。繊維が固いので、食べすぎるとおなかをこわす場合も。お浸し、和えもの、卵とじ、油揚げとの煮ものなどに使います。秋田の郷土料理「きりたんぽ鍋」に欠かせませんし、「すき焼き」などにもどうぞ。昔から鴨肉と相性がよいとされ、「鴨鍋」「鴨雑炊」に芹はつきものです。ゆでた芹をご飯の炊き上がりにのせて蒸らすと、緑色も香りも爽やかな「芹ご飯」に。じゃこや桜えびとのかき揚げには、生のまま使います。サラダに使ってもよいでしょう。

コラム

緑濃い 春の七草

一年の無病を祈って七草粥に

正月七日の朝、七草の入った粥を食べて一年の無病を祈るという、平安時代にルーツを持つ「七草の行事」があります。この七草とは一般的には、「芹《せり》、なずな、ごぎょう、はこべら、ほとけのざ、すずな、すずしろ」のこと。なずなはぺんぺん草、ごぎょうは母子草《ははこぐさ》、はこべらはハコベ、すずなは蕪《かぶ》（その若芽）、すずしろは大根（その若芽）です。

この行事は、豊作への祈り、冬のさなかに春のきざしを待つ喜び、山野に若菜摘む楽しさなどが結びついたものと言われます。七草は、前夜に清浄なまな板の上ではやし唄を歌いながら包丁やすりこ木で叩き刻み、当日の朝にお粥に入れます。独特なはやし唄「七草なずな　唐土《とうど》の鳥が　日本の土地に　渡らぬ先に　合わせて　バタクサバタクサ」は、有害な鳥を追い払う「鳥追い唄」に由来しています（地方によって、はやし唄の歌詞も草の種類も異なる場合があります）。

これらの野菜は緑が濃く、ビタミンAやC、カルシウムなどが豊富な緑黄色野菜ばかり。ビタミン不足になりがちな季節を乗り越える、昔ながらの知恵でもありました。飽食の現代ではおせちを食べた後に、野菜たっぷりのお粥で体調を整えることができます。

正月三が日を過ぎる頃、スーパーにはパック入りの七草が並び、観賞用の鉢植えの七草も登場します。

空豆

そらまめ

マメ科。原産地は北アフリカ。世界で最も古くから栽培されている歴史を持ちます。野菜として食べるのは、完熟する前の未熟果で、若いさやが上（空のほう）を向くので「空豆」に。「蚕豆」とも書くのは、さやの形が蚕《かいこ》に似ているため。「五月豆」「夏豆」「唐豆」「おたふく豆」「大和豆」など地方名も多く、各地で親しまれてきました。なお、乾物の空豆をこってりと煮含めた煮豆料理も「おたふく豆」と呼びます。塩ゆでした空豆は、独特の青い香りにほのかな甘みと旨みがあり、ホクホクした食感も大きな魅力。これを味わうには〝鮮度が命〟と心得ましょう。

【選び方】 鮮度が落ちやすいのでさや付きを求めましょう。中でも豆のふくらみがわかるものを。

【旬の時季】 露地ものの旬は4～6月。ハウス栽培が盛んなので、初秋の8～10月を除き、春から秋まで出回ります。

【産地】 鹿児島県、千葉県、茨城県、宮城県など。

【栄養】 炭水化物やたんぱく質、ビタミンB_1、B_2、ビタミンCのほか、ミネラルも豊富なバランスのいい野菜。

◎料理のコツ

ゆでるときは、さやは直前にむきましょう。空気に触れると豆が急速に固くなって、香りも失います。薄皮にはアクや苦みもあるので、私は、薄皮をむいてゆでる方法をおすすめします。香りも旨みも逃がさず、味わいを最大限に引き出すには、塩分3％、70～80℃の湯で2分ほどゆでるのがポイント。水には放さず、ざるに上げて自然に冷まします。ほかに、さやごと焦げ目がつくほど焼いて、豆を取り出して食べる「焼き空豆」も人気です。形の愛らしさを生かして、空豆に海老をはさみ、素揚げにしたり天ぷら衣で揚げると上品な一品に（23ページ）。さっと煮含めてもおいしいものです。生の空豆を刻んで泡立てた卵白と混ぜた衣を、白身魚につけて揚げる料理を「五月《さつき》揚げ」といいます。

空豆の海老はさみ揚げ

→p.139

材料(2人分)
空豆(さやから出したもの)…… 10個
芝海老 …… 3尾(50g)
衣
　小麦粉 …… 適量
　卵白(泡立て器でほぐす) …… 適量
　新びき粉 …… 適量
揚げ油 …… 適量
塩 …… 適量

① 空豆は薄皮をむき、半分に割る。
② 芝海老は殻をむいて背わたを取る。1.5%の塩水で洗って水気を拭き、まな板にのせて包丁で細かく叩く。
③ ②を10等分して①ではさみ、小麦粉、卵白、新びき粉の順に衣をつける。
④ 揚げ油を160～170℃に熱し、③を入れてからりと揚げる。
⑤ 塩少々をふって、器に盛る。

筍

たけのこ

イネ科。日本の食用筍には「孟宗竹《もうそうちく》」「真竹《まだけ》」「五三竹《ごさんちく》」「大名竹《だいみょうちく》」「淡竹《はちく》」「緑竹《りょくちく》」「根曲がり竹」などがあります。最も大きく太く、味のよいのが孟宗竹。18世紀初めに、中国から琉球経由で薩摩(鹿児島県)に植えられたのが最初です。渋み、苦みの素になるアクの正体は、主に筍に含まれるアミノ酸が酸化してできるホモゲンチジン酸。筍が地面に出て空気に触れ、時間が経つと急速に増え、特に先端部に多く含まれます。

【選び方】 小ぶりでずっしりと重く、皮には湿り気があり、根元の断面が白いものを。根元にある小さな突起が赤ければ、なお新鮮です。

【旬の時季】 孟宗竹は、温暖な鹿児島などでは11月から掘り始め、桜前線同様に北上します。一般的には4～5月。

【産地】 鹿児島県や福岡県、熊本県など。京都の山城《やましろ》、福岡の合馬《おうま》、千葉の大多喜《おおたき》なども有名。

【栄養】 食物繊維が豊富。旨み成分のアミノ酸も多く含まれます。

◎料理のコツ

アクやえぐみの成分は水に溶け、加熱すると増加しないので、一般的には米のとぎ汁や米ぬか、赤唐辛子を加えた湯でゆでてアク抜きをします。しかしこれだと、フレッシュな味わいが損なわれます。そこで私は、大根おろしの汁に浸す方法をおすすめしています。これは皮付きの大根おろしの汁と水を同量で合わせ、その1％量の塩を加えて、縦半分に切った皮付きの筍を3時間浸すだけ。皮をむいて一口大に切ったものなら、浸す時間は1時間で充分。大根の酵素の働きと塩の浸透圧作用とで、アクがしっかり抜けるので、その後は軽くゆでて使うと、歯ごたえ、香りともに驚くほどフレッシュに感じられます。煮もの、炊き込みご飯、味噌汁などにどうぞ。根元はすりおろして白玉粉を混ぜ、「筍団子」にしてもおいしいです。

菜の花

なのはな

アブラナ科。地中海沿岸や北ヨーロッパが原産地。日本には中国経由で渡来し、菜種《なたね》油を取るために栽培されてきました。現在、食用にするのはこれとは別の洋種で、花が咲く手前のつぼみが付いた花茎《かけい》です。「菜《な》花《ばな》」「花菜《はなな》」とも呼ばれます。鮮やかな若草色は、つぼみの存在もあって、春の到来を告げる野菜。ほろ苦さと、かすかな辛みが持ち味です。なお、京都の漬けもの「花菜漬け」に用いられるのは、和種の「伏見寒咲《ふしみかんざ》き菜種」です。

【選び方】 葉や茎の緑色が鮮やかで、ぴんとしているもの、つぼみが開いていないものを。

【旬の時季】 12月末頃から出回り始め、3月頃がピーク。

【産地】 千葉県、徳島県、香川県、高知県など。

【栄養】 β《ベータ》-カロテンを多く含み、ビタミンC、ミネラル類なども豊富に含みます。

◎料理のコツ

ゆでる前には根元を水に15分ほど浸け、水を吸わせて先端までピンとさせます（11ページ）。ゆでる際は70～80℃くらいの湯でゆでると、アブラナ科独特のほろ苦さや辛さ、香りが生かせます（12ページ）。いっぺんに1束全部をゆでるのではなく、少しずつ湯に入れるのもポイントです。菜の花はゆですぎると穂先の形が悪くなるので、特に留意しましょう。まず根元を入れて20秒ほどしたら、穂先も沈めて20秒。冷水にとって水気を絞ります。これで歯ごたえが残ります。穂先はお浸しや辛子和え、塩漬けなどに。茎は固いので、ゆでてから、刻んで塩もみなどにするといいでしょう。

蕗《ふき》

キク科。蕗の魅力は爽やかな香りとほろ苦さ。原産地は日本で、全国の山野に自生し、平安時代の書物『延喜式』に載るほど古くから食されてきました。食用にするのは、蕗の茎（葉柄《ようへい》）の部分。現在流通しているハウス栽培ものは、野生種（野蕗《のぶき》）と比べて柔らかく、アクやえぐみも少なくなりました。東北地方には葉柄が2mにもなる「秋田蕗《あきたふき》」がありますが、固いので、砂糖漬けや佃煮などの加工品に使います。茎が出る前の早春に、地中に出たのが「蕗のとう」です。

【選び方】 全体にみずみずしく、持っても茎がしならず、葉がきれいなものを。太さは直径1.5～2㎝程度のものがおいしく、太すぎると筋張り、細すぎると旨みが弱くなります。

【旬の時季】 近年は栽培ものが一般的で、一年中出回りますが、本来は4～5月の晩春が旬。

【産地】 愛知県、群馬県、大阪府など。

【栄養】 食物繊維が多く、カリウムも比較的多く含みます。

◎料理のコツ

アクを抜く、薄皮をむく、といった下処理が必要です。アクは時間が経つほど回るので、買ったらなるべく早く行いましょう。やり方は、まず葉を切り落とし、なるべく大きい鍋を用意して、茎を鍋に入る長さに切って3％の塩湯でゆでます。ゆで上がりが同じになるよう、先に太いものを、後から細いものを入れ、ゆで上がったら水に放ちます。それから根元から上へ皮をむき、料理の目的に合わせて切り揃えます。「青煮」は蕗だけを煮た上品な料理で、できるだけ太さの揃ったものを使いましょう。穴子や豚肉で巻いて煮たり、同じ頃に出回る筍《たけのこ》や鰹《かつお》と炊き合わせにしても喜ばれます。佃煮や、砂糖煮にも向きます。葉は刻んで、水の中でもみ洗いを数回繰り返してアクを抜き、油で炒めて濃い醤油味で炒り煮にすれば、白いご飯が進む当座煮《とうざに》ができ上がります。

三つ葉《みつば》

セリ科。東アジア原産で山野に自生し、日本では江戸・元禄年間に栽培が始まった、香り高く爽やかな日本のハーブです。「根三つ葉」「切り三つ葉」「糸三つ葉（青三つ葉）」の3種があり、固さや風味の強さが異なります。これらは、栽培方法の違いによるもの。根三つ葉は根元に土寄せし、日光を遮って時間をかけて育てるため、緑の葉が濃く、白っぽい茎は太め。立派な根が付いた状態で売られており、歯ごたえも香りも一番。切り三つ葉は日に当てずに育てるので白く伸び、根元は切られた状態で出回ります。糸三つ葉は水耕栽培で、スポンジの床ごと根付きで売られています。

【選び方】 先端までピンとして色よく、張りのあるもの。

【旬の時季】 3種とも一年中出回ります。本来は3月頃から初夏にかけてが旬。

【産地】 主な産地は千葉県や愛知県、茨城県、埼玉県。

【栄養】 根三つ葉と糸三つ葉はβ《ベータ》-カロテン、ビタミンCを多く含みます。香り成分には、食欲増進や神経安定作用があります。

◎料理のコツ

野菜としてしっかり味わいたいときは、根三つ葉を。茎が太く、心地よいシャキッとした食感が魅力です。ゆでる前に茎をほぐして空気を当て、根元を切り落として15分ほど水に浸けてから（11ページ）、軽くゆでます。ゆですぎると、シャキシャキした歯ごたえを失うので注意しましょう。お浸しにすると、旨みと風味を感じられます。香りがよいので、肉を使った鍋ものの具の一つとして使うと、肉の引き立て役に。切り落とした根は、土に植えると芽が出るので再利用できます。切り三つ葉は繊細な茎を生かして、関東ではお雑煮に添えます。生のままサラダにしたり、卵とじや汁ものの青みにも。糸三つ葉も生でサラダにしたり、お浸しや鍋ものにもどうぞ。

濃い緑色に、苦みを伴う香気。春の息吹をいただく 山菜

◆こごみ

オシダ科のシダ類で、わらびやぜんまいの仲間。山野の湿地に生え、葉の開かない若芽を食べます。くるくると巻いて前かがみ（前こごみ）になっているので、この名前に。和名は「クサソテツ」。アクやクセがなく、舌ざわりもよい万人向けの山菜で、新鮮な場合は山菜特有のアクの処理が不要。柔らかく食べやすく、料理法もいろいろあります。そのまま天ぷらにも。また塩湯でさっとゆでて水にとり、絞ってお浸しに、和えものに。きんぴら風の炒めものにも。春の酒肴にも喜ばれます。

◆ぜんまい

ゼンマイ科でシダの一種。ポピュラーな山菜で、淡い赤褐色の綿毛に包まれた若芽を食べます。若芽が硬貨（銭《ぜん》）のように巻いているので、この名前に。葉と綿毛を除き、アク抜きをします。アク抜きの方法は、私がおすすめするのは、皮付きの大根おろしの汁と水を同量で合わせ、1%の塩を加えた液に1時間浸す方法。大根の酵素の働きと塩の浸透圧で、アクが抜けます（12ページ）。比較的固い食感なので、干して乾物にすることも多いぜんまい。干すことでアクはさらに抜け、繊維が乾燥するため、別の食感になります。乾物も出回ります。

◆たらの芽

ウコギ科の落葉低木の若芽。各地の山野に自生。香りがよく柔らかく、クセもないので山菜の中でも人気。ハウス栽培もされています。香りが独活《うど》に似ているので、「うどもどき」の別名も。天然のたらの芽は風味がいいのですが、形が大きくなってしまうので、料理店では、こぢんまりと姿のいい栽培ものを使います。たらの芽は、アクはないので特別な下処理は不要。火が通りやすいように根元に包丁目を入れ、そのまま天ぷらに。またさっとゆでて冷水にとり、お浸しや和えものにしても、さわやかな味わいです。

◆蕗のとう

キク科の蕗《ふき》（26ページ）のつぼみ。うろこ状の葉に幾重にも包まれている、固く締まったものを食用にします。

特有の香気とほろ苦さが、食卓に春を運びます。天然ものと栽培ものがあり、寒い地方の雪を破って出てくる蕗のとうは、香りが強くなっています。えぐみがあるので、湯1ℓに大さじ1の重曹を加えてさっとゆで、水にとって水気をきって使います。上部に十文字の包丁目を入れて芯を取り除き、プロセスチーズを詰めて天ぷらにすると、ひと味変わった酒肴に。油で揚げると苦みは覆われ、それほど感じなくなります。

◆よもぎ

キク科の多年草で、各地の土手や畦《あぜ》に自生。緑色が濃い若葉は特有の芳香があり、また色が飛びにくく、天然の緑色の色素としても使いやすい山菜です。邪気を払うとも言い伝えられ、3月3日のひな祭りやハレの日の草餅に用いられてきました。そのまま天ぷらにすることも。アクが強いので水1ℓに重曹大さじ1を加えてゆで、水にとって絞り、汁の実などにもします。沖縄ではフーチバーと呼び、豚三枚肉と炊いた雑炊「フーチバージューシー」など、特徴のある料理が各種あります。多くは刻んだりすりつぶしたりして、ほかの材料に混ぜて色や香りを味わう使い方で、魚のすり身に加えてよもぎしんじょに、また、よもぎ餅、よもぎ麩、よもぎそばなどにも。ゆでて乾燥した乾物や、よもぎ粉も出回っています。

◆わらび

コバノイシカグマ科で、シダ類の仲間。日当たりのいい山野に自生し、にぎりこぶしのような形に巻いた若芽を食べます。『万葉集』などにも登場し、昔から食べられていた代表的な山菜です。えぐみが強いので、たっぷりの湯に重曹を加えて（水1ℓに重曹大さじ1）2〜3分浸し、すぐに冷水にとって歯ごたえを残します。重曹はアルカリ性で、わらびの色をきれいに発色させるとともに、わらびの固い繊維を柔らかくします。重曹を濃くしたり長くゆでたりすると、繊維がくずれてしまうので注意をしましょう。わらびは穂先の形も大切です。私がおすすめするのは、ぜんまいと同様に、大根おろしの汁を使う方法です（12ページ）。アクを抜いたわらびは、使いみちがいろいろ。お浸しや、和えもの、山菜ご飯にも。なお、根茎から取ったでんぷんが「わらび粉」で、わらびもちの材料です。

枝豆

えだまめ

マメ科。枝豆は、大豆を熟す前に早採りしたものです。中国北部原産の大豆は、日本には弥生時代に渡来していますが、枝豆として食べ始めたのは平安時代から。別名は「あぜ豆」「さや豆」、東北地方では「じんだ豆」と呼ばれます。鮮度落ちが早く、時間が経つと甘みも風味も半減するので、手間はかかっても枝付きを求め、買ったら早めにゆでましょう。最近はブランド化が進み、人気を博しています。例えば、山形県の「だだ茶《ちゃ》豆」や新潟県の「茶豆」はいずれも薄皮が茶色、兵庫県の「黒枝豆」は粒が大きく黒っぽい色をしています。

【選び方】 枝にさやがびっしり付き、ふっくらして産毛がついているものを。

【旬の時季】 6~10月に出回り、旬は7~9月。黒豆の枝豆は、9月に出ます。

【産地】 生産量が多いのは千葉県や北海道、山形県。

【栄養】 たんぱく質やビタミンB_1、カルシウムが多く、大豆にはないビタミンCも多く含む栄養価の高い野菜。イソフラボンも含みます。

◎料理のコツ

両端をはさみで切り、塩もみしてゆでるとアクが取れ、色鮮やかになります。ゆでるときは、4%の塩湯で。塩気はきつめですが、汗をかいた夏にほどよい塩味が感じられます。ゆで時間は3分半ほど。水にとると風味や味わいが抜けるので、ざるに上げて、あおいで冷まします。そのまま食べるだけでなく、豆を取り出して同じ旬の新生姜と「かき揚げ」にするのもおすすめ。たくさん手に入ったら「呉汁《ごじる》」もどうぞ。これは本来は、生の枝豆をすり鉢でつぶすかフードプロセッサーにかけたものです。それをアレンジし、枝豆をゆでてつぶし、豆乳または昆布だしでひと煮し、塩か白味噌で味付けした汁もおすすめ。冷たくすれば、夏の品のいい和風ポタージュになります（31ページ）。

枝豆ポタージュ 白味噌仕立て

→p.142

材料(2人分)
枝豆(正味)…… 80g
塩 …… 適量
白味噌 …… 40g
豆乳 …… 1カップ
水 …… ½カップ

① 鍋に湯を沸かして、湯の4%の塩を加え、枝豆を3分半〜4分ゆでて水気をきる。
② 枝豆をさやから出して薄皮をむき、フードプロセッサー(またはすり鉢)でペースト状にし、さらに裏ごしをする。
③ 鍋に②と白味噌を入れて豆乳、水でなめらかにのばし、ゆっくりかき混ぜながら火にかける。全体がなめらかになり、とろりと温まったら鍋ごと氷水で冷やし、器に盛る。とろみが弱い場合は、水溶き片栗粉適量を加えるとよい。

オクラ

アオイ科。アフリカ大陸が原産で、古くから食用にされていました。日本には幕末に渡来していましたが、普及したのは１９７０年代になってから。鮮やかな緑色で、輪切りにすると断面が星形になるのも愛嬌があります。旨みが濃く、刻むと粘りが出ます。生でも食べられますが、さっとゆでたほうが独特の青臭さが和らぎます。最近見かける赤オクラ（紅オクラ）は加熱すると緑色になるので、生で食べるほうが持ち味が生かせます。沖縄や八丈島などには断面の丸い、丸オクラ（島オクラ）もあります。

【選び方】 緑色が鮮やかで産毛が密生しているものを。ヘタの部分や先端に張りがあるものが新鮮。

【旬の時季】 ハウス栽培が盛んで一年中出回りますが、旬は7～9月。

【産地】 鹿児島県、高知県、沖縄県など温かい地方で栽培。関東では群馬県も。

【栄養】 炭水化物が多いほか、β《ベータ》-カロテン、ビタミンC、ミネラルなどを多く含みます。

◎料理のコツ

オクラは、刻んで粘りを楽しむ方法が一般的ですが、小さいものならそのまま形を生かしましょう。どちらの場合も、まずは塩もみします。産毛が取れて舌ざわりがよくなり、ゆでたときに色鮮やかに仕上がります。生で食べられる野菜ですから、ゆでるときはさっと手短かに。一番シンプルなのは、ゆでて刻み、卵黄を混ぜ、炊きたてご飯にのせる食べ方。オクラの旨み、粘りに卵黄がからんで絶品です。刻みオクラは、鮪《まぐろ》やイクラ、酢締めの魚にのせたり、長芋とねばねば同士の和えものにも。種が気になる場合は、ゆでる前に筒切りにして根元から竹串を入れて回し、除きます。小さい場合は炊き合わせにしたり、生のまま新びき粉などをまぶして揚げて使います。ごく大きいオクラは固いので、フードプロセッサーでピューレにし、白身魚のすり身と合わせて緑色のしんじょにすることも。

南瓜

かぼちゃ

ウリ科。原産地は中南米で、古くからある野菜。現在出回るものには、「日本南瓜」「西洋南瓜」「ペポ南瓜」の3系統があります。現在の主流は西洋南瓜で、江戸時代末に渡来し、北海道開拓で栽培されました。「黒皮《くろかわ》栗《くり》南瓜」のほか、皮色が赤、緑、白などもあります。日本南瓜は表面に凹凸があり、淡泊で上品。料理店などで提供されるのが主です。ペポ南瓜は変わった形が多く、じつはズッキーニやそうめん南瓜もこの仲間。伝統野菜に、日本南瓜では京都「鹿ケ谷《ししがたに》南瓜」が、西洋南瓜では石川県の皮が赤い「打木《うつぎ》赤皮《あかがわ》甘栗」があります。以下は、現在一般的に出回る西洋南瓜を中心に述べます。

【選び方】 皮にツヤがあり、見た目より重いものを。底が赤みがかった色ならば完熟。切ってある場合は、果肉が濃い黄色で、種がびっしり付いているものを。

【旬の時季】 切らなければ長期保存可能なので、一年中出回ります。国産ものの旬は5～9月。

【産地】 北海道、鹿児島県、茨城県など。

【栄養】 栄養価の高い緑黄色野菜で、炭水化物、β《ベータ》－カロテンやビタミンB群、ビタミンC、ミネラルも豊富。

◎料理のコツ

西洋南瓜は甘みも旨みも強く、でんぷん質が豊富でホクホクした味わい。皮が非常に固い一方で果肉が柔らかいので、煮るときは一口大に切った後、皮を部分的に残してむき、皮の味わいや歯ごたえを生かしながら火の通りをよくします。ほっくりした煮上がりにするため、皮側を下にして、重ならないように鍋に並べ、ひたひたの煮汁で強火で短時間で煮上げるのがポイント。そのために、煮汁にはたっぷりの酒を使い、煮汁が早く蒸発するようにします（276ページ）。砂糖と醤油で味付けした甘辛煮もおいしいですが、ベーコンや豚肉などの動物性たんぱく質を取り合わせると、白いご飯に合うメインの一品にもなります。煮もの以外には、ゆでてサラダに、生のまま天ぷらに。

南瓜の南蛮煮

→p.147

材料(2人分)
南瓜 …… 200g
煮汁
　水 …… ¼カップ
　酒 …… 大さじ4強
　砂糖 …… 大さじ½
　みりん …… 小さじ1
　淡口醤油 …… 小さじ¼
　豆板醤 …… 小さじ½
胡麻油 …… 小さじ¼

① 南瓜は2.5cm×4cmの大きさに切り揃え、面取りをする。
② 鍋に①を皮を下にして重ならないように並べ、煮汁の材料を加えて落とし蓋をかぶせる。中火にかけて煮立ったら火を少し弱め、汁気が少なくなるまで煮る。
③ 煮汁が2割ほどになって、汁にとろみがついたら落とし蓋を取る。胡麻油を回しかけて、鍋をゆすりながら煮汁を南瓜にからめ、器に盛る。

胡瓜

きゅうり

ウリ科。原産地はインドのヒマラヤ山麓。日本では8世紀(奈良時代)に、食用にされていた記録があります。普及したのは江戸末期。語源は「黄瓜《きうり》」で、完熟すると皮が黄色になります。食べるのは緑色の未熟果。水分が95%もあり、熱さにほてった体を冷やしてくれる、夏に欠かせない野菜です。ごく若いうちに収穫する「もろきゅう」は、長さ10~12cm。もろみ味噌をつけて食べるため、この名がついています。石川県の伝統野菜には、直径6~10cmもある「加賀太胡瓜《かがふと》」があります。

【選び方】 触ると、痛いほどのとげがたくさんあると新鮮。細すぎたり太すぎると、おいしくありません。

【旬の時季】 一年中ありますが、5~8月が本来の旬。

【産地】 宮崎県、群馬県、福島県、埼玉県、千葉県など。

【栄養】 水分が豊富。脂肪分解酵素があります。

◎料理のコツ

サラダや酢のもの、味噌をつけるなど、生で食べることが多い胡瓜ですが、生食の場合もさっと湯通しすると青臭さが弱まり、色がいっそう鮮やかになります。酢のもの、和えものの場合は、三杯酢や和え衣などと味が調和しやすいよう、あらかじめ立て塩(塩分3%の塩水)に浸して薄く塩味をつけ、水気を絞って使います。立て塩に浸すと、塩もみよりも塩気が残らず、まんべんなくしんなりします。漬けものに用いる場合は、塩をふって板ずりしてから使いましょう。皮に傷がついて、味が入りやすくなります。味噌汁の具や炒めものなど、火を通したおいしさにも出会ってください。炒めものの場合は、叩いて軽く割れ目を入れておくと、味がしみ込みます。その場合も火を入れすぎず、胡瓜のフレッシュな食感を生かすようにしましょう。すりおろした汁にはちみつと砂糖を同量ずつ加えると、メロンのような味わいになります。

ゴーヤ

ウリ科。原産地は熱帯アジアで、日本へは江戸時代に渡来。「苦瓜《にがうり》」「つるれいし」とも呼ばれます。独特の苦みとシャキシャキした歯ごたえに特徴があり、ビタミンCが豊富な健康野菜として近年ブームに。改良が進み、苦みの少ないタイプも出回るようになりました。普段、野菜として食べているのは、未熟な緑色の果実。家庭菜園でそのままにしておくと熟して黄色くなって苦みが減り、完熟すると割れて、中心には真っ赤な果肉に包まれた種が顔をのぞかせます。完熟した果肉は非常に甘く、緑色のときとの違いに驚かされます。

【選び方】 全体的に緑濃く、ツヤがあり、いぼがしっかりしているもの。新鮮であれば苦みは少ないです。

【旬の時季】 一年中出回りますが、本来の旬は6～8月。

【産地】 沖縄県をはじめ宮崎県、大分県、鹿児島県など。群馬県でも。

【栄養】 同じ仲間の胡瓜に比べてビタミンCが5倍も含まれ、β《ベータ》-カロテン、ミネラルも豊富です。

●料理のコツ

特有の苦みは、わたや種の周りにあるので、まずは縦半分に切ってスプーンでくりぬきます。さらに苦みを除くなら、薄切りにした後、塩もみにするか、熱湯をかけるかさっとゆでるとよいでしょう。こうした下処理で、持ち味であるシャキシャキした歯ごたえが際立ちます。定番の炒めもの「ゴーヤチャンプルー」以外にも、例えば煮干しのだし汁で煮る根菜たっぷりの「のっぺい汁」に入れると、色と歯ざわりが魅力の汁ものになります。薄切りのたくあんと炒め合わせ、醤油と鰹節《かつおぶし》で味付けした「土佐和え」も、白いご飯にぴったり。半割りにして種をくりぬいた部分にひき肉のたねや魚のすり身を詰め、天ぷら衣をつけて揚げるのもおすすめ。梅肉醤油のたれを合わせると、酸っぱ苦い味わいで、やみつきになります。

さや隠元

さやいんげん

マメ科。隠元豆《いんげん》（92ページ）が成熟する前の、若いさやのこと。原産地はメキシコなど中央アメリカで、紀元前から食されていたという古い野菜です。日本へ渡来したのは江戸時代中期。中国の高僧・隠元がもたらしたとされ、この名がつきました。種をまいてから収穫まで生育が早く、一年に三度も収穫できるので、別名「三度豆《さんどまめ》」。仲間には、平たくて大型の「モロッコ隠元」、豆が16粒も入るほど細長い「十六ささげ」などがあります。

【選び方】 緑色が鮮やかでみずみずしく、先端までピンとして全体に張りがあると新鮮。ぽきんと折れるようなら、なお新鮮です。

【旬の時季】 ハウスものが多く、一年中ありますが、6～9月が旬。この時季には、露地ものも出回ります。

【産地】 全国各地で作られますが、千葉県、北海道、鹿児島県が主産地です。

【栄養】 緑黄色野菜の仲間でβ《ベータ》-カロテンやビタミンCが多く、ビタミンB群、ミネラルなども含まれます。

◎料理のコツ

太さにもよりますが、3%の塩分の熱湯で1分ほど、さっとゆでてから使います。ゆでる前には水に浸して、全体をみずみずしくしておくと火が通りやすく、シャキッとゆでることができます（11ページ）。すぐに冷水にとって水気をきり、ヘタを切り落とします。鮮度がよければ、食べやすい長さに切ってサラダやお浸しにし、歯ごたえを楽しみましょう。豆らしい爽やかな香りと、ほのかな甘みが口中に広がります。大きくなってさやが少し固くなったものは、食べやすい斜め切りに。煮る場合も、歯ごたえを生かして手早く仕上げましょう。煮すぎると筋っぽくなり、歯ごたえが損なわれます。肉などと炒め合わせたり、肉で巻いて甘辛煮に、素揚げに。私はフードプロセッサーでピューレにし、葛粉と練って冷やし固めた「翡翠豆腐《ひすいどうふ》」にもします。

獅子唐辛子

ししとうがらし

ナス科。南米原産の唐辛子の一種で、辛みの少ない甘味種。「ししとう」と呼ばれることも多い、ピーマンの仲間です。果実の先端に凹凸があって獅子の頭に似ていることから、この名がつきました。ときどき、非常に辛いものに当たることもありますが、辛いか辛くないかは、外見では見分けられません。完熟すると赤くなります。同じ甘味種の「万願寺《まんがんじ》唐辛子」や「伏見《ふしみ》唐辛子」は京野菜の一種で、近年人気。ほかに葉を食用にする、辛味種の「葉唐辛子」もあります。

【選び方】 緑色が濃く、全体に張りとツヤのあるものが新鮮。しっかり固いものがおいしく、大きくなりすぎて柔らかいものは歯ごたえに欠けます。

【旬の時季】 一年中出回りますが、6～8月が旬。

【産地】 高知県、千葉県、和歌山県、宮崎県など。

【栄養】 β《ベータ》-カロテンや、ビタミンCが豊富です。

◎料理のコツ

歯ごたえのよさが身上なので、火を通しすぎないように。強めの火加減でサッと炒めたり揚げたりすると、独特の香りや、ほどよい辛みを堪能できます。加熱すると果実がふくらんで破裂しやすいので、あらかじめ竹串で穴を数カ所開けるか、包丁で縦に切り目を入れましょう。焼き浸し、素揚げ、天ぷら、炒めもの、鉄板焼きなどに。小ぢんまりとして形がよいのでさっと焼いて、焼き魚の前盛りなどの添えものにも。2～3個をまとめて竹串に刺し、串揚げや串焼きにする場合は、長さの揃ったものを選ぶと、小粋に仕立てられます。大きいものは、切り開いてひき肉のたねや魚のすり身を詰めて楊枝で形を整え、煮込んでもおいしいものです。

白瓜

しろうり

ウリ科。胡瓜《きゅうり》の仲間で、中国やインドが原産。日本でも古くから栽培されています。熟するまでは緑色ですが、完熟すると白くなるのでこの名に。主に漬けものに使われるため、「つけ瓜」とも呼ばれます。昔はどの家庭でもぬか漬けに使ったものです。料理店では胡瓜より高級感のある漬けものとして、昆布締めにして供されます。味は淡泊で甘みも香りも淡いので、歯ごたえを楽しみましょう。地方によって大小、形もいろいろあり、皮に凹凸がある「隼人瓜《はやと》」は近縁。伝統野菜に京都府の「桂《かつら》白瓜」や、長野県須坂の「沼目《ぬまめ》白瓜」などがあります。なお「奈良漬け」は白瓜を粕漬けにしたものです。

【選び方】 薄緑色の皮に光沢があるもの。胡瓜の2～3倍の大きさで、ほどよい重さのもの。大きすぎると、歯切れのよさが失われ、酸味が出がちです。

【旬の時季】 7～8月が旬。

【産地】 徳島県、千葉県、山梨県、愛知県など。

【栄養】 ほとんどが水分です。

◎料理のコツ

皮は固いのでむいて使いますが、皮に近い翡翠《ひすい》色を生かしたいのでなるべく薄くむきます。芯にある種は使わないので、縦半分に切ってスプーンでくりぬき、サラダや酢のものには小口から薄切りにして使います。くりぬいたところに海老や白身魚などのすり身を詰め、一口大に切って揚げると品のいい一品に。淡泊な味を生かして薄味で煮含め、夏の椀だねや和えものにも。奈良漬けにするなら、成熟して果肉の締まったものを使い、まず3％くらいの塩分で塩漬けします。それを酒粕に漬け直し、2週間くらいででき上がり。鰻の蒲焼きには、奈良漬けがぴったりです。また、地方には白瓜を使った名物の漬けものもあり、例えば三重県上野市の「養肝《ようかん》漬け」は、紫蘇の実や生姜を詰めた溜醤《たまり》油漬け、千葉県成田市の「鉄砲漬け」は紫蘇巻き唐辛子を詰めて醤油または味噌漬けにしたものです。

セロリ

セリ科。地中海沿岸から西アジアにかけての冷涼な地域が原産地で、古くからハーブとして使われれました。日本では、1600年代の朝鮮出兵で加藤清正が原種に近いセロリを持ち帰ったことから「清正人参《きよまさにんじん》」と呼ばれ、江戸末期にはオランダ人がもたらしたことから「オランダ三つ葉」とも。人気が出たのは1970年代、食生活の洋風化でサラダブームとなってから。茎が白い「ホワイトセロリ」もあります。

【選び方】 茎が肉厚で光沢があり「の」の字に巻いていること、葉が先端まで張りのあるものを。切り口に穴が開いていると、すが入っている場合もあるので避けましょう。

【旬の時季】 一年中出回りますが、旬は初夏から夏。

【産地】 長野県と静岡県、福岡県、愛知県など。

【栄養】 茎にはビタミンU（キャベジン）が、葉にはβ《ベータ》-カロテン、ミネラルが含まれます。香り成分には神経の安定作用があります。

◎料理のコツ

生のときの、シャキシャキした歯ざわりと香気が魅力です。近年のハウス栽培ものは筋が強くないので、筋をむく必要はありません。多少あっても、斜めに切れば気にならない程度です。歯ざわりをより楽しむなら、繊維に沿って切るといいでしょう。細切りにして刺身のけんにすると、薄緑色と白で見た目に爽やか。鰹《かつお》や鯵《あじ》など、クセのある魚にぴったりです。塩漬け、粕漬けなどの漬けものにもします。旨みがあるので煮ても味わいが出ます。和食で煮ものに使う場合は、歯切れのよさを大切にしましょう。例えば「肉じゃが」。じゃが芋を煮て、仕上げ間近にセロリと湯通しした豚肉や牛肉を加え、80℃くらいの低温でさっと煮合わせます。ホクホクしたじゃが芋に、セロリの歯ざわりがアクセントになります。葉は刻んで醤油とみりん、白胡麻《ごま》で佃煮にするのがおすすめです。

つるむらさき

ツルムラサキ科。熱帯アジア原産のつる性植物で、若い茎や葉、花軸などを食用にします。葉や茎が赤紫色の赤茎種《あかくき》と緑色の青茎種《あおくき》がありますが、主に流通するのは青茎種。全体にツヤがある、ちょっと変わった野菜です。日本では江戸時代から観葉植物として、また染料として利用されてきました。鹿児島近辺ではよく食べられていたものの、全国区の人気になったのは1970年代。ほうれん草以上に栄養価の高い健康野菜として、がぜん注目を浴び始めました。熱帯植物らしい独特の強いクセと粘りが特徴。つる性で、形のいい穂先を持ちます。

【選び方】 全体に緑色が濃く、葉は肉厚でツヤと張りのあるものが新鮮。

【旬の時季】 6～8月頃。

【産地】 福島県、宮城県、山形県の東北3県で、約6割を生産。

【栄養】 β《ベータ》-カロテン、ビタミンB群、C、ミネラルも豊富な栄養価の高い野菜。粘り成分は、里芋と同じく多糖類のムチンです。

◎料理のコツ

強い個性のある野菜なので、淡めの味よりも、醤油マヨネーズなど、強い味を合わせるとおいしさが引き立ちます。ゆでておいておくとアクが回るので、食べる直前にゆでましょう。塩を入れた熱湯でゆでることで、ほのかな甘みを引き出すことができ、葉に粘りも出ます。冷水にとってアクを放ち、水気をきった後、茎の太い部分だけでも皮をむくと、柔らかい口当たりに仕上がります。切り揃えて、鰹節をしっかりきかせた土佐醤油をかけてお浸しにしたり、形のいい穂先は汁ものにも。油炒めや天ぷら、マヨネーズ和えなど、油との相性は抜群で、クセも和らぎます。なお赤茎種も、ゆでると緑色に変わります。

冬瓜

とうがん

ウリ科。瓜《うり》の一種で、東南アジアやインドが原産地。日本へは中国経由で早くに渡来し、平安時代には既に栽培されていました。冬瓜の名は、皮が厚くて冬まで貯蔵でき、ほかの瓜のない季節にも使われたことから付きましたが、本来は夏野菜。すいかのように大きく育ち、円形や円筒形などがあります。いくらでも大きくなりますが、一般的には4～5kg前後で収穫。小型の1～2kgタイプもあります。貯蔵できますが、じゃが芋のように甘みが増すわけではなく、時間が経つと苦みが生じるので早めに食べましょう。味わいは淡泊。干瓢《かんぴょう》の原料となるゆうがおも同じ仲間です。

【選び方】 叩いていい音がするものは、身が詰まっている証拠。持ってずっしり重いものも良品。切って売られている場合は、果肉が白くてみずみずしいものを。

【旬の時季】 旬は7～9月。

【産地】 沖縄県、愛知県、岡山県など、関東以南。

【栄養】 水分が95％以上で、ビタミンCを含みます。

◎料理のコツ

涼しげな翡翠《ひすい》色を生かして料理すると、涼味が演出できます。煮ものや椀ものに使うことが多いのですが、ほとんどが水分で味わいも淡泊なので、鰹《かつお》だしでは旨み不足。干し貝柱や干し海老、煮干しなどの濃厚なだしで煮るか、豚肉や鶏肉を合わせて旨みを補いましょう。まず大きく二～四つ割りにしてわたと種を取り除き、表皮はごく薄くむいて緑色を残します。この緑色を残さないと、魅力は半減です。皮目に格子状の包丁目を入れると、皮側と柔らかい果肉とが均等に煮上がります。じっくりと煮含めて、とろりと半透明になった味わいは冬瓜の真骨頂。また、肉との炒め煮や、海老《えび》や鶏のそぼろあんかけに仕立てるのもおすすめ。大きさのほどよいものが手に入ったら、半分に切ってわたと種をくりぬき、中に肉や野菜などの具とだし汁を入れて丸ごと蒸すと、とても贅沢な一品になります。

とうもろこし

イネ科。稲、小麦と並ぶ世界の三大穀物。原産地は中央アメリカで、コロンブスがヨーロッパに持ち帰りました。日本へは16世紀に渡来。明治初期に改めて導入され、北海道開拓で本格的に栽培がスタートしました。生野菜として流通するのは甘味種のスイートコーンで、最近は糖度約15度の生食用品種も登場。粒が白いホワイト系や、お弁当に重宝な幼果のヤングコーン（ベビーコーン）もあります。ちなみに、頭部のひげ（めしべ）は実とつながっているので、ひげと実の数は同じです。

【選び方】 必ず皮付きを求めましょう。ひげが茶褐色で光沢があり、ふさふさしていれば実が詰まって完熟状態の証拠。皮の色が濃い緑色なら、新鮮です。

【旬の時季】 近年は一年中出回りますが、甘みや風味が強くなるのは6～9月。

【産地】 主産地は北海道。羊蹄《ようてい》山の裾野で栽培される「羊蹄とうもろこし」が有名。茨城県、群馬県も。

【栄養】 炭水化物が多く高カロリー。粒の根元の胚芽は、ビタミンB群やミネラルが豊富。

◎料理のコツ

とうもろこしは鮮度が落ちやすく、一日おくだけで甘さが半減。でんぷんが変質するので、早めに火を通しましょう。とうもろこしには少しアクがあるので、蒸すよりも、ゆでるほうがおすすめです。皮とひげを取ったら、3％の塩水からゆでて、沸騰したら3分で火を止め、ざるに上げて、水分を飛ばしながら余熱で火を入れます。3％の塩分は結構濃いので、塩味はこれだけで充分。ゆでてから粒をはずし、おろし胡瓜と合わせて酢のものに仕立てると、色美しい夏の一品に。粒をフードプロセッサーでピューレにして、葛粉と練り上げて固めると、「もろこし豆腐」になります。夏にぜひ味わいたいのが、かき揚げや炊き込みご飯。生の状態で実をはずして使いますが、包丁で一気にこそげ落とさず、ていねいに手ではずしましょう。粒の根元には旨みも栄養分もあり、粒の形も損ないたくありません。

トマト

ナス科。原産地は南米。ヨーロッパには16世紀に入り、日本へは18世紀に渡来しましたが、はじめは観賞用でした。明治初期に北海道の開拓で栽培されたものの、一般に普及したのは戦後、食生活の洋風化でサラダに利用されてからです。このため日本では、生食用にふさわしい皮が薄くて果肉が柔らかく、クセのないピンク系トマトが主流。これは日本独特で、世界では身が固く締まって、旨みが強い赤色系トマトが主流です。赤色系トマトはグルタミン酸が野菜の中でも群を抜いて多く、ヨーロッパでは加熱調理の際の〝だし〟として、煮込み料理やスープに用いられます。

最近では高糖度のフルーツトマトも増え、ミニトマトや直径5㎜のマイクロトマトなど、大きさもいろいろ。黄色系、緑系、紫系など、色のバリエーションも多彩です。しかし私は、青臭さの残るトマトが好きです。甘みと酸味のバランスのいいものが極上のトマトだと思います。

【選び方】 ヘタが緑色でピンとしているものは新鮮。持ってみて重く、皮に張りやツヤがあるものを。形を生かす料理に使うなら大きすぎないものを、つぶして使う場合は大きいほうがおすすめ。

【旬の時季】 ハウス栽培が盛んで、一年中出回ります。本来は高温多湿を嫌う野菜。涼しくて強い日差しを好み、春～初夏と、秋～初冬がピークに。

【産地】 全国的に栽培されていますが、年間出荷量のトップは熊本県。6～10月頃に出回る夏秋トマトは北海道や茨城県が、冬春トマトは熊本県がメイン。ほかに愛知県、栃木県、千葉県など。

【栄養】 β《ベータ》-カロテンやビタミンCを多く含みます。赤い色は、抗酸化作用のあるリコペンです。

料理のコツ

和食においてトマトは比較的新しい存在ですが、最近では使う機会も増えてきました。私は完熟トマトではなく、青臭さのあるトマトの酸味を生かして、和えものや酢のもの、「鯵《あじ》のたたき」の薬味などに使います。丸のままおでんの具にしてもいいですし、すき焼きや白身魚の煮もの、豚汁などの具にするときは一口大に切って使います。種をくりぬき、帆立貝や海老《えび》のすり身を詰めた「射込《いこ》みトマト」は、食べやすく切って酒肴に。一番シンプルな食べ方は、刻んだトマトと新生姜のみじん切り、塩を混ぜて、熱々のご飯にのっけるだけ。食欲のないときでもいただける、夏のご飯です。

また、甘みと酸味のバランスがいい最高のフルーツトマトが手に入ったら、デザートがおすすめ。皮を湯むきして丸ごとシロップで含め煮にし、冷たく冷やしてガラス鉢などでどうぞ。

コラム

トマトジュースは〝だし〟になります

トマトには、昆布の旨みの素と同じグルタミン酸が多く含まれ、その量は、ほかの野菜と比べても突出しています。ヨーロッパで古くからトマトを煮込みやスープに使うのは、〝だし効果〟を利用しているから。グルタミン酸はトマトが熟すほど増加し、完熟トマトでは最大量になります。一般に、市販の無添加のトマトジュースは、完熟トマトを加工するので、〝だし〟が丸ごと含まれています。トマトは形のままで使うと、用途が限定されがちですが、トマトジュースなら煮ものや汁もの、炊き込みご飯などに使えます。

茄子

なす

ナス科。インド原産で、日本へは中国経由で8世紀の初めに渡来。古くから栽培されている、日本の代表的な野菜です。「一富士《ふじ》、二鷹《たか》、三なすび」として縁起ものにされるのは〝(事を)なす〟の意味から。各地に特有の品種が多く、球形、卵形、太く長い形、細長い形、小さい形と多数。最も多く流通するのは中長形の「千《せん》両《りょう》茄子」で、広い用途に向きます。旨みがあるのは大型タイプで、小茄子は漬けもの向き。ヘタが緑色の米茄子は、近年入った西洋茄子の一種。最近では皮が緑色の「青茄子」や、紫色の色素を持たない「白茄子」、紫と白の縞模様の「ゼブラ茄子」など多彩です。郷土色のあるものとしては、宮城県の「仙台長茄子」、新潟県の「十全《じゅうぜん》茄子」、京都府の「賀茂《かも》茄子」など。大阪府の泉州（岸和田地方）には、皮が薄く、絞ると汁気がしたたるほど水分豊富で生食できる「水茄子」があります。

【選び方】 皮に張りと光沢があり、ヘタの切り口が新しくて、痛いくらいのとげがあるものを。

【旬の時季】 ハウス栽培が多く、一年中出回ります。

【産地】 ほぼ全国。一般的な千両茄子は高知県、熊本県、群馬県のほか、消費地近くの都市近郊。

【栄養】 水分が主体。茄子の紺色はナスニンというポリフェノールの一種。抗酸化作用があります。

◎料理のコツ

千両茄子は皮がしっかりしているので日持ちはしますが、鮮度がいいほど皮の下の緑色が濃く、料理に色が生かせます。2つのレシピをご紹介します。「翡翠《ひすい》茄子」と「茄子のたたき」。翡翠茄子は油で揚げ、皮をむくことで美しい翡翠色が現れます。淡泊な茄子に、コクがつく油との相性は抜群です。茄子本来の紺色を生かす茄子のたたきは、みょうばん少々と塩を加えた湯でゆでることで、みょうばんが〝茄子紺〟色の色素、ナスニンを安定させます。茄子はまた、同じ夏が旬の新生姜ともよく合います。

翡翠茄子の黄身酢かけ

→p.148

材料(2人分)
茄子 …… 3個
揚げ油 …… 適量
黄身酢
　卵黄 …… 1個
　酢 …… 小さじ1
　砂糖 …… 小さじ1
　淡口醤油 …… 小さじ½

① 翡翠茄子を作る。茄子のがくを切り落とし、縦半分に切る。180℃に熱した揚げ油に茄子の切り口を上にして入れ、途中で返しながら揚げる。全体が柔らかくなったら氷水にとって皮をむき、水気を絞って脱水シートにはさみ、1時間おいて水気を抜く。
② 小ボウルに黄身酢の材料を入れ、混ぜながら湯せんにかける。とろみがついたら湯からおろして冷まし、こす。
③ ①を食べやすく切って器に盛り、②をかける。

茄子のたたき 薬味のせ

→p.148

材料(2人分)
茄子 …… 2個
塩 …… 少々
みょうばん …… 適量
玉葱 …… 大¼個(70g)
生姜 …… 30g
味付けザーサイ(瓶詰) …… 30g
青紫蘇…… 3枚

① 茄子のがくを切り落とす。縦半分に切り、皮に塩をまぶす。みょうばんを入れた湯に切り口を上にして入れ、落とし蓋をして2分ゆでる。水気をきって熱いうちに盆ざるにのせ、上に皿などの重石をのせ、冷めるまでおく。
② 玉葱と生姜はみじん切りにしてそれぞれ水に放し、水気をきる。ザーサイもみじん切りにする。
③ ①の紫色の皮が色鮮やかになったら、そぎ切りにする。
④ 器に③、②の玉葱とザーサイ、青紫蘇を交互に並べ、最後に生姜を全体に散らす。

パプリカ

ナス科。「パプリカ」とはもともと唐辛子の総称で、ピーマンや辛みの強い唐辛子も含まれますが、日本で一般的にパプリカというと、大型で肉厚のカラフルなパプリカピーマンのこと。「オランダパプリカ」とも呼ばれます。あまりクセがなく、生で食べてもジューシーで甘みや酸味があります。ツヤのある赤色、黄色、橙色など、元気が出る色彩も魅力です。日本では1980年代頃から少しずつ出回るようになったので、それ以前の料理書にはほとんど載っていませんが、今ではメジャーとなりました。最近では黒や紫、茶、白い色も見かけます。一年中手に入るうえに、食べごたえも充分。とても使いやすい野菜です。

【選び方】 全体に張りとツヤがあって色鮮やか、ヘタの切り口の新しいものが新鮮。

【旬の時季】 輸入ものが8割と多く占め、ハウス栽培も盛んなので一年中出回ります。

【産地】 ハウス栽培が中心。宮城県、茨城県など。

【栄養】 ビタミンCが普通のピーマンの倍以上含まれ、赤や橙色のパプリカにはβ《ベータ》-カロテンが豊富。

◎料理のコツ

生でスライスしてサラダに使うと、彩りよい一品に。皮をむくか、むかないかはお好みでかまいません。皮付きでも、小さく切ったり薄切りにしたりすれば違和感はありません。歯ざわりが大切なので、加熱するときは火を通しすぎないように。例えば「ひじきの煮もの」に入れる場合。ひじきだけを煮汁が少なくなるまで煮たところにパプリカを加え、ひと煮して仕上げます。このように和食では、パプリカの色に利用価値を見いだす使い方が多く、烏賊《いか》の揚げ浸しや白身魚の揚げ煮に散らすと彩りよくなります。ほかに赤いパプリカをゆで、皮をむいてピューレにし、ゆでたじゃが芋のピューレと合わせて固めれば「曙《あけぼの》豆腐」になります。焼いて南蛮漬けにしてもいいでしょう。

ピーマン

ナス科。中南米原産の辛い唐辛子をヨーロッパで改良した、甘味種の一つ。日本へは明治時代に入ったものの、普及したのは戦後。1970年代に入るとサラダブームもあって、人気が出ました。近年は甘いパプリカの台頭で人気を奪われたかもしれませんが、独特の青臭さは他にない個性。2010年には品種改良で〝子供にもぴったり〟と謳われる、青臭さのないピーマンが開発されていますが、露地ものの青臭いピーマンは、苦みだけでなく甘みも持っていることを忘れずに。

【選び方】 大きく肉厚のものを。緑色が濃くてツヤがあり、固いものが良品。ヘタの切り口が新しく、ヘタの周囲に張りがあれば新鮮です。

【旬の時季】 ハウス栽培が盛んで一年中出回りますが、露地ものの旬は6〜9月。

【産地】 茨城県、宮崎県、高知県、鹿児島県が主産地。

【栄養】 β《ベータ》-カロテンやビタミンCが豊富です。

◎料理のコツ

空洞の中に種があり、ピーマンの苦みや辛みの源になっています。ピーマンの苦みは、クエルシトリンというポリフェノールにピーマンの臭いが加わることで感じる、との研究があります。そこでまず最初に、種を除くこと。形を生かすなら、ヘタに割り箸を差し込んでぐるりと回すと、ヘタと種が一緒に取れます。ピーマンは繊維が縦に並んでいます。細切りにするときは、横に切ると繊維が断ち切られて柔らかい歯ごたえになり、細胞も壊れるので香りが強く出ます。一方、繊維に沿って縦に切ると、シャキシャキした歯ざわりが楽しめます。味噌炒めにしたりじゃこと酒炒りにした一品は、酒肴としておすすめです。素焼きや素揚げにしてストレートに味わうなら、鰹節《かつおぶし》をきかせた土佐醤油が合います。肉だねや白身魚のすり身などを詰めた蒸し焼きやパン粉揚げは、主菜の一品に。

レタス

キク科。地中海沿岸から中近東が原産地。紀元前から既に栽培され、野菜としては5000年の歴史があります。日本では、10世紀頃から結球しないタイプが使われていますが、現在の結球タイプのレタス（玉レタス）は1960年以降、サラダの人気でブームに。古くから栽培されていたので、「ちしゃ」の和名を持ちます。ちしゃとは乳草《ちちくさ》がなまったもので、茎の切り口から乳白色の液体が出るのでこの名に。サラダ菜、サニーレタス、ロメインレタス、サンチュ、ブーケレタスなど多種ありますが、以下は代表的な玉レタスについて述べます。

【選び方】 みずみずしく、全体に張りがあり、葉がふんわりと巻いたものを。

【旬の時季】 一年中出回りますが、春から初夏、4～9月。

【産地】 圧倒的に長野県。次いで茨城県、群馬県など。

【栄養】 水分を95％も含みます。

◉料理のコツ

玉レタスはキャベツほど旨みはありませんが、シャキッとした食感と、かすかな苦みが魅力。一枚の大きな葉が、口の中でクシャッとなる歯ざわりのよさが特徴です。サラダやサンドイッチにはカサも出るので、利用価値が高まります。洗うときは、冷水よりも、50℃の湯に2～3分浸すのがおすすめ。野菜の細胞にある穴が開いて、水分を取り込んでパリッとします。包丁で切るよりも手でちぎるほうが、マヨネーズやドレッシングがからみやすくなります。生食ではほかに、焼き肉や肉味噌、すし飯を包んで食べる方法も。炒めもの、スープ、鍋もの、またはひき肉を包んだロールレタスなど、火を通した料理もおすすめです。レタスの甘みが凝縮され、量もたくさん食べられて、シャキシャキした食感も残ります。

薬味野菜

四季巡る日本だからこそ出会える風味、季節の香りを添える

◆山椒　さんしょう

ミカン科の落葉低木。若芽は3～5月。花山椒は4月半ば、青山椒は6月下旬～7月上旬に出回ります。

　日本全土に自生しますが、明治初期から促成栽培も開始。「木の芽」と呼ばれる若芽は、天然ものは強い香りと辛み、酸味、苦みがあり、旬になると微かな甘み、旨みまでも持ち、吸いものや魚、肉のあしらいに欠かせません。苦みは、味の濃い料理を和らげる効果もあります。香りを出すため手のひらで叩きますが、形がつぶれては台なしなので要注意。なお「木の芽」とは、節分から立夏までの呼び名で、この時期を越すと「葉山椒」と呼びます。

　雌雄異株で、雌株には黄緑色の花「花山椒」が咲き、あしらいに使われるほか、甘酢漬けや、佃煮にもされます。やがて雌株は、初夏に小粒の青い実「青山椒」を結び、秋には熟して「実山椒」になります。この実のアク抜きには、筍《たけのこ》同様に大根おろしの汁を使うといいでしょう（12ページ）。実山椒に多く含まれる、舌が麻痺する辛み成分（サンショオール）は、長く煮ると全体に回るので、実を佃煮などにする際はさっと煮て、煮汁だけを煮詰めてから戻しましょう。実山椒の粉末が「粉山椒」です。

◆紫蘇　しそ

中国原産のシソ科の一年草。「青紫蘇」（別名・大葉）の本来の旬は夏、「赤紫蘇」は6～7月に出回ります。

　日本では縄文時代の貝塚から種子が発見されるほど、古くから利用されてきました。いずれも、芽や花穂も刺身のツマに使います。

　青紫蘇は香りのよい万人好みの薬味で、〝困ったときの青紫蘇だのみ〟と言われるほど。せん切りのほか、ちぎって使います。形そのままで手巻き寿司、おにぎり、海老の紫蘇巻き揚げなどに使うことも。いずれも、水にさらしてアク抜きし、パリッとさせてから用います。一方、赤紫蘇のほうは旨みがあり、赤いアントシアニン色素は酸によって鮮紅色に発色。この特徴を梅干し漬けに利用します。梅干しに使った赤紫蘇を、乾燥後に粉末にしたものが「ゆかり」です。

（52ページに続く）

◆生姜　しょうが

ショウガ科で熱帯アジア原産。肥大した塊茎を利用します。新生姜は6〜8月に出回り、根生姜（ひね生姜）は一年中あります。

日本では古くから薬効を珍重してきました。塊茎の大きさで大生姜、中生姜、小生姜の品種があり、「谷中《やなか》生姜」は東京・谷中で多産した小生姜です。栽培法や出回る形状でも種類があり、光を遮断して芽を30㎝にも伸ばした芽生姜（軟化生姜）、茎葉をつけた葉生姜、貯蔵用の成熟した根生姜（ひね生姜）です。

生姜の辛みはジンゲロンやショウガオール、香りはジンギベレンやシトロネラールなどによります。料理では肉を柔らかくする作用や、殺菌作用があります。

新生姜は薄い紅色で爽やかな辛み、甘み、旨みも加わったフレッシュな香りで、甘酢に漬ければ「甘酢生姜」、梅酢に漬けたものが「紅生姜」です。葉生姜の形を整えた甘酢漬けは、焼き魚の前盛りに。根生姜のほうは辛みが強く、味の濃い料理向き。苦みが味の濃さも和らげます。根生姜の皮をむくときは、丸めたアルミ箔でこすり、目の細かいおろし金でおろして使います。なお、牛肉には山葵《わさび》より、生姜が合います。

◆茗荷　みょうが

ショウガ科の多年草で、中国原産。小ぶりの夏茗荷が6〜8月に、大きめで色、香り、味がよい秋茗荷が8〜10月に出回ります。

北海道以南、沖縄まで自生しますが、現在では栽培ものがほとんど。花蕾《からい》と若い茎、根茎を食用にするもので、アルファピネンという物質による芳香と、ほのかな苦みがあり、シャキシャキした歯ざわりは、やみつきになる魅力があります。

花が咲く前の卵形の花穂《かすい》が「茗荷の子」で、一般に茗荷と言えばこれのこと。そのまま天ぷらなどにするほか、刻んで刺身のツマや、素麺の薬味、汁の実、酢のものなどに。切り方は料理の目的やデザインにより、縦に切るとシャキッとした歯ごたえで天盛りなどに。他の素材と混ぜる場合は、口当たりが柔らかい小口切りがいいでしょう。アントシアニン色素を持つので、甘酢に漬けると発色して薄紅色になります。根株から伸びる若い茎を軟化栽培したものが「茗荷竹《たけ》」で、使い方は同じです。

◆柚子　ゆず

ミカン科の常緑小高木で、中国原産。未熟な青い果実「青柚子」は夏から初秋に、完熟した黄色い果実「黄柚子」

は初冬に出回ります。

日本へは奈良時代に渡来。強い酸味があって生食には向かない「香酸柑橘《こうさんかんきつ》類」で、果汁を柚子酢として利用するほか、果皮を刻んで薬味に用います。甘み、酸味、ほのかな苦みがあり、青柚子はフレッシュで爽やか、黄柚子のほうは成熟した濃厚な、奥深い香りです。この香りは柑橘類共通のリモネンのほか、γ《ガンマ》-テルピネンなど多くの成分が混じったもの。果皮の組織に蓄えられ、表面を傷つけると生じます。酸味と香りとが、殺菌や消臭、防虫作用に役立ちます。

料理に薬味として使う場合は、果汁を搾り入れる、輪切りを添える、皮の小片（へぎ柚子）やせん切りを添える、おろし金でおろした微細な皮を散らすなどの方法があります。香りはもちろん、酸味と苦みとが味のバランスを作ります。ただし、使いすぎると逆効果なので留意して。なお、すだち、かぼすも、香酸柑橘類の仲間です。

◆山葵　わさび

東アジア原産。アブラナ科で、日本各地の渓流に自生。主に使う根茎は通年出回りますが、辛みが増すのは冬です。花山葵、葉山葵のほうは、野菜として2～4月頃に出回ります。

江戸時代に静岡県で栽培が始まりました。茎色で青茎種と赤茎種があり、青茎が辛みも強い良品種。冷水が流れる砂地で栽培する「沢《さわ》山葵」（水山葵）と、畑で作る「畑《はた》山葵」（陸山葵）があり、前者が辛みが強いタイプです。この辛み成分に強い殺菌作用があるのですが、辛みは根茎をそのままかじってもなく、すりおろすと酵素が働いて生まれます。揮発性のため、鼻にツーンとくるのも特徴です。辛みは根茎の上端や中央部に多く、おろす際には茎の付いていたほうから、目の細かい、サメ皮のおろし金などで「の」の字を描いてゆっくりとおろすと、辛みがより強く出ます。ゼリーにすると辛みは揮発しないので、「山葵ジュレがけ」などのアイディアも。

一方、葉山葵は、アブラナ科のほかの野菜と同様に70～80℃で2分ほどゆでると（12ページ）、酵素の働きで辛みが引き出されます。ゆでて水にとり、粗熱があるくらいで砂糖をまぶしてもみ、密閉容器に入れると、15分ほどで辛みが出てきます。日もちさせるなら、密封袋に入れて冷凍庫へ入れておくと、色と辛みがキープできます。使うときに刻みます。

菊花

きっか

キク科。食用の菊の花で、日本のエディブルフラワーです。苦みが少なくて花をたくさんつけ、香りや歯ざわりのいい品種が改良されてきて、江戸時代前期から料理に用いられています。花の色は黄色や紫紅色、白など。新鮮なものは甘みとシャキシャキした歯ざわりを持ち、えぐみはありません。大輪の花と小菊とがあり、大輪のほうが主流。花びらをむしり取って使い、葉も天ぷらなどに利用します。花びらを蒸して板状に干したものが、乾物の「菊のり」です。

【選び方】 色がはっきりして花は開ききらず、花びらの先端までピンとしていると新鮮です。

【旬の時季】 10〜11月。

【産地】 冷涼な気候を好み、新潟県や山形県、東北地方などで栽培されます。刺身に添える小菊は愛知県。

【栄養】 β《ベータ》-カロテンやビタミン類、ミネラルを含みます。

◎料理のコツ

東北には菊の花を食べる文化があります。料理用の菊の花の主なものには、黄色の「阿房宮《あぼうきゅう》」と紫紅色の「延命楽《えんめいらく》」があり、延命楽は「もってのほか」とも呼ばれます。これは天皇家の御紋の菊の花を〝食べるのはもってのほか〟という意味。花びらをむしって酢湯でゆで、水にさらして水気を絞り、ほぐして使います。酢を加えることで、色止めとアクを抑えることができます。これをお浸しや、酢のもの、和えもの、刺身、ちらしずしに使ったり、巻きすにシート状に並べて酢締めの魚を巻いたりします。漬けものにすると、色と食感が魅力的。生のまま、かき揚げにしてもいいでしょう。料理店の初秋の献立では、黄菊と紫菊に春菊の緑色を取り合わせて三色にして小鉢に仕立てたり、締め鯖《さば》の上にのせたりして、一気に錦秋の気配を高めます。こうした食材はほんの少し、彩りに使うだけでも効果的です。

黄菊と紫菊、春菊の白和え

→p.150

材料(2人分)
黄菊 …… 4個
紫菊 …… 4個
春菊 …… ⅓束
昆布だし汁 …… ½カップ
塩・酢 …… 各適量
白和え衣
　絹ごし豆腐 …… 100g
　練り白胡麻 …… 大さじ2
　砂糖 …… 大さじ2
　淡口醤油 …… 小さじ1

① 昆布だし汁に1.5%の塩味をつけておく。
② 春菊は葉先を摘み、熱湯でさっとゆでて冷水にとり、水気を絞って食べやすい長さに切る。
③ 菊花2種は花びらをむしり取る。鍋に湯を沸かして3%の酢を加え、黄菊と紫菊を別々にゆでて水にとり、水気を絞る。
④ 菊花2種と春菊を合わせて①に15分浸す。
⑤ 白和え衣の豆腐は布巾で包み、皿などを重石にして軽く水気をきり、裏ごしをする。
⑥ ⑤をすり鉢に入れて練り白胡麻、砂糖、淡口醤油を加え、すり混ぜて白和え衣を作り、④の汁気を絞って加え、サックリと混ぜて器に盛る。

牛蒡

ごぼう

キク科。西アジアから地中海沿岸が原産。日本では初めは薬草、平安時代からは野菜として使われてきました。野菜として食べる国は、日本のほか韓国や台湾の一部のみ。長根種と短根種があり、長根種が一般的。アクが強く、独特の風味は皮とその周辺に存在します。最近では品種改良の結果、アクが少なく柔らかさが増し、五百円玉以上の太いものも。直径10cmにもなる短根種で極太の種類や、茎を食べる「葉牛蒡」もあります。

【選び方】 泥付きと洗い牛蒡があり、味わいがあるのは泥付き。太さが一定したものが良品。

【旬の時季】 10〜12月頃ですが、貯蔵されて一年中出回ります。初夏には、直径2cm前後で皮が薄く、みずみずしい香りの新牛蒡が出回ります。

【産地】 長根種牛蒡は青森県、茨城県、北海道など。短根種には京都府の「堀川《ほりかわ》牛蒡」など。葉牛蒡には福井県「越前白茎《えちぜんしらくき》牛蒡」や大阪府「八尾若《やおわか》牛蒡」が。

【栄養】 食物繊維の量は野菜類でもトップクラスで、整腸作用があります。ミネラルも豊富。

◎料理のコツ

主役になりにくいものの、力強い〝縁の下の力持ち〟。筑前煮、けんちん汁、豚汁などは、牛蒡で味が決まります。皮がおいしさの源なので、皮ごとで使いたいもの。泥付きの場合はたわしでこすって落とします。煮ものに使う場合も、直前に切ると風味が逃げません。切り方もポイントで、縦に走る固い繊維を断ち切るか、添って切るかで食感が変わります。ささがきは繊維を斜め切りにすることで柔らかい口当たりになり、筋っぽい芯の部分まで余すところなく食べられる賢い方法です。斜め切りや小口切りも牛蒡向き。一方、縦の棒切りや短冊切りはしなやかで強い食感に。おせちの「たたき牛蒡」もその一つで、縦二〜四つ割りにしたものを叩いて使います。いずれも水にさらしすぎると旨みが流失するので、さっと洗うだけにします。ゆでる際は普通のお湯を使います。

さつま芋

さつまいも

ヒルガオ科。原産地は中央アメリカで、紀元前から食べられていました。日本へは16世紀に中国経由で琉球、長崎、薩摩に伝来。名前は、江戸時代に薩摩藩（鹿児島県）の種芋を関東に植えたことから。料理店では今も、薩摩藩の紋章から「丸十《まるじゅう》」と呼びます。痩せた土地でも育ち、米や麦が不作のときの救荒《きゅうこう》作物にもなります。北限は関東でしたが、近年は東北でも栽培されています。紫芋やオレンジ芋など、カラフルなさつま芋も人気。糖度の高い種類も増えています。

【選び方】 皮の色が鮮やかで、ひげ根のないものを。手首の太さ程度が最良です。

【旬の時季】 9～11月が旬。それ以外は貯蔵ものです。

【産地】 鹿児島県がダントツで、茨城県、千葉県なども。鹿児島県の種子島《たねがしま》には「種子島紫いも」や「安納《あんのう》いも」、徳島県には「鳴門金時《なるときんとき》」があります。

【栄養】 炭水化物が多く、ビタミンCは芋類でトップ。β《ベータ》-カロテンやビタミンE、食物繊維、カリウムも。

◎料理のコツ

主成分はでんぷんで、焼き芋のようにゆっくり加熱することで糖分に変わり、甘みが出ます。皮近くがおいしいので、皮はむかずに使うのが基本。切った後は水にさらしますが、短時間で充分です。素材自体に甘みがあるので、塩、醤油、味噌などで塩分を足して、味のバランスをととのえます。じゃが芋の代わりにさつま芋でコロッケを作ってもおいしいもの。このときも、塩味だけで充分です。煮ものにする場合、温度が高いと煮くずれるので注意を。80℃くらいでゆっくり、最後は火を止めて余熱を利用して火を通すと、皮の色は失われず形もきれいなままです。「レモン煮」は、最後に搾り入れるレモンの香りが爽やかで、女性向きの一品。「芋ご飯」「さつま汁」などにも活躍します。「芋羊羹」などのお菓子に使う場合は、皮と内側の筋の部分まで厚めにむいて、きれいに仕上げます。

里芋

さといも

サトイモ科。タロ芋の一種で、原産地は東南アジア。日本へは縄文時代に渡来。江戸時代にさつま芋が普及するまで重要な食用芋で、月見などの行事に供えてきました。食べるのは肥大した地下茎。親芋の周囲に多くの子芋ができるため、子孫繁栄の縁起ものとしておせちに使われます。種類により、食べる部分が「親芋」「子芋と孫芋」「両方」の三通りで、子芋を食べるのが一般的。ほかに小型・球形の「石川早生《いしかわわせ》」、曲がっている「海老芋」、親芋と子芋がかたまり状の「八頭《やつがしら》」などが。「ずいき」は里芋の葉柄《ようへい》で、その付け根に付くのが「むかご」です。

【選び方】 少し湿り気があって、しっかり固いものを。

【旬の時季】 一年中出回りますが、9～11月が旬。

【産地】 千葉県、埼玉県、宮崎県などが主な栽培地。

【栄養】 芋類では低カロリー。ビタミンB群、Cなどを含みます。ぬめり成分のムチンは胃腸を助けます。

●料理のコツ

皮をむくときは、泥を洗って熱湯で3分ゆで、水にとって、アルミ箔を丸めてこすると難なくむけます。「六方むき」のように形よくむきたい場合は、水気があるとぬめりが出てすべりやすいので、布巾で拭いて乾いた状態で行います。煮ものでは、里芋特有のぬめりがあると調味料が浸透しにくく、煮汁も吹きこぼれやすくなるので、下ゆでして除いてから使うのが一般的。ゆで湯に米ぬか、または米一つまみを加えるか、米のとぎ汁を使って八分《ぶ》通り下ゆでし、ざるに上げて湯気を飛ばします。水にさらすと水っぽくなるので避けましょう。含め煮や煮ころがし（59ページ）など、煮ものにするときは、煮くずれないよう、80℃くらいをキープします。けんちん汁や、新潟の郷土料理「のっぺい」、山形の「芋煮」では、里芋を下ゆでせずに直接加え、ぬめりでとろみを出します。一番シンプルな料理は、蒸して塩をふった「衣《きぬ》かつぎ」。わさび醤油や生姜醤油で味が引き立ちます。

里芋の含め煮

→p.153

材料(2人分)
里芋 …… 10個
米のとぎ汁(または米ぬか)…… 適量
煮汁
　だし …… 2½カップ
　煮干し …… 2本
　みりん …… 大さじ4
　塩 …… 小さじ⅗
　淡口醤油 …… 少々
青柚子の皮 …… 適量

① 里芋は皮を六方にむき、米のとぎ汁に入れて火にかけ、柔らかくなるまでゆでる。別鍋に沸かした熱湯に移し、さらに弱火で3分ゆで、ざるに上げて水気をきる。
② 鍋をきれいにして煮汁の材料を合わせ、①が熱いうちに加えて火にかける。落とし蓋をして、沸騰させず80℃で20分煮含める。
③ 器に盛り、青柚子の皮を刻んで散らす。

里芋の煮ころがし

→p.153

材料(2人分)
里芋 …… 10個
烏賊げそ…… 1ぱい分(または煮干し3本)
煮汁
　水 …… 1½カップ
　酒 …… ½カップ
　砂糖 …… 大さじ2½
　醤油 …… 大さじ1⅓

① 里芋は皮付きのままよく水洗いし、たっぷりの湯で3分ゆでて冷水にとる。アルミ箔を丸め、こすって皮をむく。黒ずんでいる部分は包丁で取り除く。
② だし用の烏賊げそは、湯にさっと通して霜降りにし、水にとって水気をきり、ぶつ切りにする。煮干しの場合は頭と腹わたを取り、半分に割る。
③ 鍋に煮汁の材料を合わせて、①を入れる。②も入れて落とし蓋をし、火にかける。煮汁が少なくなり、里芋に竹串がスーッと通るようになったら火を止めて、汁ごと器に盛る。げそは、はずしてもよい。

じゃが芋

じゃがいも

ナス科。原産地は南アメリカのアンデス山地。16世紀末にヨーロッパに渡り、日本へは江戸時代に長崎に伝来。明治初期に北海道で栽培が始まりました。二大品種は「メイクイン」と「男爵《だんしゃく》」。メイクインは長細い卵形で、でんぷん質が少なくねっとりした食感で、煮くずれしにくいのが特徴です。男爵は明治末に川田男爵がアメリカから導入して栽培を始めたもので、丸い形。でんぷん質が多く、加熱によってそのでんぷん質が糊《こ》化《か》し、ホクホクするのが特徴。最近は果肉が黄色の「キタアカリ」、濃い黄色の「インカのめざめ」、皮が赤い「アンデスレッド」、皮が紫色の「キタムラサキ」など、品種が多彩になっています。

【選び方】 芽の出ていないものを。芽の周辺はソラニンという有毒物質があるので、芽が出たらえぐり取りましょう。

【旬の時季】 旬は8〜9月ですが、一年中手に入ります。5〜6月には、水分が多い新じゃが芋が出回ります。

【産地】 圧倒的な量を産出するのは北海道で、長崎県、鹿児島県、茨城県も続きます。

【栄養】 主成分は炭水化物。ビタミンCやB_2、食物繊維、カリウムも豊富です。

◎料理のコツ

ゆでてマッシュポテトに、肉じゃがなどの煮ものに、フライドポテトやコロッケなどの揚げものに、と万能。人気料理も沢山あります。じゃが芋を加熱するときの温度を70〜80℃くらいにすると、でんぷんがゆっくり糖化して甘みが出ます。でんぷん質の多い男爵は、多少煮くずれたほうがおいしいカレーや肉じゃが、ポテトチップスやゆでてバターと塩で食べる「じゃがバター」が向きます。粘質のメイクインは、コロッケや味噌炒めにも。せん切りにし、水にさらしてでんぷん質を抜き、さっとゆでて胡麻《ごま》和えなどにしても、すっきりとした味わいでおいしくいただけます。

新じゃが芋のにんにく味噌炒め

→p.137

材料(2人分)
新じゃが芋(小さめのもの) …… 200g
長葱 …… ⅓本
にんにく…… ⅓かけ
絹さや …… 2枚
合わせ味噌
　味噌 …… 70g
　砂糖 …… 大さじ2
　酒・みりん …… 各小さじ2
塩 …… 少々
サラダ油 …… 小さじ2

① 長葱はみじん切りにし、にんにくはすりおろす。
② 新じゃが芋はよく洗い、皮付きのまま、かぶるくらいの水を加えて竹串が通るほど柔らかくゆで、ざるに上げて水気をきる。
③ 絹さやは筋を取ってさっと塩ゆでにし、大きく斜めに切る。
④ 合わせ味噌の材料を混ぜる。
⑤ 鍋にサラダ油を熱し、にんにくを炒めて香りを出し、長葱と②を加えて炒める。
⑥ 全体がなじんだら弱火にし、④を加えてまんべんなく2～3分炒めてからませる。器に盛って③を添える。

玉葱

たまねぎ

ユリ科。原産地は中央アジア。日本へ入ってきたのは江戸時代で、長崎に渡来しましたが、本格的に栽培されたのは明治初期の北海道でした。特有の香り成分である硫化アリルを持ち、魚や肉の臭い消しや下味付けに使われます。切るときに涙が出るのは、硫化アリルに催涙《さいるい》作用があるため。春先の新玉葱はみずみずしくて柔らかく、生食向き。白玉葱や紫玉葱、ミニサイズの小玉葱、玉がふくらむ前に収穫した葉玉葱などもあります。

【選び方】 玉葱も新玉葱も、表面が乾いて締まりがあり、重いものが良品。

【旬の時季】 輸入ものも多く一年中出回りますが、国産玉葱の旬は年に2回。10～11月頃と、4～5月の新玉葱です。それ以外は貯蔵品。

【産地】 収穫量の半分以上を担う北海道を中心に、佐賀県、兵庫県など。

【栄養】 炭水化物が多く含まれます。注目の血液サラサラ効果は硫化アリルによるもので、生のときのみ有効。

◎料理のコツ

よく切れる包丁で引き切りにすると汁が飛び散らず、涙を流さずに済みます。葱と違って、玉葱の成分には糖分が含まれるため、甘みがあります。生で使う場合、みじん切りにするほど甘みが感じられ、薄切りにすると歯切れのよさが際立ちます。鰹《かつお》のたたきで薬味に使う場合は、鰹の切り身に玉葱がからみやすいように、粗みじん切りに。どちらも水にさらすのは短時間で。さらしすぎると香りが抜けます。一方、加熱すると辛み成分が弱まるうえに水分も減って、甘みが強く出ます。和食でも、かつ丼や味噌汁などのように加熱して使うと甘みを感じるので、煮ものなどに使う場合は砂糖の量を控えめに。春の味、新玉葱は甘みは少ないものの水分が多く、違った魅力があります。

新玉葱の卵黄のせご飯

→p.136

材料(1人分)
新玉葱 …… 大¼個(80g)
ご飯(あつあつのもの)…… 1膳分
卵黄 …… 1個
醤油 …… 適宜

① 新玉葱はごく薄く切り、さっと水洗いして水気をきる。
② 器にご飯を盛って新玉葱をのせ、真ん中に卵黄を落として醤油をかける。

人参

にんじん

セリ科。原産地は北アフリカや中央アジア。ヨーロッパに伝わった西洋種と、東アジアへ伝わった東洋種があります。後者が17世紀に日本へ来た、色が赤くて長い「金時人参《きんときにんじん》（京人参）」で、日本の伝統野菜です。オレンジ色の「五寸人参《ごすんにんじん》」は根の短い西洋種。江戸末期に伝わり、戦後の食生活の洋風化で栽培が拡大しました。最近は糖度の高い紫人参もあり、沖縄では黄色の「島人参」を活用します。

【選び方】 張りがあり、色が濃いものを。葉付きの場合は葉の緑色が濃く、先端までピンとしているものを。

【旬の時季】 一年中出回りますが、旬は10～11月。4～5月に春人参、12月には金時人参が出回ります。

【産地】 北海道が生産量トップで、千葉県、徳島県、青森県、長崎県など。

【栄養】 β《ベータ》‐カロテン含有量は野菜の中でもトップ。葉はビタミンA、C、カルシウムが豊富です。

◎料理のコツ

皮近くがおいしいので皮はむかず、たわしで磨き洗い程度にしましょう。縦半分に切るとわかるように、芯は色が薄く、固く筋っぽくなっています。煮ものなどにするときは、芯は歯ざわりを損なうので小さく切るか、除いたほうがいいでしょう。煮る場合は、歯ごたえを残すのが鉄則。例えば「ひじきと人参の煮もの」では、煮汁が半分になった頃に生のせん切り人参を加え、手早く仕上げます。ほかの根菜と一緒に煮る場合は、切った後にさっと湯にくぐらせ、人参臭さを除いて合わせ、味が入る程度で、歯ごたえを残して煮上げます。すりおろせばドレッシングやソースにも向きます。人参の葉は、刻んで塩もみにするといいでしょう。京人参は、クセが少なく柔らかいので煮ものに。おせちの煮しめにも、彩りを添えます。

山芋

やまいも

ヤマノイモ科。原産地は中国の華南地方で、日本には古くに渡来。「薯蕷《じょうよ》」とも呼ばれます。別に、日本の山野に自生する「自然薯《じねんじょ》」もあり、山芋と同様に使われます。山芋は形がさまざまで、長い棒状の「長芋」、扇形の「いちょう芋」、かたまり状（球状）の「つくね芋（大和芋）」の3種類に分けられます。アミラーゼなどのでんぷん分解酵素が多く含まれ、消化がよいので、生で食べられるのが特徴。すりおろすことが多いので、3種を総称して「とろろ芋」とも呼びます。生産量は長芋が最多。

【選び方】 総じて重みがあるものを。切って売られているものは、切り口がみずみずしいものを。

【旬の時季】 10〜3月。

【産地】 長芋は北海道、青森県、長野県。つくね芋には、三重県特産の「伊勢《いせ》芋」など。

【栄養】 ビタミンB群、C、食物繊維がバランスよく含まれます。粘り成分ムチンは胃腸を助ける役割。漢方薬としても消化促進や滋養強壮に使われます。

◎料理のコツ

すりおろすと色が変わるので、変色防止のために、皮をむいた後、酢水に浸けてから使います。アクの成分であるシュウ酸カルシウムの針状の結晶が皮膚を刺激するため、手がかゆくなることがありますが、これは酢に溶けるので二重に効果的。山芋は品種によって、でんぷんの質が違います。長芋は水分が多く、生食すると食感がシャリシャリ。せん切りにして醤油をかけたり、サラダにしたり、歯ざわりを生かして甘酢漬けなどの漬けものにも。「鮪《まぐろ》の山かけ」には、すりおろしてかけます。「長芋ステーキ」「磯辺揚げ」のように、加熱するとでんぷん質が変化し、食感はホクホクに。いちょう芋やつくね芋はでんぷん質が多く、粘りとコシが強く、おろすと褐色を帯びます。麦飯にかける「麦とろ」や「とろろそば」にするには、これらを。強い粘りが、麦飯やそばの旨みを引き立てます。

蓮根

れんこん

スイレン科。はすの肥大した地下茎で、原産地は中国ともエジプトとも言われます。日本へは1500年以上前に渡来して各地で根づきましたが、細くて地中深く根を張るので栽培が難しく、あまり流通していません。現在出回っているのは、明治時代以降に入った食用の中国種。在来種に比べて太く肉厚で、節の間も長く育ちます。蓮根の断面にある穴は、酸素を根に送る通気口の役割。〝見通しがいい〟縁起ものとされ、おせちや祝い事に用います。夏に出回る新蓮根は、アクがなく、柔らかくてサクッと歯切れよく、粘りは少なめ。

【選び方】 ツヤがあってみずみずしく、ずんぐりとしたものを。切ってあるものは断面がきれいなものを。

【旬の時季】 保存がきき、一年中出回りますが、旬は11～3月頃。新蓮根は7～9月。

【産地】 茨城県霞ヶ浦《かすみがうら》の栽培が有名で、産出量は全国のほぼ半量。徳島県、愛知県なども。石川県の伝統野菜「加賀《かが》れんこん」は、身質がきめ細かいのが特徴。

【栄養】 主成分は炭水化物で、ビタミンC、ミネラルも豊富。粘り成分ムチンも含まれます。

◎料理のコツ

煮しめのように長く加熱してほっくり柔らかい口当たりを楽しむ料理と、酢などの酸を使ってシャキシャキした歯切れのよさを生かす二方向があります。切り方も前者は厚切りや乱切りに、後者は繊維を断ち切るよう薄く小口切りにするのがおすすめ。煮ものには、旨みが強い煮干しのだしを使いましょう。ひき肉などをはさんで揚げることもあります。また、すりおろして加熱するとモチモチとした食感になるので、穴子にのせて「穴子蓮根蒸し」などに。アクが回って黒ずんでいる場合は、醤油で煮ると目立ちません。一方、酢蓮根は酢水に浸け、3％くらいの酢を加えた酢湯でゆで、水にさらして甘酢に漬けます。穴の開いた特徴を生かし、花蓮根、蛇籠《じゃかご》蓮根などの飾り切りにもします。

栄養分が凝縮された発芽野菜、注目の スプラウト

◆貝割れ大根　かいわれだいこん

大根の種子から芽が出た双葉で、二枚貝の殻が割れたような形なのでこの名前に。昭和50年代（1970年代）に、貝割れ菜で水耕栽培法が開発されました。芽が伸びるまでは暗室で、その後、日にあてて緑化させます。種子をまいてから5日ほどで収穫。ピリッとした辛みと爽やかな色が魅力。根っこがまとまって扱いやすいのも便利です。スポンジの付いたほうを上にして、流水の中で押し洗いをすると種が取れ、残った種はつまみ出します。

◆ブロッコリースプラウト

水耕栽培のブロッコリーの若芽。貝割れ大根より繊細な形です。辛みは少なく、食感は柔らか。ブロッコリー本体よりも、栄養価やスルフォラファンなどの機能性成分が多いことが人気に。手軽にサラダなどで利用するといいでしょう。洗う際には、スポンジの付いたほうを上にして流水の中で押し洗いをし、この段階で種をできるだけ除きます。彩りに添えたり、肉を巻いたりも。

　ほかに、芽を出した後に緑化するスプラウト類には、レッドキャベツ、マスタード、クレス、豆苗、そばなど。

◆もやし

米、麦、豆、野菜などの種子を水に浸し、暗室で育て、発芽させた若芽の総称。緑化させないタイプのスプラウトです。現在、スーパーで売られるのは豆類のもやしで、緑豆《りょくとう》を発芽させたやや太めの「緑豆もやし」が9割。ほかに「ブラックマッペ（けつる小豆、別名・黒小豆）」で作る細い「ブラックマッペもやし」。小粒大豆などの大豆類から作る太い「大豆もやし（豆もやし）」の3種。青森県には温泉で育てる、長い「温泉もやし」もあります。シャキシャキした食感が大切で、火を通しすぎると歯ごたえを失うので要注意。ひげ根は、本体との食感が違いすぎるので必ず除きましょう。水を張ったボウルに入れ、ひげ根1本1本を折り取ります。ザッと水洗いした後、たっぷりの湯で、緑豆もやしやブラックマッペもやしなら10秒ほど、大豆もやしは1分ほどゆで、水にとります。

　アルファルファは、中央アジア原産のマメ科植物のスプラウトで、緑化させないタイプです。

カリフラワー

アブラナ科。キャベツの仲間で、緑色のブロッコリーが変異したもの。地中海東部が原産地で、日本へ渡来したのは明治初期ですが、1960年代に食生活の洋風化で急速に普及。食用にするのは花蕾《からい》と呼ばれるつぼみが集まった部分。淡泊な味わいと歯ごたえが魅力です。最近では紫色やオレンジ色など、カラフルな種類も登場しています。イタリア料理などで人気の「ロマネスコ」も、カリフラワーの一種。なお、茎はもちろん、葉もキャベツのような味わいでおいしく食べられます。

【選び方】 花蕾が白く隙間なく詰まって、全体に丸みを帯び、重さのあるものが良品。

【旬の時季】 一年中出回りますが、11〜3月が旬。

【産地】 茨城県、徳島県、埼玉県、愛知県など。

【栄養】 花蕾や茎にビタミンCが豊富に含まれ、食物繊維も豊富です。

◎料理のコツ

ブロッコリーに比べると固いものの、旨みが濃いのはカリフラワーのほう。房が大きすぎると、口に入れたときにゴワッとするので、一口大にカットしましょう。花蕾をこわさないように、房の下から包丁を入れます。アブラナ科なので、ゆですぎると独特の辛みと香りを失い、歯ごたえまでなくなります（12ページ）。70〜80℃の低温で、ゆっくりゆでましょう。昔は露地ものが多く、花蕾が汚れていたため、ゆでるときに湯に小麦粉を入れて、全体に汚れが回らないよう膜を作っていましたが、今は必要ありません。ただ、白くゆで上げるために米のとぎ汁を使うのは効果的。同じ目的で湯に酢を入れることもありますが、酢味がつくのでサラダに使う以外は向きません。使い方としては、スープ煮やクリーム煮、炊き合わせなどにも。茎は甘みがあるので皮をむいて薄切りにし、炒めものなどにどうぞ。葉は繊維に対して横に細切りにし、きんぴらにしてみるといいでしょう。

キャベツ

アブラナ科。原産地は南ヨーロッパで、野生のものは結球しませんが、ヨーロッパで結球タイプに改良。日本へは江戸時代末にオランダから長崎に入り、明治の初めに北海道や東北で栽培されるようになりました。形が扁平で巻きがしっかりし、ずっしり重い冬キャベツは、固くて甘みがあるので煮込みにぴったり。春キャベツ（新キャベツ）は丸くて巻きがゆるく、内側まで緑色。葉が柔らかいので生食向きです。ほかに紫キャベツや、わき芽を食べる芽キャベツなどがあります。

【選び方】 重量感があり、根元の切り口がきれいでみずみずしいと新鮮。

【旬の時季】 一年中ありますが、冬キャベツは1～2月、春キャベツ（新キャベツ）は3～5月頃が旬。

【産地】 年間生産量が多いのは愛知県、群馬県、千葉県など。季節ごとにも変わり、夏と秋は群馬県、長野県、春キャベツは千葉県、神奈川県、茨城県など。

【栄養】 ビタミンCの含有量は淡色野菜でトップ。カルシウムも豊富。別名キャベジンと呼ばれる、胃腸の粘膜修復に効能のある成分、ビタミンUも含みます。

◎料理のコツ

生で食べる代表は、せん切りキャベツ。葉脈に沿って縦に走る繊維を断ち切り、水にさらしてパリッとさせます。せん切りをゆでて、シンプルに鰹節《かつお》をのせるお浸しもいいでしょう。70～80℃ほどの低温でゆっくりゆでると、香りも歯ごたえも残ります（12ページ）。この温度だと、消化酵素のジアスターゼも失われません。煮る料理では、薄味にしてキャベツらしい味わいを生かしたいもの。例えばひき肉や白身魚を包んで「ロールキャベツ」にし、昆布だしと淡口醤油だけであっさりと煮るのがおすすめです。キャベツ中心のおでんもおすすめ。キャベツはしんなりゆでて巻き、数多く用意して具にします。鍋に水とだし昆布を入れ、淡口醤油と酒で味をととのえてキャベツを入れ、ゆで卵や練りものとともに煮るとでき上がりです。

慈姑

くわい

オモダカ科。水生植物の球状の茎で、原産地は中国。日本へは早くに渡来し、平安時代初期にはすでに栽培されていました。皮が薄青色で、勢いよく芽が出ることから、〝芽が出る、めでたい〟縁起ものとしておせちなどに使われます。1本の根から12個も生まれることから〝慈しみ深い姑〟の意味でこの字に。どちらかといえば関西でよく使われます。でんぷん質が少なく、ホロリとした食感が栗のよう。ほんのりした苦みがおいしさで、派手さはありませんが大人の味です。

【選び方】 皮の青い色に光沢があり、張りがあって、芽がしっかりしているものを。

【旬の時季】 12〜1月が旬。

【産地】 広島県や埼玉県。広島県の「福山《ふくやま》くわい」、大阪府の「吹田《すいた》くわい」が有名。

【栄養】 食物繊維が多く含まれます。

◎料理のコツ

でんぷん質が少ないために煮くずれせず、使いやすい素材です。芽の部分は先端だけを切り落として、折らないようにていねいに薄皮をむき、全体の皮もむきます。料理屋ではさらにていねいに手をかけて、皮を六方にむいて、六角形に整えます。えぐみがあるので、米のとぎ汁でゆでこぼしてから含め煮に。おせちの煮しめにする場合は、くちなしを煮出した汁でゆでてからだし汁で煮含め、めでたさを強調します。芽が最初からない場合は、皮を薄くむいてすり鉢の中で転がして、なめらかな球形にすることも。素揚げや唐揚げにすると、ホクホクとした食感や独特の風味がいっそう堪能できます。サッとゆでて薄切りにし、甘酢に漬けても。ゆでて粗みじん切りにし、肉団子のタネに加えても食感を生かせます。むいた皮もからりと揚げて塩をふれば、「慈姑せんべい」のようになります。

小松菜

こまつな

アブラナ科。蕪《かぶ》を改良した青菜。東京では、江戸時代初期から栽培されています。名前は産地の一つ、江戸川区小松川の地名によるもので、徳川綱吉の命名。白菜が日本に入ったのは明治時代ですから、江戸の町民が小松菜になじんできたことがうかがえます。東京の本来の雑煮にも、小松菜は欠かせません。同じ青菜のほうれん草に比べると茎が幅広く、太くて歯ごたえがあります。

【選び方】 緑色が濃くて葉の先端まで張りのあるもの、茎がしっかりしているものを。

【旬の時季】 一年中ありますが、12～2月頃が旬。

【産地】 埼玉県、茨城県、福岡県。東京都では伝統野菜に指定されています。近縁の青菜に、長野県の「野沢菜」、新潟県の「大崎菜」、大阪の「黒菜」など。

【栄養】 β《ベータ》-カロテン、ビタミンB群、ビタミンC、カルシウムなどのミネラル、食物繊維が豊富で、栄養価の高い青菜。カルシウムはほうれん草の3倍。

◎料理のコツ

本当の小松菜のおいしさを知っていますか？　ゆで方次第で、ほのかな苦みと辛み、香りなどの持ち味がぐんと出て、驚くほどおいしくなります。まず、ゆでる前に水に15～30分ほど浸けて、全体にシャキッとさせておきます。次に、70～80℃の湯を用意して、小松菜の根元から入れて1分ゆで、葉先も沈めて3分ほどゆでて冷水にとります（12ページ）。ゆでるといっても、ほとんど湯が沸いていないように見えますが、大丈夫です。ほうれん草と同じように熱湯でゆでると、味気のない青菜になってしまいます。油揚げとの煮ものなど、ほかの素材を取り合わせて旨みを補うことが多いのですが、このゆで方なら、小松菜だけでもおいしさを存分に味わえるので、お浸しにどうぞ。ほうれん草は柔らかいので、だしで割った醤油をかけるとしみ込みますが、小松菜はしみ込まないので、シンプルに醤油をかけるほうがよいでしょう。

春菊

しゅんぎく

キク科の青菜で、原産地は地中海沿岸。春になると菊に似た黄色の花をつけるので、この名に。関西では「きくな」と呼ばれます。日本へは中国経由で室町時代に渡来。春菊を食用にするのは東アジア地域だけで、ヨーロッパでは花の観賞用です。ほろ苦さを逃さずに味わいたい青菜です。葉に厚みがある「大葉春菊」は、若葉にアクがないので「サラダ春菊」として売られることも。春菊の緑色は長持ちするので、よもぎの代わりに、ゆでてすりつぶして草餅にも使います。

【選び方】 緑色が濃く、葉先まで張りがあって切り口がきれいなものを。茎ごと使う場合は、小さめの株を。

【旬の時季】 11〜2月頃が旬。

【産地】 千葉県、大阪府、茨城県など。

【栄養】 β《ベータ》-カロテンやビタミンCが豊富です。カロテン含有量はほうれん草以上。

◎料理のコツ

生の状態では、香りはあっても苦みはなく、ゆでると苦みが出やすくなります。そこで、柔らかい春菊は、葉先だけを摘んで生でサラダにどうぞ。春先の新若布《わかめ》と組み合わせたサラダは、春菊の持ち味が生きるさっぱりした味わいになります。鍋もの、天ぷら、かき揚げなどには茎ごと使います。茎は、シャキシャキとした歯ざわりが魅力。サラダに葉先を使って、残りの茎だけを使ってもいいでしょう。ゆでてお浸しにも向きますが、ゆでるときは熱湯でゆで、冷水に放して水気をきることで、春菊独特のアクが減ります。ゆでる前に水に浸して、パリッとさせるのも忘れずに。ゆで時間が短くて済みます（11ページ）。白身魚とゆでた春菊を、昆布締めにしても。私は「松茸の土瓶蒸し」の青みには、三つ葉ではなく、香りのよい春菊の穂先を使います。

大根

だいこん

アブラナ科。原産地は地中海沿岸、コーカサスから中央アジアと言われていますが、まだ定説はないようです。日本へは中国経由で渡来、『古事記』に〝オオネ〟（大根）として登場するほど古くから利用されています。七草の一つ「すずしろ」は、大根のこと。一般的に流通しているのは「宮重《みやしげ》」の青首系。甘くて水分の多い柔らかい品種で、首の部分が薄緑色のほぼ寸胴形です。

　大根は日本人の食生活に深く根ざした主役級の野菜で、生で漬けものに、サラダに、すりおろして薬味に、おでんなどの煮もの、汁ものに、蒸しても、と多彩に使われます。地方品種も多く、「亀戸《かめいど》大根」「三浦大根」「桜島大根」「守口《もりぐち》大根」「聖護院《しょうごいん》大根」など、細長いものから球形まで形もいろいろ。赤い大根も、青い大根もあります。

【選び方】　叩くと割れそうに張りがあり、肌触りがよくて重いものを。葉付きの場合は先端まで緑色が濃く、みずみずしいものを。カットされたものは、切り口が白くなめらかなものを。

【旬の時季】　一年中ありますが、11〜2月頃が旬。

【産地】　年間を通して北海道が多く、青森県、千葉県も。

【栄養】　根は水分が多く、でんぷん分解酵素アミラーゼ（ジアスターゼ）をたくさん含んでいるので、胃腸薬の役割も。葉のほうはβ《ベータ》-カロテン、ビタミンC、Eが豊富です。

（74ページに続く）

●料理のコツ

大根の辛さは皮にあるので、そばの薬味に使う「辛味《からみ》大根」品種は、皮をむかずに使います。一般の大根も皮の内側に辛みを持つ筋があるので、辛さを生かしたい場合は筋の部分を残します。逆に煮ものなどでは、筋の内側まで厚めにむきます。煮える時間は筋の有無で違ってきます。むいた皮はきんぴらや、刻んだ葉とともに塩もみして漬けものにして食べます。

大根の首の部分と、胴部、下部とで使い分けるとしたら、首部は皮が緑色になっていることでわかるように地面から出て日に当たり、どちらかというと甘め。皮もしっかりしているので厚めにむいて、甘みを生かして大根おろしや、サラダなどの生食にするのがいいでしょう。下部は辛いので、刻んで薬味などに。真ん中は太く柔らかいので、煮ものに適します。大根の切り方は、生ハムなどを巻く場合、縦に走っている繊維を断ち切るよう、横に薄切り（輪切り）にすると丸まって、扱いやすくなります。一方、味噌汁では大根が折れないように、4〜5cm長さに切り、縦に薄切りにしてから縦方向に細く切ります。なます用の大根はこんもり丸く盛りたいので、縦薄切りにしたものを斜め細切りに。刺身のけんに使う場合は、繊維を断つように切ると、柔らかく軽く仕上がります。このように繊維の方向を考えて切ると、同じ素材でも効果的です。

このところの新しい料理法に「大根ステーキ」や「焼き大根」がありますが、鮮度の高い大根が手に入る現代だからこそ。噛めば汁が飛び出すような、フレッシュ感あふれるおいしさが楽しめます。ゆでたてを、おろし生姜と醤油でいただくのも絶品です。ゆでる際には米のとぎ汁を使って、特有の青臭さを取り除くとよいでしょう。

また、大根のおろし汁は筍《たけのこ》や山菜のアク抜きに使えます。これは大根のおろし汁に含まれる酵素（パーオキシダーゼ）が筍のえぐみ（ホモゲンチジン酸）と結びつくことで生まれる効果で（12ページ）、わらび、ずいきなどの山菜、数の子や雲丹《うに》などにも応用できます。

青梗菜

ちんげんさい

アブラナ科。中国原産で結球しない白菜の一種。中国野菜は、日中国交回復を機に1970年代からブームになり、黄にら、豆苗《とうみょう》など、さまざまな種類が出回るようになりました。その中で一番定着したのが、この青梗菜。肉質の厚い茎を持ち、クセやアクがなく淡泊な味わいで、持ち味はシャキッとした歯ざわり。加熱してもクタッとならず、ボリュームが失われません。使い勝手のいい野菜です。軸の色が白い品種の「パクチョイ」、姿のまま使える「ミニ青梗菜」もあります。

【選び方】 葉の緑色が濃く、形の整っているものを。

【旬の時季】 一年中出回りますが、9〜1月が旬。

【産地】 茨城県、静岡県など。各都市の近郊で栽培されることもあります。

【栄養】 β《ベータ》-カロテンやビタミンC、カルシウムを多く含みます。

◎料理のコツ

柔らかい葉の部分と、シャキシャキした茎とで、持ち味に大きな差があります。炒めものなどで姿を生かして使うときは、まず茎の根元に十文字の包丁目を入れ、手で裂いて二〜四つ割りにすると、形よく分けることができます。一方、お浸しのように長さを切り揃えて盛る場合は、初めから葉と茎とに切り分けます。ゆでるときは、菜の花（25ページ）や小松菜（71ページ）と同じく、70〜80℃の低温で3分ほど。最初に茎を湯に入れ、後で葉も沈めると、特有の香りや旨みが失われず、シャキッとした食感も生かしてゆでることができます（12ページ）。肉類との炒め煮、クリーム煮などにも、緑色がアクセントになります。

葱《ねぎ》

ユリ科。原産地は中国西部で、日本へは古くから伝わり、『日本書紀』に記されているほど。ヨーロッパには既に玉葱があったので広まらず、東アジア、特に日本で重要な野菜になりました。

　白い葉柄と緑の葉の部分に分かれ、品種群で大きな差があります。「長葱」は、白い部分が日に当たらないよう土寄せして育てたもの。「根深《ねぶか》葱」「白葱」とも呼ばれ、東日本で多く利用されます。「葉葱」「青葱」と呼ばれるのは根元近くまで緑色の柔らかな品種で、関西で葱と言えばこちら。〝関東は白、関西は緑〟という葱食文化があるのです。ほかに細い「浅葱《あさつき》」や、枝分かれが多く香りが穏やかな「分葱《わけぎ》」、つまものとして使われる「芽葱」など（詳細は次ページに）。これ以外にも、各地に風土に適した数多くの品種があります。ここでは、主流の長葱を中心に述べます。

【選び方】　全体に張りがあり、ツヤよく光っているものを。土の付着した皮が付いているもののほうが、香りは強いです。

【旬の時季】　一年中出回りますが、11～2月が旬。

【産地】　長葱は千葉県、埼玉県、茨城県など関東が中心。東京の「千住《せんじゅ》葱」、群馬県の「下仁田《しもにた》葱」が有名です。茨城県水戸近郊には表皮の赤い「赤葱」が。京都の「九条《くじょう》葱」、福岡県の「博多万能《はかたばんのう》葱」は葉葱系。

【栄養】　長葱の白い部分はビタミンCが多く、硫化アリルも含まれます。緑黄色野菜に分類される緑の部分は、β《ベータ》-カロテンが豊富。青葱もβ-カロテンを含みます。

◎料理のコツ

長葱は主役にはなりにくいものの、味の決め手になります。長葱が持つ刺激性成分の辛みや苦みは、魚や肉の臭みを消す効果がありますが、加熱すると甘みに変わります。焼き鳥屋さんの「葱焼き」がその例。私は長葱の形を1本丸ごと生かして、豚ばら薄切り肉を巻いて揚げることもあります。すき焼きなど煮ものに使う場合は、適当な長さに切った後、芯の部分が抜け出さず噛み切れるよう、斜めに包丁目を入れておきましょう。生の葱は薬味としても貴重です。特に「白髪葱《しらが》」は肉類の煮ものにふんわりのせて天盛りにしたり、麺類、汁もの、鍋ものに使います。作り方は5cm長さに切って、縦に切り込みを入れ、芯の部分と周りの白い部分に分けます。白い部分だけを縦にせん切りにし、水の中で洗うと臭みが抜け、繊細な食感になり、ふんわりします。細かく刻んで味噌と混ぜた「葱味噌」も、熱々ご飯にのせると絶品。

長葱の青い部分は捨てずに、刻んで汁の実や薬味に、肉類の煮ものに入れて香り付けに使いましょう。

葱のいろいろ

★浅葱　あさつき
葱よりも緑色が浅いので、この名に。らっきょうのような鱗茎を持ち、強い香りがあります。青魚や鍋ものの薬味に、その香りを生かしましょう。

★小葱　こねぎ
福岡県で作られている「博多万能葱」が有名。青葱を若いうちに採ったもので、香りは少ない品種です。仲間の「鴨《こう》頭《とう》葱」は別名「ふぐ葱」。ふぐの味わいを邪魔しないので、ふぐ料理には欠かせません。ちなみに、鴨頭葱の名の由来は、薬味（葱）を〝香頭〟と書き、それを鴨頭と置き換えたこと。

★下仁田葱　しもにたねぎ
群馬県の下仁田地方特産。白い部分は直径4～5cmと太く、株分かれしない葱です。全体が柔らかく甘みがあり、香りも強い品種。江戸時代に将軍に献上したことから「殿様葱」の名も持ちます。

★芽葱　めねぎ
葱の新芽で、繊細な姿を生かして高級つまものとして、椀ものに添えます。

★分葱　わけぎ
葱と玉葱の交雑種で、枝分かれすることから「分け葱《ぎ》」の名に。葉は細く濃緑色で、甘みが強く、香りは葱の中で一番です。芯が空洞になっていて先端まで柔らかく、ゆでて酢味噌和えなどに使います。

白菜

はくさい

アブラナ科。原産地は中国北部。日本には明治8年（1875年）に導入され、急速に栽培が広まったのは、明治半ばの日清戦争のとき。農村出身の軍人たちが、種をポケットに忍ばせて持ち帰ったためと言われます。全国的に使われるようになったのは、昭和になってから。キャベツよりも10倍も旨みが強く、甘みもあります。軸の断面に細かい空洞がたくさんあり、白菜漬けを作るときに干してから塩漬けにするのは、干すことで空洞がふさがって水分が減るためです。

【選び方】 外葉が緑色でみずみずしく、ピンとして重みのあるものを。切ってあるものは、葉が隙間なく重なり、先端部がしっかり巻いたものを。

【旬の時季】 一年中ありますが、旬は12〜2月。

【産地】 茨城県、北海道、鹿児島県など。

【栄養】 ビタミンCが多く、ミネラル類、食物繊維も。

◎料理のコツ

軸はシャキシャキ、葉は柔らかく、黄色い芯の部分は甘い、と部位によって食感や味が異なるので、使い分けると持ち味が生かせます。軸は縦の短冊切りにして、生のままサラダや甘酢漬けに。オーブンで焼くと、軸の空洞が焼き締まって旨みが凝縮し、一段とおいしくなります。おろし生姜でどうぞ。レシピをご紹介した「鮭ロール煮」でも、白菜をいったん焼いて旨みを濃くしています（79ページ）。葉は、その柔らかさを生かして、生のまません切りにして水にさらし、ギュッと絞ってお浸しに。だし醤油にラー油を少し加えてかけましょう。鍋ものに使うときも、葉を干したり焼いたりして旨みを凝縮させると、おいしさが増します。黄色の芯はやさしい甘みがあり、鶏肉などとスープ煮に。ミキサーでピューレにすれば、とろみのあるスープに（79ページ）。軸と葉の全体で作る「ロール白菜」や「ひき肉との重ね煮」のように、クタクタに煮た魅力もあります。なお、軸に出る黒い斑点はポリフェノールが集積したもので、無害です。

白菜の芯と鶏肉のスープ煮

→p.157

材料(2人分)
鶏もも肉 …… ½枚
白菜(黄色い芯の部分)…… 150g
水 …… 1½カップ
昆布 …… 5㎝角1枚
淡口醤油 …… 大さじ1弱
こしょう …… 少々

①鶏肉は熱湯にくぐらせて霜降りにし、冷水にとって洗い、水気を拭く。
②白菜は細かく刻む。
③鍋に水、昆布、①、②を入れて火にかけ、80℃くらいで20分煮る。
④煮汁と白菜、鶏肉を分ける。白菜はフードプロセッサーかミキサーでペースト状にし、煮汁に戻して淡口醤油で味をととのえる。
⑤鶏肉は一口大に切り、器に盛ってスープを注ぎ、こしょうをふる。

焼き白菜の軸の鮭ロール煮

→p.157

材料(2人分)
生鮭 …… 150g
塩 …… 少々
白菜の軸 …… 4枚
煮汁
　だし汁・水 …… 各2½カップ
　淡口醤油 …… 大さじ4
　酒 …… 大さじ2

①鮭は2㎝角×12㎝長さの棒状に切り、塩をふって30分ほどおく。さっと水洗いし、熱湯にくぐらせて霜降りにし、冷水にとって水気を拭く。
②白菜の軸は、フライパンで焼き色がつくまで表裏を焼く。
③クッキングシートを15㎝幅に切り、巻きやすいように、横に数カ所の切り込みを入れる。
④②を鮭の長さに合わせて切り、③の上に置いて、鮭を芯にして巻く。たこ糸で3〜4カ所縛る。
⑤鍋に④を並べ入れ、煮汁の材料を加えて火にかけ、ひと煮立ちしたら弱火にして15分ほど煮る。
⑥たこ糸をはずし、食べやすく切って器に盛り、煮汁をかける。

ブロッコリー

アブラナ科。原産地は西地中海で、野生のキャベツを改良したもの。日本へ入ったのは明治初期ですが定着せず、1960年代になって普及。栄養価に富むため、健康志向に乗って最近ではカリフラワーより人気が高いようです。口にしたときのホロリとほぐれるような食感に、魅力があります。最近では花蕾《からい》が紫色のものも見かけますが、これはゆでると緑色になります。新顔の「スティックセニョール」は、茎が長いタイプです。

【選び方】 全体に緑色が濃く、花蕾はこんもりと丸く引き締まったものを。切り口がきれいなものが新鮮。

【旬の時季】 一年中出回りますが、旬は11月。

【産地】 北海道、愛知県、埼玉県、香川県など。

【栄養】 ビタミンCが豊富でレモンを上回り、β《ベータ》-カロテンも豊か。抗酸化作用にも優れた栄養価の高い野菜。

◎料理のコツ

まず太い茎は切り落として、房を1つずつ切り分けます。房が大きすぎる場合は、花蕾側からではなく、房の下から包丁を入れて、手で裂くようにすると、小房に分けることができます。ゆでる際には、70～80℃で、ゆっくり3分ほどゆでると、ブロッコリーの歯ごたえを失わずに、ほのかな辛みや香りを引き出せます（12ページ）。サラダ以外には、緑色を生かして魚の前盛りや和えものに。ピューレにして牛乳や練り胡麻《ごま》と合わせ、甘い胡麻汁粉に仕立てても、美しい色合いになります。切り落とした茎は皮を厚くむき、薄切りにしてゆでてサラダにしたり、炒めものにもどうぞ。私はさらにせん切りにして、じゃこと一緒に醤油炒めにします。最後に炒り胡麻をたっぷり合わせたら、酒肴にもおかずにもぴったりの一品に。

ほうれん草

ほうれんそう

アカザ科。青菜の代表格。味にクセがなくて、万人に好まれます。原産地は西アジアのイラン近辺。東アジアに伝わって東洋種が、遅れてヨーロッパで西洋種が生まれました。日本へは江戸時代初めに東洋種が、明治以降になって西洋種が渡来。現在は主に、二つの交雑種が出回っています。東洋種の露地ものは根元の赤い色が強く、茎は雪をかぶって押され、太く曲がったりしますが、味が濃く、特に冬に甘みが増えておいしくなります。サラダ用ほうれん草は、生食用に改良した交雑種です。

【選び方】 茎に張りがあり、ピンと立っているものを。

【旬の時季】 一年中出回りますが、本来の旬は12～1月。

【産地】 千葉県、埼玉県、群馬県、茨城県など。

【栄養】 β《ベータ》-カロテン、ビタミンC、ビタミンKに、鉄などのミネラル類も豊富な、優れた野菜です。

◎料理のコツ

水に浸し、葉先まで水を吸収させておきます。ゆで方は〝たっぷりの湯で短時間〟が基本。1束を3回くらいに分け、まず湯に根元を入れて20数え（20秒）、フニャッとしたら葉も入れて20数えて、トータルで40秒。その後、水に1分さらしてアクを抜きます。これを繰り返します。揃えずにほぐして使う場合は、初めから切ってゆでると手軽です。1分以内でゆでると、シャキッとしたほうれん草の歯ごたえと、素材の旨みを感じることができ、アク（シュウ酸）も出ません。シュウ酸は、ほうれん草を生で多量に食べ続けると、体内でカルシウムと結びつき、腎臓結石などを引き起こしますが、普通の量なら問題ありません。また、ゆで湯には塩は入れません。塩は、アルカリ性になって発色がよくなる、沸点を上げて早くゆで上がる、といった効果を期待して入れますが、短時間でゆでるほうがずっと効果的。和えもの、バターソテーに。料理店では葉を刻み、すり鉢ですって水を加えて軽く火を通した天然の色素「青寄せ」にもします。

水菜

みずな

アブラナ科。京都付近が原産地の、京都の伝統野菜。関西以外では「京菜」とも呼ばれます。枝分かれしやすく「千筋菜《せんすじな》」とも。近年のスーパーに出回るものは水耕栽培の改良種で、茎が柔らかいサラダ野菜です。本来の在来種の露地ものは、1株から茎（葉柄）が40～60本も密生し、大きくなると周囲1m、4kg近くになります。葉にぎざぎざがあるので「柊菜《ひいらぎな》」の名も。爽やかな香りとピリッとした辛みは、漬け菜として利用。魚の臭みを消すので、「鯨のハリハリ鍋」などで〝ハリハリ〟した歯ごたえを味わいます。仲間には、葉の縁が丸みを帯びた「壬生菜《みぶな》」があります。伝統野菜と水耕栽培ものではほとんど別ものなので、以下は一般的な水耕栽培ものについて述べます。

【選び方】 傷み始めると葉っぱがくっつくので、葉がピンとして離れているものが新鮮。

【旬の時季】 一年中出回りますが、12～3月が旬。

【産地】 関西以外でも作られるようになり、茨城県がトップ、福岡県、京都府、埼玉県と続きます。

【栄養】 β《ベータ》-カロテンやビタミンCが豊富。鉄やカルシウムも多く含まれます。

◎料理のコツ

水耕栽培の水菜は、淡泊でクセがなく、手軽に使いやすい青菜。生でサラダに使う場合は、軽く塩もみするとしんなりします。生の場合は辛みは感じませんが、小松菜（71ページ）と同様に、70～80℃の低温で2分ほどゆでると辛みが引き出せます（12ページ）。ゆで方を心得ると、素材の味を再発見できるはずです。ゆでた後は、サッと水にさらしてお浸しや和えものにし、そのほのかな辛みを堪能してみましょう。また、油揚げと炊き合わせたり、鍋ものにもたっぷりとどうぞ。炒めものや、パスタにも便利です。

百合根

ゆりね

ユリ科。食用の百合の球根で、中国原産の「鬼百合」「小鬼百合」を野菜として栽培したもの。日本原産の「山百合」の場合は、観賞用と食用を兼ねます。一般的には直径5～10㎝の小鬼百合の百合根が主流で、日本では古くから高級食材として珍重されてきました。〝百合〟とは、数多くの鱗片でできているという意味で、鱗片の一つ一つをはがし、ゆでて食べます。栗のようにホクホクした食感の中に、ほろ苦さを秘めています。保存性が高く、輸送中は傷つかないように、おがくずとともに箱に詰められています。土に埋めると、やがて芽が出て、ヒヤシンスのような可愛い花が咲きます。

【選び方】 傷がなく、鱗片が白いものを。

【旬の時季】 貯蔵できるので一年中出回りますが、旬は9～12月。

【産地】 北海道が9割以上、残りは東北地方です。

【栄養】 主な成分は炭水化物。たんぱく質も根菜の中では多く、滋養強壮力のある薬用植物。

◎料理のコツ

鮮度のいい百合根は、かすかに苦みを呈するだけで、品のいい味。1枚ずつていねいにはがし、根元を削って形を整えて、ゆでます。昔は、ゆで湯に米のとぎ汁や酢を入れましたが、それは野生ものの場合。今は栽培ものが主流ですから、普通の湯で大丈夫。ゆですぎると肝心のホクホクの食感が損なわれるので、2分ほどゆでた後に蒸すと旨みはいっそう増します。茶碗蒸しの具にしたり梅肉で和えたり、生でかき揚げに。丸ごとを使って煮ものにも。苦みがあるので、このわた（なまこの腸の塩辛）や酒盗《しゅとう》（鰹《かつお》の腸の塩辛）など強い塩味の素材と合わせると、持ち味を発揮します。桜の花びらに形作ってピンク色に染めることもありますが、現代は素材の味を楽しむ時代ですから、そのまま使いたいもの。和菓子の材料として、きんとん、まんじゅう、最中などにも利用します。

切り干し大根

きりぼしだいこん

もともとは大根の貯蔵のために干したもので、凝縮した旨みと独特の風味、甘みを持ちます。昔は天日干しでしたが、現在はほぼ熱風乾燥。天日干しを謳っていても、熱風乾燥を併用している場合もあります。生干しと、ゆで干し・蒸し干しがあり、後者は色が濃厚。大根の切り方で名称が変わり、細切りは「せん切り干し」、それより太めは「上切り干し」、輪切りは「花丸切り干し」、縦に割ったものは「割り干し大根」と呼ばれます。

【選び方】 黄ばんでなく白いもの、においがないもの。

【産地】 宮崎県、愛知県など。

【栄養】 食物繊維が多く、ビタミンやカルシウムなどのミネラルも含まれます。

◎料理のコツ

たっぷりの水に浸し、もどしてから使いますが、浸す時間は10分ほど。もどしすぎると旨みが流出し、カリカリした食感も失われます。このもどし汁は使いません。水気を絞ってさっと湯通しし、新しい水で煮ると大根の風味が生きます。切り干し大根に旨みがあるので、だし汁は不要です。砂糖や醤油で甘辛く煮る昔ながらのおかずもいいのですが、甘みを使わず、例えば葱とフライパンで炒め、塩、こしょうだけで味付けした「切り干し大根の炒め煮」は歯切れもよく、意外なおいしさでおすすめ。副菜になりがちな切り干し大根ですが、半量を動物性の食材（ベーコンや豚肉、牛肉など）にし、さらにその半量に彩り野菜（人参やパプリカなど）を加えると、バランスのいい主菜の一品に。ときには、炊き込みご飯も滋味があっておすすめ。合わせ酢に漬けた「ハリハリ漬け」も、常備菜にぴったりです。

干瓢

かんぴょう

ウリ科。インドやアフリカ原産のゆうがおが原料。すいか大の果実で、その未熟果を使用します。ゆうがおの実「瓢《ふくべ》」を干すことからこの名に。果肉を帯状にむき、熱風乾燥する方法が主流です。

【選び方】 肉厚で幅広。未漂白の乳白色のものを。

【産地】 栃木県が95%以上。

【栄養】 食物繊維や、カルシウム、鉄などのミネラル。

◎料理のコツ

もどすときは、軽くもんで水に浸します。今のものは質がよく柔らかいので、これで充分。塩もみの必要はありません。ゆでて透明になったら煮含めます。「干瓢巻き」や「ちらしずし」の具に、「いなりずし」や「昆布巻き」を結ぶ紐に。薄味に煮て汁ものの実、和えもの、卵とじなどに。きんぴらのような炒め煮にしても。

きくらげ

キクラゲ科。きのこの一種で、毛が密生しています。生はプリプリの寒天質で、乾物は軟骨質。味は無味無臭。近縁種に白きくらげが。近年、国産生きくらげも出回るようになりました。

【選び方】 乾物は大きいほうが使いやすいです。

【産地】 乾物は中国産がほとんどですが、国産では大分県、熊本県、長崎県など。生きくらげは菌床栽培で、鹿児島県や新潟県、北海道など。

【栄養】 ビタミンDが豊富。カルシウムや鉄も含みます。

◎料理のコツ

乾物はコリコリした歯ごたえを持ち、ほかのきのこにはない独特の食感。たっぷりの水で柔らかくもどすと、5倍くらいになるので量に注意を。和食では飛龍頭《ひりょうず》や擬製《ぎせい》豆腐に混ぜたり、和えもの、五目ご飯、サラダなどに使います。生きくらげは、刺身のあしらいにも。

蒟蒻

こんにゃく

サトイモ科の丸い蒟蒻芋が原料で、原産地はインドやスリランカ。日本へは仏教とともに伝来し、はじめは医薬用に、やがて食用として禅寺などで用いられました。食用にする国は、ほかには中国、韓国、ミャンマーなど。現在のような蒟蒻粉で作る方法は、江戸時代中期からで、蒟蒻粉にアルカリ性の凝固剤を加えて固めます。色は黒と白があり、白は精製したもの。黒は、粉末の海藻や黒胡麻《ごま》入りです。ほかに刺身蒟蒻、葛きりタイプ、柚子入りなどのバリエーションも豊富。糸蒟蒻やしらたきは、同じ材料で製法が違うだけ。どちらも下ゆでしてアクを抜いてから使います。

【選び方】 自分好みの固さのものを使うといいでしょう、蒟蒻臭のないものを。

【産地】 北関東が多く、群馬県が90%以上。ほかは栃木県、茨城県など。

【栄養】 大部分が水分で、低カロリー。不消化成分の食物繊維・グルコマンナンが豊富で、昔から〝胃腸の砂払い〟と称されました。カルシウムも含まれます。

◎料理のコツ

何の変哲もない食品ですが、おでん、すき焼き、筑前煮などに欠かせません。さっぱりした味には口直し効果があり、肉料理の濃厚さを和らげて、ないと困る名脇役のようなもの。包丁で切ると断面がなめらかすぎて味が入りにくく、味も感じにくいので、スプーンなどでちぎって表面積を広げるとよいでしょう。すりこ木で叩いたり、細かい包丁目を入れても。蒟蒻臭やアクは、下ゆでして抜いて使います。煮る際には、煮干しなど風味の強いだしを合わせます。凝固剤（水酸化カルシウム）が添えられた蒟蒻粉を入手できたら、自家製するのもおすすめ。柔らかさが調節でき、豆乳を入れれば白い蒟蒻ができます。若布《わかめ》や生海苔《のり》を入れるとアルカリ性の効用で緑色が鮮やかな蒟蒻になります。

米と豆

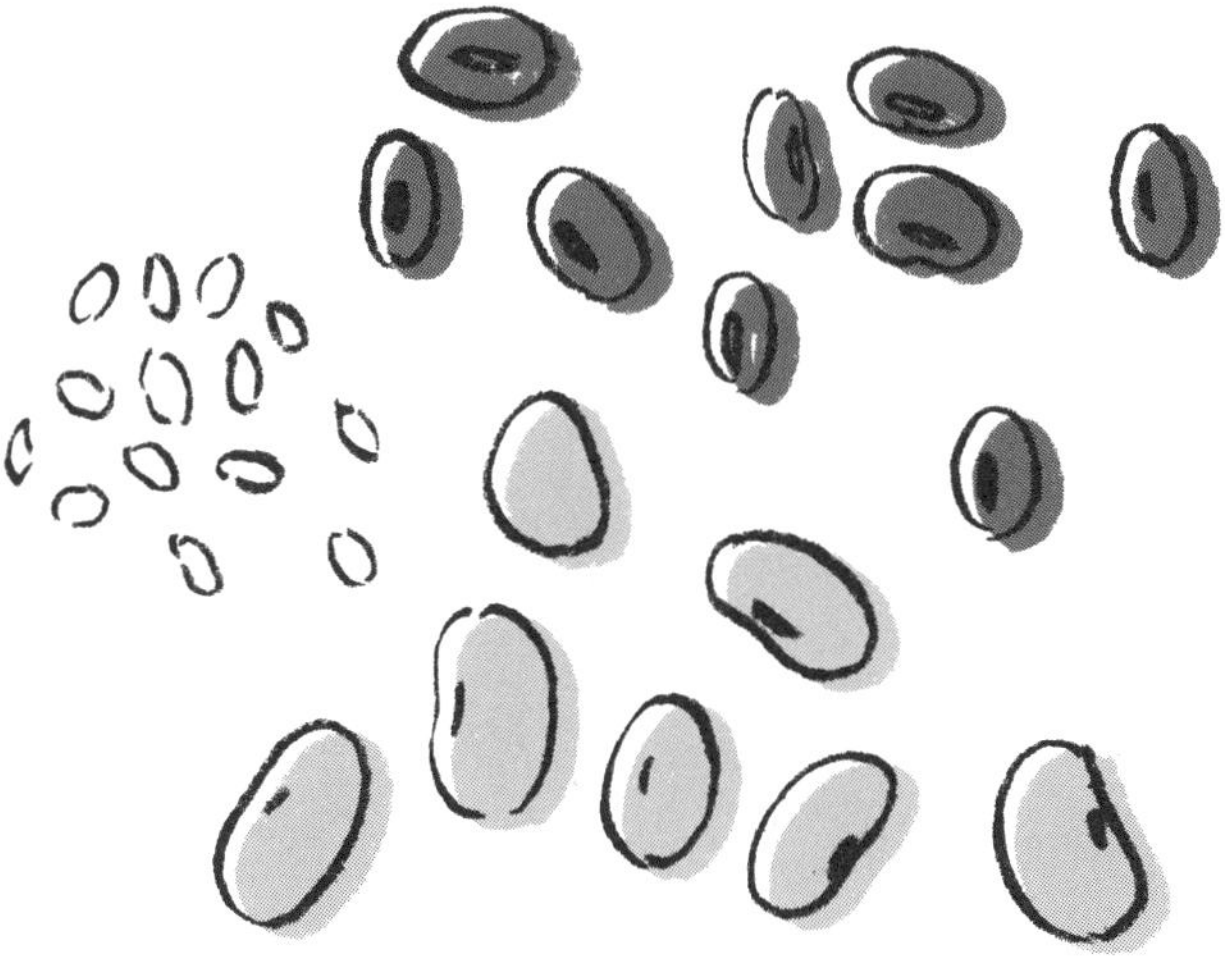

米

こめ

イネ科。稲作の起源は中国の長江流域で、日本へも伝来。縄文時代には水田稲作が行われ、日本の気候風土が適したため、各地に急速に広がりました。米食文化圏には、日本を含めた極東アジアから東南アジア、インド、ブータン、ネパールに至る広い地域が含まれます。

米を大別すると、長粒種《ちょうりゅう》の「インディカ米」と短粒《たんりゅう》種の「ジャポニカ米」に分けられます。インディカ米は世界中の米の8割を占め、水分が少なく、炊き上がるとパサパサになるタイプ。一方、日本で栽培するジャポニカ米は水分が多く、炊飯すると粘りが出て、味も良好。ジャポニカ米には、でんぷんの質によって「うるち米」と「もち米」があり、うるち米は搗精《とうせい》度によって「玄米《げんまい》」「五分搗《づ》き米」「七分搗き米」「精白米」、胚芽を残した「胚芽精米」に分類されます。

現在、酒米《さかまい》などを除いた主食用の米の品種は２６０種ほど。栽培面積では「コシヒカリ」が全体の36％ほどを占め、「ひとめぼれ」「ヒノヒカリ」と続きます。

各県による米の銘柄のブランド化も盛んです。「銘柄米」とは、品種と産地の組み合わせによるもので、国内で登録されている銘柄は８５０種以上あります。新潟のコシヒカリでも、魚沼産コシヒカリと佐渡産コシヒカリは、銘柄は別。さらに、長所の異なる品種の米を混ぜた「ブレンド米」もあります。こうして店頭には品種別、銘柄別、ブレンド米とが並んでいます。洗って乾燥させた「無洗米」タイプもあります。

一般財団法人 日本穀物検定協会が発表する「米の食味ランキング」があり、これは炊いたご飯を専門の評価員が、最も味のよい「特A」から「B'」までの5段階に評価するもの。２０１６年産米では、１３９銘柄中の46銘柄が特Aに格付けされています。日本人の米消費量のピークは１９６２年（昭和37年）で、一人当たり年間１１８kgでしたが、２０１３年（平成25年）には57kgと半分以下に減少しています。

【選び方】 粒が揃ってツヤのあるものを。包装袋の表示で原料玄米の品種や産地、精米年月日もチェック。ブレンド米には、古いほうの精米年月が記載されます。

【旬の時季】 産地によっても異なりますが、9～11月頃。「新米」は、刈り取った年の12月31日までに包装された（容器に入れた）米に表示されます。

【産地】 日本全国。収穫高による産地の上位は、新潟県、北海道、秋田県、山形県、茨城県など。

【栄養】 精白米は炭水化物が77％、たんぱく質が7％ある良質な穀類。鉄やビタミンB_1、食物繊維も含まれます。栄養価は搗精度合いで変わり、玄米は精白米よりもビタミンB_1、ミネラルの量が多く、食物繊維は3倍にも。イノシトール、γ《ガンマ》-オリザノールなどの機能性成分も多くなります。胚芽精米は2つの中間です。

◎料理のコツ

ご飯のおいしさは、炊き上がったときの見た目、香り、味、粘り、食感など総合的なもので決まります。香りは揮発性成分なので、保存状態によっても左右されます。味はたんぱく質量（7％台から13％台）が少ないほどよく、品種や栽培法によっても差があります。もともと日本の米は、世界の米の中でもたんぱく質量が最少のグループです。

食感は、米に含まれるでんぷん「アミロース」と「アミロペクチン」の比率によって異なり、アミロースは粘らず、アミロペクチンは粘ります。うるち米はアミロース20％、アミロペクチンが80％ですが、もち米はアミロペクチンが１００％なので粘るというわけです。これは、米に含まれる水分や、炊飯の水加減にも影響を受けます。

本当においしいご飯の炊き方をご紹介しましょう。米は乾物なので充分に水を含ませて〝もどし〟てから火にかけるのがコツです。まず、米を軽くもみ洗いし、水が透明になるまで2～3回水を替えます。たっぷりの水に15分ほど浸けた後、ざるに15分上げます。無洗米も、必ず浸水させてください。これを土鍋に入れ、浸水後の米の9割の水を加えて加熱します。火にかけて沸くまで7分、沸いた状態で7分、弱火で7分、ごく弱火で5分、火を止めて5分。「7・7・7・5・5《スリーセブンゴーゴー》」と覚えるとよいでしょう。炊き上がったらしゃもじでほぐし、すぐ食べないときはぬれ布巾をかけて蓋を半開きに。炊飯器を使うときは、米は浸水してあるので必ず早炊きモードにします。また、保温モードは味が落ちるので避けましょう。

大豆

だいず

マメ科。原産地は中国で、日本へは弥生時代に渡来。日本では米や麦などとともに「五穀《ごこく》」の一つとして神聖化されました。大豆を原料として作る発酵食品の醤油（270ページ）、味噌（272ページ）も日本の食生活の根幹。皮の色は黄、青、黒、茶、赤があり、「黄大豆」は流通量が最も多く、味噌、醤油、豆腐、油の原料に。「青大豆」はお菓子用、「黒大豆（黒豆）」は料理に使われます。「茶大豆」は山形などで枝豆に、「赤大豆」は一部地域で煮豆にします。輸入大豆はすべて黄大豆です。

【選び方】 長く貯蔵した豆はもどりにくいので、新豆を選びましょう。中でも粒が揃ってツヤのあるものを。

【旬の時季】 新豆が出回るのは11〜1月頃。

【産地】 輸入ものが多く、国産は全消費量の6％。北海道、宮城県、佐賀県、福岡県など。

【栄養】 35％がたんぱく質で、必須アミノ酸をバランスよく含みます。脂質、炭水化物、ビタミンB群、ミネラルも多く、サポニン、イソフラボンなどの成分も。

◎料理のコツ

〝畑の肉〟と呼ばれるほどたんぱく質が豊富なので、昔ながらの「醤油豆」や「五目豆」だけではなく、サラダなどでも摂りたいものです。ゆで大豆は、まず乾物の大豆を6時間ほど水に浸し、新しい水に替えて火にかけ、沸いたら再び新しい水に替えて、柔らかくなるまでゆでて作ります。鶏もも肉、根菜をさっと湯通しし、ゆで大豆とともに水と淡口醤油、酒、だし昆布で煮たら「和風ミネストローネ」に。炒り大豆もおすすめです。これはフライパンに大豆を入れて、ほんのり焼き色がつく程度に炒って作るもので、だしにもなります。時間があれば一晩水に浸して乾かして炒ると、なおカリカリになります。かき揚げや炊き込みご飯に使うと素朴なおいしさに。甘味噌をからめた「鉄火味噌」にもどうぞ。黒豆は〝マメに働く〟の意味を込めておせちに使われます。

小豆

あずき

マメ科。原産地は、日本を含む極東アジア。中国、日本、朝鮮半島では赤い色に霊力があり、薬効があるとして重要視。中でも日本では、年中行事や祝いごとに「小豆粥」や「おはぎ」、「赤飯」を食べるなど、特別に大切にしてきました。安土桃山時代に微量の砂糖が輸入されると、小豆の甘味が登場し、江戸時代に小豆のお菓子が庶民にも広まりました。粒の大きさで「大納《だいな》言《ごん》」「普通小豆（少納言《しょうなごん》）」に分けられ、約80％は和菓子に利用されます。和菓子業界では「しょうず」と呼ぶことも。種皮の色には黒、白、薄緑色などもあります。

【選び方】 なるべく新しい豆を求めましょう。粒が揃って、光沢のあるものが良品。

【旬の時季】 新豆は11～1月頃に出回ります。

【産地】 北海道が9割を占め、兵庫県、京都府なども。「十勝《とかち》小豆」は普通小豆のブランド。兵庫県の「丹波《たんば》大納言」、石川県の「能登《のと》大納言」も名高い小豆です。

【栄養】 50％以上を炭水化物が占め、たんぱく質は20％ほど。ビタミンB_1や鉄、食物繊維も多く、赤い色には抗酸化作用のアントシアニンがあります。利尿作用のあるサポニンも含まれています。

◎料理のコツ

小豆は大豆と異なり、でんぷん（糖質）が主成分。ゆでるときは水に一晩浸す必要はありません。理由は、小豆の種皮が固くて、吸水せず、長く浸水するとむしろ、へそから水が入って破れるから。小豆のゆで方は、洗った小豆を鍋に入れ、3cmほどかぶるくらいの水を注いで加熱。煮立ったらゆで湯を捨てること（ゆでこぼし）を2回繰り返し、5～6倍の水を加えて柔らかくなるまで静かにゆでます。赤飯を炊く場合はこのゆで汁をもち米に吸水させ、小豆の色と香りを米に移します。ゆで小豆を使う料理には、南瓜との醤油味の煮もの「いとこ煮」や、根菜との味噌汁「おこと汁」など伝統的なものがありますが、サラダや、コロッケ、かき揚げなどにも利用できます。あんにして砂糖を加えれば、和菓子などに広がります。

隠元豆

いんげんまめ

マメ科。原産地は中央アメリカで、紀元前8000年頃には既に栽培されていた古い作物。日本へは17世紀に渡来。完熟した豆を乾燥させて穀物として利用する種類（豆用種）と、未熟果を野菜として利用する種類（37ページ）があります。豆用種は明治時代には欧米から多くの品種がもたらされ、北海道で広まりました。種皮の色はさまざまで、大別すると白色系と着色系に分かれます。白色系には煮豆や甘納豆に使われる「白隠元」、白あんの原料「手亡《てぼう》」、「白金時豆《きんときまめ》」など。着色系は、煮豆、甘納豆用の赤紫色の「金時豆」や、煮豆、和菓子用の斑《ふ》入り「とら豆」、煮豆用の緑色の「うずら豆」など。大粒の「花豆」、「紫豆」は近縁種です。

【選び方】 なるべく新しい豆を求めましょう。粒が揃って、皮にツヤのあるものが良品。

【旬の時季】 新豆は11～1月に出回ります。

【産地】 主産地は北海道。長野県も。

【栄養】 炭水化物を50％以上含み、たんぱく質も20％と豊富。ビタミンB群やミネラル、食物繊維も。金時豆の濃い色には、ポリフェノールが含まれます。

◎料理のコツ

お総菜の煮豆は、乾燥の隠元豆を充分にもどし、ゆっくり味を含ませます。乾物なので一年中出回りますが、新豆のほうが皮が柔らかくて早く煮ることができ、風味もあるので、結果的に砂糖の量を控えられます。「金時豆の煮豆」は、金時豆100ｇをたっぷりの水に半日～1日浸し、水を替えて火にかけ、煮立ったらゆでこぼしを2回繰り返します。新しい水を入れてペーパータオルをかぶせ、途中アクを取りながら、弱めの中火で柔らかくなるまで煮、つぶれるほど完全に柔らかくなったら砂糖80ｇを3回に分けて加えます。柔らかくなる前に砂糖を入れると脱水し、いくら煮ても柔らかくならないので注意を。焦げやすいので、強火も厳禁です。煮汁が詰まったら、最後に淡口醤油と水あめ各大さじ1を加え、鍋をゆすって煮汁を含ませましょう。

きのこと種実

椎茸

しいたけ

キシメジ科。日本の代表的なきのこで、名前の通り、椎《しい》の枯れ木や落葉樹に生えます。栽培が行われるようになったのは、江戸時代。現在では、ナラやクヌギの原木を使って自然に近い方法で栽培するものと、菌床栽培とがあります。原木栽培の採れたての椎茸は、肉質が締まってジューシーで、香り高い味。一般に流通しているのは菌床栽培で、柔らかい食感です。また「干し椎茸」は、椎茸の旨みが凝縮されていて、だしとして欠かせないほか、煮ものにも使われます（268ページ）。

【選び方】 肉厚で軸は太く、笠が開きすぎず、笠裏が白いものを。笠の直径が4㎝大のものがおいしい。

【旬の時季】 ハウス栽培もあり、一年中出回ります。原木椎茸には3月末～4月頃に採れる「春子《はるこ》」と、10月頃に採れる「秋子《あきこ》」の2回の旬があります。

【産地】 徳島県、岩手県、北海道など。干し椎茸は大分県、宮崎県に集中。

【栄養】 食物繊維やビタミンDが豊富です。免疫力を高める多糖類β《ベータ》-グルカンも含まれます。

◎料理のコツ

椎茸は煮てよし、焼いてよし。丸い笠の姿の美しさもあり、きのことしては万能。生でも旨みが濃くて、だしになります。料理の前に洗うか洗わないか、疑問を持っている方もいることでしょう。椎茸は水洗いするとせっかくの風味が落ちるので、洗いません。布巾かキッチンペーパーで、さっとぬぐう程度にします。石づきを切り落として、網焼きやバター焼きに。ただしお吸いもの、煮もの、椎茸ご飯などで楽しむ場合は、湯通ししたほうがていねいです。料理店では、魚のすり身や鶏ひき肉などを椎茸の笠裏にはさんで2枚を重ね、「双身《ふたみ》揚げ」にします。煮ものなどに使う場合、笠に十文字の飾り包丁を入れていたものですが、現在は、姿をそのまま楽しむ時代なので、必要ありません。また、半日ほど風に当てると、干し椎茸ができます。このひと手間で旨みが凝縮するので、試してみてください。

松茸

まつたけ

キシメジ科。原産地は東アジアで、日本では古くから食べられてきました。食用きのこの中でもひときわ高い芳香と歯ごたえのよさが特徴です。形のよさもあって〝きのこの王様〟と言われます。しかし人工栽培ができず、日本では松茸が生育するアカマツが減っている、という現状から国産は激減し、高価になっています。中国、韓国、台湾、カナダ、北欧などからの輸入ものが95%以上も占めます。鮮度が命で、輸入ものは採ってから時間が経つので、特有の風味が落ちますが、安価な点は魅力。

【選び方】 軸がずんぐりして、乾きすぎず鮮度があるものを。笠がつぼんだものは姿焼きに珍重されますが、味の面では中開きくらいが価格の割に香りよく、成熟していて、おすすめです。

【旬の時季】 10～11月が旬。輸入ものは8月頃には出始め、9月頃がピーク。

【産地】 長野県、岩手県、岡山県などが主産地。

【栄養】 食物繊維が豊富で、ナイアシンも目立ちます。

●料理のコツ

松茸は、包丁で切るより、手で裂いたほうが香りが出ます。「松茸ご飯」は、生だからこそのフレッシュな香り、歯ごたえを際立たせるため、米にだし昆布、酒と塩を加えて炊き上がったところで、裂いた生松茸をのせましょう。余熱で火が通って、香りが立ち上ります。ほかには、焼き松茸やお吸いもの、天ぷら、肉巻き揚げなどに。「松茸の土瓶蒸し」は、裂いた松茸に豆腐くらいをシンプルに取り合わせて土瓶に入れ、淡口醤油で味をととのえただし汁を注ぎ、ひと煮立ちしたら春菊の葉を加えます。海老、帆立貝、銀杏《ぎんなん》までいろいろ入ると、松茸が主役ではなくなるのでご注意を。なお、軸にも旨みやジューシーさがあります。

えのき茸

えのきたけ

キシメジ科。暗い室内で栽培するので、白く細長く伸びています。栽培きのこ類の中では出回る量が一番多く、最近は野生種と掛け合わせた茶色のえのき茸もあり、天然ものに近い味わいになっています。

【選び方】 張りのあるものを。

【産地】 長野県がダントツ。新潟県や福岡県も。

◎料理のコツ

根元から3cmくらいまで、くっついた状態なので、ほぐす場合は、床材混じりの根を切り落とし、根元のほうを持って、軸の間に竹串を入れてとかします。ほっそりと形がいいので、和えもの、酢のもの、炊き込みご飯や汁もの、鍋ものの具にも活躍。使う前にはさっと湯通しするとアクが抜けてすっきりし、甘みも出ます。手短かに加熱するとシャキシャキの食感ですが、加熱し続けるとぬめりが出てトロッとした口当たりに。「なめたけ」は、そのぬめりを生かした常備菜です。

エリンギ

ヒラタケ科。南フランスやイタリアなどが原産地で、「エリンギ」はイタリア名。日本には1993年(平成5年)に菌床栽培が導入されたきのこです。淡泊な味わいで、加熱すると香りが立ちます。食感がコリコリとして鮑《あわび》に似ていることから、別名「白鮑茸」。扱いやすさもあって、最近では一気に流通量も増えてきました。

【選び方】 弾力と張りがあり、軸の太いものが良品。

【産地】 長野県、新潟県、広島県など。

◎料理のコツ

弾力とボリューム感があり、椎茸などと違ってしなりません。鍋ものに入れたり、ベーコンや薄切り肉を巻いて焼くなどもいいでしょう。使う前にさっと湯通しすると、アクが抜けてすっきりし、甘みも出ます。中国料理の炒めものにも向いています。

しめじ

キシメジ科。一般に出回っている栽培ものは「ぶなしめじ」で、1970年以降に普及。クセがなく、歯ごたえもよく、さまざまな料理に使われます。最近では色の白い品種も出回ります。なお、〝香り椎茸、味しめじ〟と言われるのは、天然ものの「本しめじ」のことです。

【選び方】 笠が開きすぎず密集し、張りのあるものを。

【産地】 長野県、新潟県、静岡県など。

◎料理のコツ

1本1本がほどよい大きさで、きのこらしい形をしています。料理する前に石づきを切り落としますが、ある程度の房に分けてから、それぞれの石づきを切るといいでしょう。いっぺんに切ると、ばらばらになります。和えもの、炒めものなどに、また1~2本ずつまとめて肉で巻いて揚げたり、天ぷらなども。椎茸に次いでだしが出るので、鍋もの、汁もの、炊き込みご飯にも。使う前にさっと湯通しします。

なめこ

モエギタケ科。日本原産のきのこで、独特のぬめりがあります。第二次大戦後に技術が確立した菌床栽培ものは小粒ですが、最近では、笠の大きいものも開発されました。原木栽培のものもあり、天然ものに近い味わいですが、これはあまり流通していません。

【選び方】 全体にツヤがあり、肉厚のものを。

【産地】 新潟県、長野県、山形県など。

◎料理のコツ

栽培ものでも、採れたてであれば味はよく、ぬめりこそがおいしさの源です。刻みオクラのようなネバネバ同士と合わせたり、味噌汁や鍋もの、大根おろし和えなどに利用します。栽培なめこは、あまりだしは出ません。使う前にさっと湯通しするとアクが抜けてすっきりし、甘みも出ます。

舞茸

まいたけ

サルノコシカケ科。アジア、アメリカ、ヨーロッパなどに広く分布し、日本でも自生しています。長い間、〝幻のきのこ〟とされていましたが、1980年代に菌床栽培に成功し、一気に普及しました。歯切れがよく、独特の味と香りを持ちます。最近では白舞茸も出回り、料理を白く仕上げたいときに人気です。

【選び方】 笠の色が濃い茶褐色で肉厚、張りがあり、軸は白くて固めのものを。

【産地】 新潟県が多く、静岡県、福岡県なども。

◎料理のコツ

栽培ものでも、天然に近い味になってきていて、とても濃い味わい。小房に分けて使います。天ぷらがおいしく、汁もの、煮もの、炊き込みご飯にも。舞茸料理では、秋田の比内《ひない》地鶏との煮ものが有名です。これも使う前にサッと湯通しするとアクが抜けてすっきりし、甘みも出ます。

銀杏

ぎんなん

イチョウ科。いちょうの種実で、原産地は中国。雌雄異株で、雄株の花粉が風に乗って雌株の花に受粉し、10月頃に直径2㎝大の種子が落下します。外側は柔らかい外種皮で強い悪臭を放ち、食用にするのは、固い殻と薄皮とに包まれた胚乳部分。微量の青酸を含むので、生で食べたり、たくさん食べすぎないように。

【選び方】 大粒で、殻付きの白く乾いてきれいなものを選ぶと、風味が高いです。殻があるので常温でも日持ちしますが、おいしいのは12月くらいまでです。

【旬の時季】 10~11月が旬。

【産地】 全国にありますが、愛知県や大分県が産出量の半分を占めます。

【栄養】 主な成分は炭水化物で、β《ベータ》-カロテンやビタミンC、ミネラルも豊富。漢方薬や民間療法にも使われる、栄養価の高い素材です。

◎料理のコツ

かすかな苦みと独特の風味が魅力。採れたての秋口の銀杏はみずみずしい翡翠《ひすい》色で、貯蔵して時間が経つと完熟して黄色に。熟度によってでんぷんの質が異なり、完熟した銀杏はすりおろして火にかけるとトロトロの葛のようになります。熟しているほうが甘みはありますが、秋らしい翡翠色のほうが珍重されます。固い殻は銀杏割りか、ぬれ新聞紙にのせて電子レンジに1分~1分半ほどかけて、ひびを入れて割るといいでしょう。シンプルながらおいしい翡翠色の「塩煎《い》り」は、殻を取った銀杏を塩ゆでして湯を捨て、その鍋に塩を入れて、薄皮が付いたまま煎ったもの。網製で手付きの銀杏煎り器（または胡麻《ごま》煎り器）があれば、塩をふって火の上でかざすといいでしょう。ほかに薄皮をむいて茶碗蒸し、銀杏ご飯、新びき粉揚げ、鶏肉との炒めものなどに。数粒を串に刺しておでんにも。揚げて、酒盗《しゅとう》（鰹《かつお》の腸の塩辛）や雲丹などをのせて、秋のおしのぎに。私は秋に、生銀杏をピューレにして白玉粉と混ぜて団子に丸め、薄緑色の「銀杏白玉」を作ります。

栗

くり

ブナ科。世界の温帯地域に分布し、日本でも縄文時代の遺跡から出土します。日本の栗は、野生種の「柴栗」を元に栽培された「日本栗」で、粒が特に大きく、渋皮が離れにくい種類。栗を乾燥させ、搗《つ》いて皮を除いた「搗《か》ち栗」が〝勝つ〟に通じるため、縁起ものとして正月のお供えに使われます。山野に自生する山栗(柴栗)は小粒で風味があり、郷土菓子などに使われます。

【選び方】 固い鬼皮にツヤと張りがあり、重みのあるものを。下部(座)が白いほど新鮮です。

【旬の時季】 9~10月。

【産地】 茨城県、熊本県、愛媛県。ブランド栗の代表的なものは「丹波栗《たんばぐり》」で、これは品種名ではなく京都府丹波地方で採れる大粒の栗のこと。岐阜県の「恵那栗《えなぐり》」なども。

【栄養】 主成分は炭水化物。ミネラルも豊富。

◎料理のコツ

「ゆで栗」にして食べるときは、鬼皮付きのまま水からゆっくり15分ほどゆでて火を止め、50℃以下になるまで放置して水気をきると、鬼皮と渋皮ともにむきやすくなります。料理には、一番外の固い鬼皮をむいて使うのが基本です。まず、たっぷりの水に1時間ほど浸して鬼皮を柔らかくし、鬼皮に金串を差し込んで上下に動かすと、パカッとはずれるようにむけます。渋皮煮(砂糖煮)や素揚げ、揚げ煮のように、旨みのある渋皮付きで使う場合はアク抜きをします。このとき効果的なのが大根おろしで、水と大根おろしの汁を同量ずつ合わせて1%の塩を混ぜた中に、渋皮付きの生栗を1時間浸すだけで、大根に含まれる酵素の働きと塩の浸透圧作用とでアクが抜けます。渋皮をむいて使うなら、少し厚めにむくといいでしょう。「栗おこわ」(101ページ)は、秋のご馳走。大きい粒のまま、くちなしで美しい黄色に染めて使いたいもの。「栗ご飯」は、栗の香りを米に移したいので、ゆでずに1cm角くらいに切って、生米に混ぜて炊きます。

栗おこわ

→p.155

材料(4人分)
もち米 …… 2合
栗 …… 適量
米ぬか …… 適量
くちなしの実 …… 2個
塩水
　水 …… 1/4カップ
　塩 …… 小さじ1/4
青柚子の皮 …… 少量

① もち米は洗ってたっぷりの水(分量外)に浸し、3時間以上おいて水気をきる。
② 栗は鬼皮と渋皮をむいて鍋に入れ、かぶるくらいの水、水に対して1%の重量の米ぬか、くちなしの実を加え、20〜30分ゆでてざるに上げる。水洗いし、再び熱湯にさっとくぐらせてぬか臭さを除き、水気をきる。
③ 蒸し器に入る大きさの平ざるにさらし布を敷き、①を広げる。蒸気の上がった蒸し器にざるごと入れて30分蒸す。
④ ボウルに塩水の材料を混ぜ合わせる。③の蒸したもち米を加えて混ぜ、さらし布の上に戻して広げ、②をのせて蓋をし、さらに10分蒸らす。
⑤ 器に盛り、青柚子の皮を刻んで散らす。好みで炒り白胡麻をふる。

胡麻

ごま

ゴマ科。熱帯アフリカまたはインド原産とされ、古代インドでも栽培された古い作物。日本へは中国経由で奈良時代に胡麻油が伝来し、料理は禅宗の寺院で発達しました。種子の色で白胡麻、黒胡麻、金胡麻、茶胡麻があり、現在は90数%がブラジルや中国からの輸入品。国産の胡麻は酸化していないので色がよく、風味が爽やか、旨みもあります。黒胡麻はコクがあり、白胡麻は品のいい味。いずれも、ゴミなどを取り除いてきれいにした「洗い胡麻（みがき胡麻）」と、風味よく炒った「炒り胡麻」の2タイプがあります。

【選び方】 洗い胡麻は粒にツヤのあるものを。炒り胡麻は製造年月日をチェックし、新しいものを。

【産地】 鹿児島県の喜界島《きかいじま》が、国産胡麻の産地。ほかに岩手県も。金胡麻は茨城県。

【栄養】 ビタミンC、E、β《ベータ》-カロテンなどの抗酸化ビタミンが多く、油脂にはα《アルファ》-リノール酸やリノレン酸などの必須脂肪酸が含まれます。注目はセサミンで、体内で抗酸化作用を持つ物質に変わります。

◎料理のコツ

胡麻は火を通すと香りのよい成分が生成されるので、炒って使います。家庭ならフライパンで充分。弱火にかけ、2、3粒はねてうっすらと色がついたら止めます。和え衣に使うときは完全にすらず、半ずりにすると、噛むごとにフレッシュな香りが立ちます。素材や仕上がる料理の色調に応じて、黒胡麻と白胡麻を使い分けます。さや隠元の胡麻和えには、黒胡麻を。緑色に黒色が目立って食欲をそそります。黒胡麻の料理には、産地だった南部藩《なんぶ》（岩手県）にちなみ「南部」という字が、白胡麻の料理には「利久《りきゅう》」の字が使われます。千利休《せんのりきゅう》が白胡麻を好んだからで、料理名には縁起のいい「利久」を当ててます。胡麻塩を作るなら、胡麻と塩の割合は7対1くらいに。なじみにくいので、胡麻を半ずりにするといいでしょう。

豆腐と大豆加工品

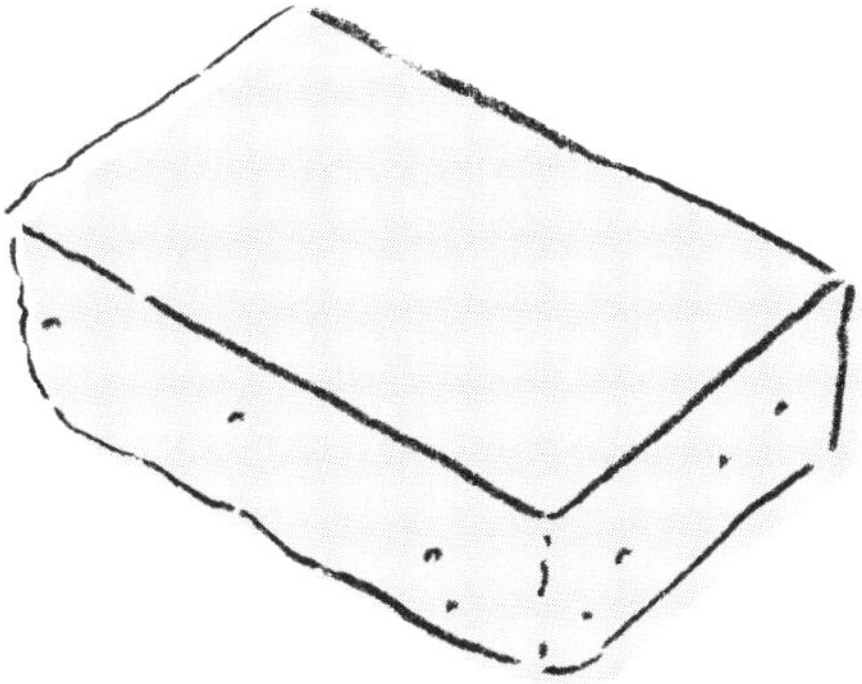

豆腐の扱い方の基本

包丁で切るよりも手でちぎるほうが、おいしく濃厚に感じられます

「奴《やっこ》」に切った豆腐の切り口は、なめらかで美しいのですが、味の面では、手でちぎるほうが凹凸が生まれて舌に当たる表面積が大きくなり、味を感じやすくなるものです。手でざっくりとくずすのもいいでしょう。薬味やたれもからみやすくなります。あつあつご飯にくずし豆腐をのせて醤油をたらし、刻み葱を薬味にして食べるおいしさは、家庭ならではの味わいです。

豆腐は、完全には火が通っていない半生状。加熱しすぎると食感が悪くなります

豆腐は、種類によって作り方に多少の違いはありますが、豆乳ににがりを入れて固めたもので、大豆を蒸すときに加熱して粉砕してはいますが、完全に火の通った素材ではありません。どちらかというと生に近い、半生状態です。従って、そのまま食べる「冷《ひ》や奴」が基本の食べ方になります。湯豆腐の場合も、水から入れて沸騰してすぐ食べるのがおすすめで、加熱しすぎないようにしましょう。

強火でグラグラ加熱したり、長時間加熱すると、豆腐にたくさんの穴があき、豆腐のなめらかさを損ないます。この穴は、豆腐に含まれる水分が表面近くから沸騰し始めて蒸発すると同時に、周囲のたんぱく質が固く締まって生じるもので、「すが立つ」と言います。弱火で静かに煮るか、鍋の底に昆布を敷くのも、間接的に熱が伝わることになり、すが立ちません。

豆腐の水きりは、たいていの料理ならざるに上げておくだけで充分

豆腐を料理に使う場合は水きりをしますが、水気が減りすぎると柔らかさも旨みもなくなります。油で揚げる揚げ出し豆腐でも、ざるに上げておくだけで充分です。ただし、白和えころもに使う場合だけは別。水分が出てくると台なしなので、ペーパータオルで豆腐を包んで押すか、皿などの重石《おもし》をのせておき、水気をきる必要があります。

豆腐

とうふ

中国で生まれ、奈良時代に仏教とともに日本へ伝来。庶民が食べるようになったのは江戸時代です。近年はヘルシー食品「TOFU」として、アメリカなどでも人気。「絹ごし豆腐」「木綿《もめん》豆腐」「寄せ豆腐（おぼろ豆腐）」「充填《じゅうてん》豆腐」などの種類があります。絹ごしは豆乳ににがりを入れて固めたもので、水分が多く絹のようになめらかな口当たり。木綿豆腐は同じように固めた後、くずして型に流し、圧搾して水気を絞ったもの。粗い感触を木綿にたとえます。「寄せ豆腐」は、木綿豆腐を型に流す前の寄せた状態で器に盛ったもの。充填豆腐は、豆乳を凝固剤とともに機械で容器に注入し、凝固。密封性が高く、日持ちします。

【選び方】 製造年月日をチェックして、新しいものを。確かなメーカーのものを選べば、間違いありません。

【栄養】 良質な植物性たんぱく質を17～20％有し、その含量は肉類と同じ。しかも低脂肪、低カロリー。イソフラボン、大豆サポニンなどの注目成分も含まれます。

◎料理のコツ

豆腐は植物性たんぱく質が凝固したもの。完全には火が通っていない、半生状態のものであると理解しましょう。つまり、生に近い素材なのです。加熱しすぎては水分を保てず、食感が悪くなるため、そのまま食べる「冷《ひ》や奴《やっこ》」が基本。包丁で切らずに、手でちぎったほうが断面に凹凸が生まれて舌に当たる表面積が大きくなり、味を感じやすく、薬味やたれもからみます。湯豆腐の場合も、水から入れて沸騰してすぐ食べるのがおすすめで、加熱しすぎないように。料理に使う場合は水きりをしますが、水気が減りすぎると柔らかさも旨みもなくなります。揚げ出し豆腐を作るときも、水きりはざるに上げておくだけで充分。ただし、白和え衣に使う場合だけは、押して水きりを。本当においしい豆腐が手に入ったら、ざっとくずしたかたまりが残る程度で、醤油少しだけで味付けした白和えを作ってください。豆腐の味を堪能できます。なお豆腐料理には、薬味としては生姜が合います。

春野菜のつぶし豆腐の白和え

→p.140

材料(2人分)
スナック豌豆 …… 6本
塩 …… 少々
独活《うど》 …… 少々
酢 …… 適量
油揚げ …… ½枚
糸蒟蒻 …… 50g
煮汁
　昆布 …… 5cm角1枚
　水 …… ½カップ
　淡口醤油 …… 小さじ2
　酒 …… 小さじ1
白和え衣
　木綿豆腐 …… 100g
　練り白胡麻 …… 大さじ2
　砂糖 …… 大さじ2
　淡口醤油 …… 小さじ1

① スナック豌豆は歯ごたえが残るくらいにさっと塩ゆでして冷水にとり、水気をきって斜めに3つに切る。独活は皮をむいて細い短冊切りにし、酢水にさらして水気をきり、さっとゆでる。
② 油揚げは熱湯をかけて油抜きをし、縦半分に切って細切りにする。糸蒟蒻は5cm長さに切ってさっとゆで、水気をきる。
③ 鍋に煮汁の材料と②を入れて火にかけ、さっと煮て火を止める。そのまま煮汁を冷まし、①の野菜を混ぜ、15分以上浸す。
④ 白和え衣を作る。豆腐は手でくずしてざるに入れ、皿などを重石にし、5分ほどおいて水きりする。
⑤ すり鉢に練り白胡麻、砂糖、淡口醤油を入れてよくすり合わせ、④も加えてざっとすり混ぜる。
⑥ ③の汁気をよく絞って⑤に加え、さっくりと混ぜて器に盛る。

油揚げ、厚揚げ

あぶらあげ、あつあげ

どちらも豆腐を揚げたものですが、「油揚げ（薄揚げ）」は、豆腐の薄切りを空洞が入るように作って揚げ、開きやすく、詰めものをしやすくしています。「厚揚げ（生揚げ）」は、厚めに切った豆腐を揚げたもので、豆腐の善し悪しが顕著に出ます。どちらも油の旨みが加わるうえ、一度火が通っているので、生である豆腐よりも傷みにくい食品です。

【選び方】 どちらも、製造年月日をチェックし、新しいものを選びましょう。

【栄養】 豆腐と同じですが、油が加わるので豆腐よりは高カロリーです。

●料理のコツ

両方とも油で皮膜を作っているので、加熱してもくずれず、料理しやすい食材です。まず、湯通しして余分な油を抜きましょう。油抜きしないと、ときには苦みを呈する場合もあります。油揚げを使ったいなりずしや、厚揚げを野菜と炊き合わせる料理は、よりていねいに米のとぎ汁で下ゆでをしたいもの。とぎ汁に濃度があるので油が付着し、すっきりします。いなりずし用の油揚げは、水8に対して、醤油（淡口醤油、濃口醤油を半々に合わせたもの）とみりんが各1、砂糖0.5の割合で合わせた煮汁で煮含めます。油揚げ自体が甘く煮てあるので、すし飯の合わせ酢には塩分だけを加えて、甘みはつけません。

また、上質の厚揚げが手に入ったら、味噌漬けもおすすめです。豆腐の味噌漬けよりもコクがあり、味噌は中までしみ込まず、ちょうどいい具合です。厚揚げを煮含める場合は、鰹《かつお》だしではしつこいので、昆布だしと水を半々にし、醤油少々を加えて、低温で時間をかけるとおいしくできます。

高野豆腐

こうやどうふ

高野山《こうやさん》で、僧侶が冬に豆腐を屋外で放置して凍らせたのが起源。中国にも同様の食品があり、寒さの厳しい土地での保存食です。江戸時代には、関西で重要な食品に。明治末に冷凍機による人工凍結法が開発され、現在は、乾燥機も併用された機械製法がほとんどです。水でもどすのに時間がかかるので、多くの商品が膨軟剤を添加しています。膨軟剤はアンモニアから重曹へと変遷し、2013年（平成25年）には炭酸カリウムによる製法が開発。もどさずに乾物のまま、直接煮汁に入れることができるようになっています。形状はさまざま。甲信越や東北地方でも昔から作られて、「凍《し》み豆腐」「凍《こお》り豆腐」と呼ばれ、JAS（日本農林規格）では凍み豆腐が正式名称です。

【選び方】 製造年月日をチェックし、新しいものを。

【栄養】 大豆の栄養分が凝縮し、植物たんぱく質やミネラルが豊富。大豆サポニンやイソフラボンなど機能性成分も多く、最近の研究では中性脂肪抑制の効果も。

◎料理のコツ

豆腐のように煮くずれないところが、高野豆腐のよさ。乾物特有の旨みもあるので、〝だし〟にもなります。以前は押し洗いを繰り返すなどと、もどすのに時間がかかりましたが、技術が進んで最近はその手間も必要なくなりました。海外など、豆腐が手に入りにくい土地では特に重宝することでしょう。煮ものにすることが多いのですが、意外な食べ方は、熱湯でもどして湯豆腐のように仕立てる方法。土鍋に入れてかぶるほどの水を加え、火にかけて沸いたら蓋をし、3〜4分ゆでます。水気をきって、塩と胡麻《ごま》油またはオリーブ油で食べてみてください。醤油や味噌、ポン酢など、塩分が強くて酸性の調味料をかけると、もともとの膨軟剤の炭酸カリウムも重なって酸性に傾きすぎ、縮んでキシキシとした食感になるので注意を。ほかには、定番の含め煮や揚げ煮、卵とじ、吸いもの、ちらしずしの具に。なお、地方に残っている自然凍結、自然乾燥のタイプは膨軟加工をしていないので、ぬるま湯で押し洗いを繰り返す必要があります。

湯葉

ゆば

鎌倉時代に中国から渡来。「湯波」とも書きます。豆乳を加熱し、表面にできた膜を長い串ですくったもので、たたんだりして成形します。すくう前の豆乳に浮いた膜をかき集めたものが「汲《く》み上げ湯葉（つまみ湯葉）」で、そのまま「湯葉刺身」に。生湯葉を乾燥させたものが「干し湯葉」で、「巻き湯葉」、「結び湯葉」など形はさまざまです。

【選び方】 生湯葉は香りがよくて光沢のあるものを。干し湯葉も色がきれいなものを選びましょう。

【栄養】 植物性たんぱく質や脂肪が豊富。ビタミンB_2やミネラルも多いです。

◎料理のコツ

豆乳の旨みが凝縮した汲み上げ湯葉は、だし8に淡口醤油1、みりん1を合わせたつゆをかけ、おろし生姜でどうぞ。干し湯葉の平湯葉は水にさっと浸すか、ぬらしたキッチンペーパーではさんでもどして使います。

おから

大豆をつぶした汁から豆乳を搾った残りの固形物。「おから」とは搾りかすに、〝御〟をつけた名前。関東では「卯の花」、関西や東北では「雪花菜《きらず》」と呼ばれることも。料理店では、春から夏には卯の花、秋から冬には雪花菜と、季節で呼び変えたりします。

【選び方】 作りたてで、ほのかに甘い香りがするものを。大豆の善し悪しにも影響を受けます。

【栄養】 食物繊維が豊富です。

◎料理のコツ

油で野菜などと炒める「卯の花炒り」や、甘酢で味付けして和え衣に使う「卯の花和え」に利用されます。おからには旨みがないので、卯の花炒りは一般には魚やあさりなどの煮汁を加えてコクを出し、醤油や味噌で調味します。簡単には、缶詰のツナを缶汁ごと加える方法をおすすめします。豆乳や牛乳を加えて塩で調味した、真っ白な卯の花炒りは見た目も斬新。

豆乳

とうにゅう

大豆を水に浸してつぶし、加熱後、濾過《ろか》した液体が豆乳。日本では、ＪＡＳ（日本農林規格）で製法や成分が定められ、大豆と水だけが材料の「無調整豆乳」と、砂糖やくだものなどのフレーバーを加えた「調製豆乳」とがあります。無調整豆乳は、街の豆腐店で豆腐の副産品として売られることも。豆乳には、大豆の旨み成分であるグルタミン酸が多く、コクや自然な甘みもあるので、「液体だし」として使えます。最近では「豆乳鍋」がポピュラーな料理になっています。

【選び方】 製造年月日をチェックし、鮮度のいいものを。料理に使う場合はプレーンな無調整豆乳のほうが万能。洋食やデザートには調製豆乳でも。

【栄養】 必須アミノ酸がバランスよく含まれます。ミネラルも豊富。リノール酸、α《アルファ》-リノレン酸といった必須脂肪酸、大豆サポニン、大豆オリゴ糖、イソフラボンなどの健康成分も豊富です。

●料理のコツ

豆乳には、昆布と同じ旨み成分であるグルタミン酸が多く含まれます。和食の昆布だしは、昆布の旨みのグルタミン酸を水に溶かしてだし汁として使いますが、豆乳はそれ自体が「液体だし」といえるでしょう。ただしそのまま使うと、旨みが濃すぎるので、水で薄めるのがポイント。煮ものに使う場合は、豆乳１に対して水２の割合がよいバランス。味付けは、豆乳の色が生きるように塩や淡口醤油で。蕪《かぶ》やじゃが芋、カリフラワーなど素材が白い場合は、いっそう効果的です。肉類などを煮る場合にもどうぞ。また豆乳１に対して水２〜３の割合にすれば、旨みの濃さと液体濃度とのバランスがよく、味噌を加えるだけで豆乳味噌汁に（１１１ページ）なり、炊き込みご飯、雑炊などのご飯ものにも使えます。一方、濃厚さが必要なそばつゆには、豆乳を薄めずに用い、醤油、砂糖で味をととのえます。ときには、豆乳に果汁や酢などの酸を加え、ゼラチンや寒天で固めれば豆乳プリンのようなデザートになります。

豆乳味噌汁

→p.156

材料(2人分)
カリフラワー …… 2房
生椎茸 …… 2個
水 …… 1カップ
豆乳 …… ½カップ
味噌 …… 大さじ1強(20g)

① 椎茸は軸を取り、カリフラワーと一緒にさっとゆでる。
② 鍋に水、豆乳を入れて味噌を溶き、①を加えてひと煮立ちさせて椀に盛る。

納豆

なっとう

蒸し煮にした大豆を納豆菌で発酵させた糸引き納豆は、日本で考案されたもの。室町時代末期に普及し始め、江戸時代には関東以北で一般的になりました。糸引き納豆に似た大豆の無塩発酵食品には、ネパールの「キネマ」、インドネシアの「テンペ」などがあります。伝統的な製法では稲藁《いねわら》についた納豆菌を自然発酵させますが、明治時代に納豆菌が発見され、工場で作られるように。原料の大豆も、現在は輸入品がほとんどです。黒豆の納豆、干し大根入り納豆などバリエーションは豊富。ひき割り納豆は、大豆を炒って割ったものが原料です。納豆の名が付いていても、製法も菌も異なるのが「塩納豆」で、大徳寺《だいとくじ》納豆、浜納豆などがその例です。

【選び方】 製造年月日をチェックし、新しいものを。練ったときに強く糸を引くほど、また豆は固いほどおいしく感じられます。料理に使うなら小粒タイプを。

【栄養】 大豆の栄養成分が納豆菌の酵素で分解され、消化吸収されやすい高栄養食品。ビタミンB_2はゆで大豆の6倍も含まれます。また、納豆菌の酵素であるナットウキナーゼには血栓溶解作用があります。

●料理のコツ

北大路《きたおおじ》魯山人《ろさんじん》は納豆を４００回以上混ぜた、という逸話がありますが、当時は豆が固かったからだと思われます。現在普及しているパック入り納豆は、昔に比べて豆が柔らかめです。添付されているたれでなく、醤油と辛子で量を調節し、刻んだ長葱や三つ葉などの薬味野菜や削り節を加えると、納豆の旨みがぐんと引き立ちます。ご飯にのせるのが一般的ですが、納豆を海苔で包んで食べる方法もおすすめです。海苔のパリッとした香ばしさと納豆が口中で混ざって、絶妙のおいしさに。ほかには、烏賊《いか》や鮪《まぐろ》の納豆和えや、ネバネバ同士の刻みオクラと合わせた一品も。納豆餅や、納豆汁にも使われます。納豆汁に入れる場合は包丁で少し刻んで入れ、低めの温度でひと煮するくらいで火を止めます。〝大豆は畑の肉〟なので、納豆汁に豆腐、油揚げを入れると、最強のスタミナ食になります。

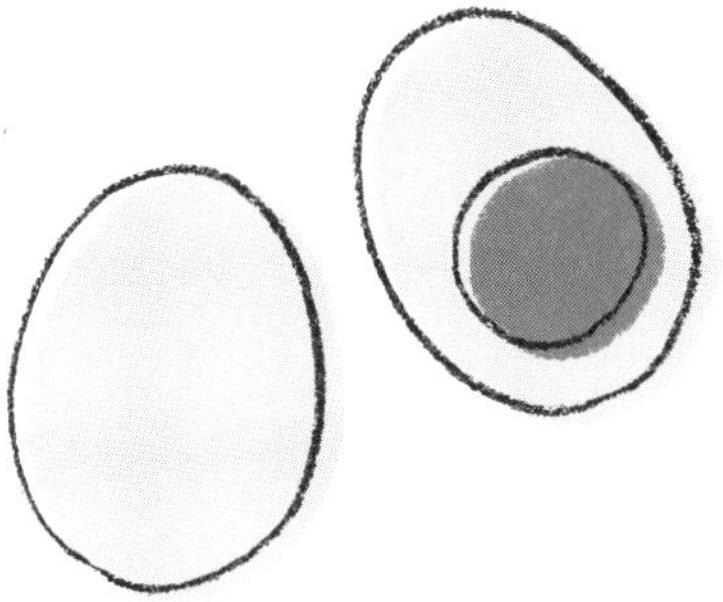

肉と卵

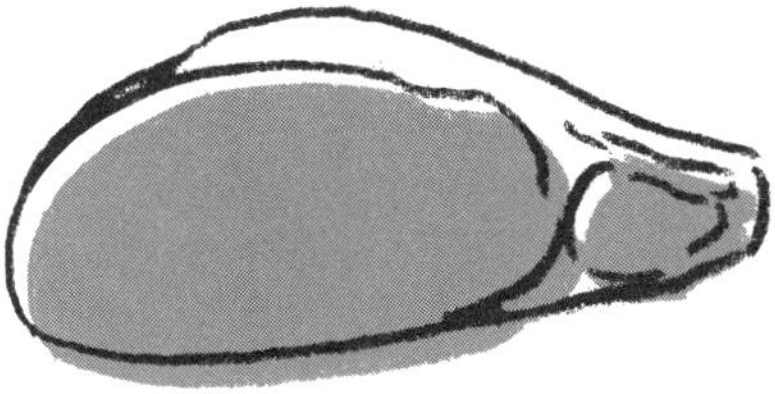

肉の扱い方の基本

お店で選ぶときは脂肪に注目。脂肪が透明で、プラチナ色なら新鮮です

近年では、牛肉も豚肉も、鶏肉もブランド化が盛んです。牛肉では「格付け」された等級を掲示する例も増え、豚肉では飼料や飼育方法の差別化を宣伝します。鶏肉は、北海道から九州まで、なんと180種もの銘柄鶏があるとのこと。こうした百花繚乱の時代には、メディアに取り上げられる品種に人気が集中することになり、「情報や知識」が選ぶ基準になりがちです。

しかし、日常のおかずとしての肉の選び方は、ぐっとシンプル。精肉店やスーパーで牛肉や豚肉を選ぶ際にはまず、脂肪の色をチェックしましょう。脂肪がプラチナ色をしていて透明であれば、新鮮です。脂肪に血が混じっている場合は、管理が悪い状態なので買わないように。輸入肉なら冷凍を解凍していますが、ドリップが出ていなければ管理状態が良好です。鶏肉は、一般に売られているのは冷凍のブロイラーを解凍したものがほとんどなので、これもドリップの少ないものを選びましょう。

焼く場合は、調理の直前に塩をふります。魚のように脱水する必要はありません

魚と肉の焼きもので一番の違いは、塩をふるタイミングにあります。魚は焼く20分前に塩をふりますが、肉は調理の直前です。これは、水の中を泳いでいた魚は、内部に臭みを持つ水分を多く保有しているので、脱水してから料理するほうがおいしく焼き上がるのですが、肉の中の水分は、そのものが旨みのある肉汁のため。塩による脱水はできるだけ抑えてジューシーさを保ち、旨みを閉じ込めたいわけです。

例外は塊肉で、ローストビーフやローストポークを焼く場合、全体量が大きいので20分前に塩をふります。

あっさり食べたい肉や、煮もの、蒸しものは下準備で「霜降り」をします

牛肉、豚肉の薄切り肉、鶏肉を、繊細なしゃぶしゃぶや煮もの、蒸しものなどに仕立てる場合、「霜降《しもふ》り」を

しておくとアクや余分な脂肪が取れてすっきり、品のよい味になります。霜降りの方法は、鍋に湯を沸かしてさっと肉をくぐらせ、水にとってさっと洗って引き上げるもの。霜が降ったように白っぽくなるので、「霜降り」と呼ばれます。水にとるのは、余熱が入るのを避けるため。下準備ではなく、このましゃぶしゃぶ肉として食べることもできます。ただし、豚肉は細菌を持っているので、霜降りしただけで食べる場合は80℃の湯で、長めに火入れします。

すき焼きやステーキのように、濃い味に仕上げたり、油で焼く肉料理では、霜降りはしません。

肉類は70～80℃の温度帯で加熱を。旨みのある肉汁を逃がさない方法です

肉類を加熱するときは全て、従来の方法よりも低温である70～80℃の温度帯で加熱することをおすすめします。肉のおいしさを保つ温度帯です。肉類のたんぱく質は80℃にもなると変性が始まって固く縮み、溶け出した脂とともに旨みを含む肉汁が流出し、ジューシーさを失ってしまいます。70～80℃の温度帯にいるときは、まだ固まりきらずに保水性を保っている状態なので、この温度を守りながら加熱すると、しっとり柔らかく仕上がるのです。牛肉、豚肉、鶏肉とも同じです。

従って焼く、煮る、揚げるの各調理法で、この温度帯を意識しましょう。フライパンで焼く場合は、室温に置いた肉を冷たいフライパンに入れて弱火にかけ、徐々に温度を上げて、厚みの半分ぐらい色が変わったらひっくり返し、裏面も同様に火を入れます。いったん肉は取り出し、たれ、ソースなどをからめる場合は最後に肉をフライパンに戻すようにして、加熱しすぎないこと。ゆで豚、ゆで鶏のようなゆでる料理では、水から入れて、湯にさざ波が立つ程度の温度でゆでます。から揚げ、トンカツなどの揚げものでも、温度の考え方は同じ。揚げ油が１４０℃くらいから肉を入れて揚げ、一度取り出して休ませ、最後に油を１８０℃くらいまで上げてカラリと仕上げる方法です。

このように低温で注意深く火を入れると、普通の肉でも銘柄牛（銘柄豚、銘柄鶏）に負けず、しっとりした舌ざわりを持ち、旨みに遜色なくでき上がります。

牛肉《ぎゅうにく》

日本で売られる牛肉は、大きく「和牛」「国産牛」「輸入牛」の3通りに分けられます。和牛は日本の在来種を改良した食肉専用種で、「黒毛和種」「褐毛《あかげ》（赤毛）和種」「日本短角種《たんかくしゅ》」「無角《むかく》和種」の4種類。このうち黒毛和種が全体の9割を占めます。一方、国産牛とは和牛以外の日本で生まれて飼育された牛、または生体で輸入されて3カ月以上国内で飼育された牛のこと。輸入肉は文字通りです。明治時代から肉食が普及した日本では、今に至るまで〝牛肉＝高級食材〟。特別なお祝いのときに、おいしくて上質な牛肉を食べる喜びがありました。「松阪牛《まつさかうし》」の霜降り肉のように、芸術的なまでに脂身〝さし〟が入った牛肉も生み出しています。最近は赤身肉も人気で、「熟成肉」にも注目が集まっています。

【選び方】 牛肉の善し悪しでわかりやすいのは、脂肪ののり具合と脂肪の色。脂肪がプラチナ色をして透明度があれば、新鮮です。外国産の牛肉は日本に届くまでに時間がかかるので、脂肪に血が混じる場合も。赤身肉は、ドリップが出ていないものを選びましょう。

最近では、「A5」といった格付け（ランク）を提示する精肉店やレストランが増えました。この格付けは、消費者が適正価格で牛肉を選べるように、公益社団法人 日本食肉格付協会によって定められたもの。A、B、Cという「歩留《ぶどまり》等級」と、1～5の「肉質等級」の二つの基準値を組み合わせています。A、B、Cは、皮や内臓を取り去った枝肉からどれだけ商品になるかという基準。これは牛肉業者には重要ですが、消費者には直接関係ありません。1～5の数字は、「脂肪交雑（霜降りの程度）」や「肉の光沢」「締まりときめ細かさ」「脂肪の光沢と質」といった4項目を格付けのプロが見た目で判断します。ただしこの格付けは、食味だけでシンプルに決まる米とは異なり、味の面では参考程度でよいでしょう。

【産地】 日本全国。銘柄牛では和牛系黒毛和種の「神戸牛《こうべぎゅう》」「松阪牛」「米沢牛《よねざわぎゅう》」など。地名にちなんだ銘柄はその土地で育ったという単純なものではなく、組織体制が明確で、目的や定義に添って飼育されていることが必須。褐毛和種は赤牛《あかうし》とも呼ばれ、「土佐牛《とさぎゅう》」「肥後牛《ひごぎゅう》」など。日本短角種には「八甲田牛《はっこうだぎゅう》」「十和田牛《とわだぎゅう》」「岩手たんかく牛」など。無角和種には山口県の「無角和牛」。これらと別に「乳用種」系もあり、ホルスタイン種は雌は乳牛、雄は食用牛で、北海道などが産地の代表。

【栄養】 良質なたんぱく質を含みます。国産牛肉と輸入牛肉を比較すると、輸入肉のほうが総じて低脂肪。部位では赤身ヒレ肉が高たんぱく、低脂肪、鉄をはじめ多くのミネラルも豊富に含みます。

◎料理のコツ

牛肉のおいしさは、脂が溶けていて、旨みを含んだジューシーな肉汁を蓄えた状態だと思います。加熱しすぎると旨みが抜け、食感も悪くなるので気をつけましょう。そのため、火の入れ方には二つのアプローチがあります。一つは、全体に低温でじっくり火を入れて仕上げる方法。もう一つが、表面を強火で焼き固め、芯は半生に仕上げた、香ばしさも特徴的な方法です。

ステーキを例に説明しましょう。まず第一に、牛肉は焼く直前に塩、こしょうをふります。塩をして長い時間が経つと、旨みが流れ出てしまうからです。牛肉のたんぱく質であるミオシンは40～60℃で旨み成分のアミノ酸に変わり、この温度帯をゆっくり通れば通るほどアミノ酸が増えて旨みが増します。具体的に焼き方をご紹介すると、室温においた牛肉を冷たいフライパンに入れて弱火にかけ、徐々に温度を上げます。牛肉の脂は50℃で溶け始め、たんぱく質にも同時に火が入ります。80℃になると固く縮んで含んでいた旨みの肉汁が外に出るので、70～80℃を保ちつつ焼きましょう。色が変わったら裏返し、裏面も色が変わったら焼き終わり。肉を取り出してしばらくおき、余熱で火を入れます。そして仕上げにフライパンを強火に熱し、肉を戻して両面をサッと焼き、お皿へ。二つ目の表面を焼き固める方法は、ローストビーフでご紹介しましょう（118ページ）。

なおかたまり肉の場合は、塩をして20分ほどおき、下味をつけます。また、牛肉にはわさびではなく、生姜が合います。

ローストビーフ

→p.158

材料（4〜5人分）
牛ももかたまり肉 …… 400g
塩 …… 小さじ1
たれ
　長葱（みじん切り） …… 1本分
　青紫蘇（みじん切り） …… 10枚分
　昆布 …… 5cm角1枚
　酒 …… 大さじ6
　醤油・水 …… 各大さじ3
サラダ油 …… 大さじ3
水あめ …… 大さじ1
こしょう …… 少々
黄身おろし
　大根おろし …… 1カップ
　卵黄 …… 2個
すだち …… 1個
クレソン …… 適量

① 牛肉は冷蔵庫から出して室温に1時間ほどおき、塩を全体にふって、さらに20分おく。

② フライパンにサラダ油を強火で熱して①を入れ、転がしながら、全面に焼き色をつける。牛肉を沸騰した湯にさっとくぐらせて余分な脂と塩を落とし、水気をきる。

③ ②のフライパンにたれの材料を入れて火にかけ、煮立ったら牛肉を入れて蓋をし、弱火にする。途中、牛肉を転がして煮汁を全体にからめながら10分煮て、牛肉はバットに取り出す。

④ フライパンに残った煮汁を煮立て、水あめとこしょうを加えて煮詰める。とろみがついたら③の牛肉にかけてアルミ箔で全体を覆い、そのまま粗熱がとれるまでなじませる。

⑤ 牛肉が冷めたら食べやすく切り、器に盛って煮汁をかける。黄身おろしの材料を混ぜて添え、半分に切ったすだち、クレソンも添える。

豚肉

ぶたにく

肉類では、日本で一番食べられているのは豚肉です。日本生まれの豚肉料理の一つが「トンカツ」で、「コートレット」という、フライパンで揚げ焼きにする西洋料理をアレンジしたもの。「豚汁」も日本ならではのヒット作。豚の背脂を入れる汁「沢煮椀」もあります。いずれも、ご飯に合う料理として生み出されたのが日本的です。現在、日本の豚のほとんどは、「ランドレース種」「ハンプシャー種」「大ヨークシャー種」「デュロック種」など5〜6種のどれかを掛け合わせ、よりおいしい肉質にした交雑種。よく耳にする三元豚《さんげんとん》（三元交雑）とは、3つの品種を掛け合わせたもの。最近では飼料や飼育方法などを工夫して、肉の味や脂肪ののり具合、香りなどに違いを出した銘柄豚もあります。銘柄豚には実は明確な定義はありませんが、日本各地で現在、170種ほどあるようです。身近に売られているのは部位別で、ロース肉、ヒレ肉、バラ肉（三枚肉）など。私は、一番おいしいのはバラ肉だと思います。豚肉は脂肪が多すぎるとしつこくなりますが、バラ肉は脂肪ののり方がほどよいからです。

【選び方】 ドリップが出ていなくて、脂身が透明なプラチナ色で、肉がピンク色をしたものを。

【産地】 日本全国で飼育されています。銘柄豚で有名なものは、愛知県の「みかわ豚」、岩手県の「白金豚《はっきんとん》」、沖縄県の「アグー豚」、東京都の「TOKYO X《トウキョウエックス》」など。

【栄養】 良質なたんぱく質を含み、糖質をエネルギーに変えるのに欠かせないビタミンB_1を含むのも特徴。

（120ページに続く）

◎料理のコツ

たんぱく質は高温で加熱すると縮まり、溶けた脂とともに旨みを含んだ肉汁が流出してしまいます。そうなると肉は固く、舌ざわりも悪くなります（115ページ）。そこで、豚薄切り肉の代表料理「しゃぶしゃぶ」の場合では、熱湯ではなく、80℃前後、湯気が立つか立たないかくらいの温度のだし汁（または湯）にくぐらせましょう。驚くほどしっとりした舌ざわりになります。豚肉の脂身に甘みがあるので、たれにはポン酢が、薬味は生姜が合います。「生姜焼き」なら、冷たいフライパンに豚肉を入れて点火、両面を焼いて途中で取り出し、仕上げに戻してたれをからめる方法にすれば（121ページ）、ジューシーさを保てます。「ゆで豚」のようにかたまり肉の場合も水から火にかけて、湯に少しさざ波が立つ程度でゆでます。長くゆですぎると、肉汁もゼラチン質も抜けてボソボソした食感になるので、30分ほどにとどめ、湯に浸けたまま冷まします。

トンカツなら、揚げ油が140℃くらいから入れて2分揚げ、一度取り出して2分ほど休ませ、油を180℃くらいに上げて1分半ほど揚げる方法を。最後に温度を上げるのは外側をカリッとさせ、油ぎれをよくするためです。

このように低温調理を心がけると、銘柄豚でなくともおいしく仕上がります。また昔は、トンカツや「豚ステーキ」のように少し厚切りの肉を使うときは、下ごしらえに筋切りすると言われました。しかし今は、物流が発達して新鮮な豚肉が入手できるので筋は固くなく、筋切りは必要ないでしょう。

豚肉の生姜焼き

→p.154

材料(2人分)
豚ロース肉(生姜焼き用。1枚50gのもの)
……4枚
小松菜……1株
キャベツ……2枚
しめじ……½パック
たれ
　醤油・みりん・酒……各¼カップ
　おろし生姜……小さじ2
こしょう……少々
サラダ油……大さじ1

①小松菜は4cm長さに切り、キャベツは4cm長さの短冊切りにする。しめじは石づきを取ってほぐす。これをざるに入れて80℃の湯でさっとゆでて、水気をきる。
②たれの材料を合わせておく。
③冷たいフライパンにサラダ油をひいて豚肉を並べ、こしょうをふって火にかける。表面が白くなったら裏返し、両面を焼いて、②のたれを加える。煮立ったら豚肉をいったん取り出す。
④フライパンに残ったたれを煮詰めて、泡が大きくなってきたら豚肉を戻し入れ、煮汁をからめる。
⑤器に①と、④を盛り合わせる。

鶏肉

とりにく

国内で流通する鶏肉は、大別して「ブロイラー」「地鶏」「銘柄鶏」の3つ。このうちの9割はブロイラーで、生後7〜8週目で出荷するために改良された肉用若鶏です。地鶏とはＪＡＳ（日本農林規格）の定義では、日本鶏在来種の血が50％以上入っていて、出生証明ができ、飼育期間80日以上のもの。平飼いで1㎡あたり10羽以下の密度で育てられることも要件。例えば「原種比内鶏《ひない》」は、在来の野鶏に近い天然記念物なので食用にはできませんが、これを50％含んで食用に改良されたのが「比内地鶏」です。銘柄鶏には地鶏のような厳密な規定はなく、ブロイラーの中でも飼育期間や飼料を工夫したものです。

スーパーで一般に売られているのは、冷凍ブロイラーを解凍したものがほとんど。部位ではもも肉よりむね肉のほうが安く、手羽肉やもも肉のほうが旨みがあって少し高価です。ささみは、牛ヒレなどと同じく脂肪が少ない部位のこと。

【選び方】 ドリップの少ないものを。鶏肉は水分が多いので、傷みやすいことも知っておきましょう。

【産地】 国内の地鶏は40種近くあり、有名なものは鹿児島県の「さつま地鶏」、徳島県の「阿波尾鶏《あわおどり》」、愛知県の「名古屋コーチン」、秋田県の「比内地鶏」など。銘柄鶏は、北海道から沖縄県までおよそ180種近くあります。

【栄養】 良質なたんぱく源。消化、吸収もよく、皮ごと料理すればコラーゲン摂取にも効果的。ささみは低脂肪です。

料理のコツ

水分を保ってジューシーに仕上げるには、肉の芯温を75℃前後にキープすることが大切（115ページ）。例えば、鶏もも肉を焼くときは、フッ素樹脂加工のフライパンに薄く油をひき、皮目を下にして入れてから弱めの中火にかけます。そのまま7分ほど焼き、肉の厚みの半分くらいまで色が変わったら裏返し、裏側も中火で5分焼けばでき上がり。フライパンが冷たい状態から加熱すると、肉は反り返らずに皮一面を香ばしく、パリパリに焼ききることができるのです。また、皮を下にすることで、肉に熱が入りすぎるのを防ぐ役割もあります。途中で余分な脂をペーパーで拭き取ると、いっそうからりと仕上がります。「ゆで鶏」の場合は、鶏肉を水とだし昆布とともに鍋に入れて火にかけ、沸騰したらごく弱火で5分ゆでて、その後は火を止めてそのままおくと、しっとりした食感に（124ページ）。ゆで汁にだし昆布を入れておくと、ラーメンのつゆにも使えます。

から揚げなど揚げものでは、140℃くらいの油に入れて2分揚げ、取り出して3分休ませれば、75℃前後をキープできます。そして仕上げに油の温度を上げて、1分半揚げれば、表面がからりと香ばしくなります。オーブンで焼く「鶏もも肉のロースト」も、10分ほど焼いたらオーブンから出して残りは余熱で。親子丼のような煮ものは、霜降りにした後、冷たい煮汁に入れて火にかけ、80℃で3分煮るとしっとり仕上がります。溶き卵でとじると、卵もたんぱく質ですから柔らかく火が通ります。

以上のように低温で注意深く火を入れると、普通のブロイラーでも、旨みに遜色はありません。

ゆで鶏の梅肉がけ

→p.143

材料(4人分)
鶏むね肉 …… 1枚
ゆで汁
　昆布 …… 5㎝角1枚
　水 …… 2½カップ
胡瓜 …… 1本
塩 …… 少々
梅肉だれ
　梅干し …… 中1個
　だし …… 大さじ1
　醤油 …… 大さじ3

① 鶏肉は熱湯にさっとくぐらせて霜降りにし、冷水にとって表面の汚れを洗い、水気を拭く。
② 鍋にゆで汁の材料と①を入れて火にかけ、ひと煮立ちしたらごく弱火にして静かに3分ゆで、火を止める。ゆで汁に浸けたまま、室温になるまで冷ます。水気をきり、手で細かく裂いてほぐす。
③ 胡瓜は塩をふって板ずりし、さっと洗ってマッチ棒大に切る。
④ 梅肉だれは、梅干しの種を抜いて包丁で叩き、ペースト状にし、他の材料を混ぜる。
⑤ 器に②と③を盛り、④をかける。

合鴨肉

あいがもにく

「合鴨」は、野生の「鴨」と「アヒル」の人工交雑種です。そもそもアヒルも、3000年ほど前に中国やヨーロッパで、野生の「真鴨」を家禽化《かきんか》して生まれたもの。日本で現在、鴨料理に使われているほとんどは合鴨です。合鴨には掛け合わせ方で野生の鴨に近い品種から、アヒルに近い品種まであり、日本で一番流通しているのは「チェリバレー種」。脂に甘みやコクがあり、あっさりした味で赤みを帯びたきれいな色をし、柔らかい肉質が特徴です。一般に入手しやすいのはむね肉で、「鴨ロース」と呼び慣らわされます。

【選び方】 脂肪のなるべく少ないものを。

【産地】 輸入が多いのですが、国産のほうが甘みがあります。

【栄養】 たんぱく質に富み、牛肉や豚肉に比してミネラルやビタミン類が豊富。鉄は豚肉の2倍。不飽和脂肪酸が多く、血中コレステロールを減らす効果が。

●料理のコツ

天然の真鴨と比べると、飼育されているぶん皮下脂肪が多いのが特徴です。合鴨肉の脂肪は常温では液体状の不飽和脂肪酸が多く、融点は27℃ほどと低め。牛肉や豚肉の脂肪の融点が45℃前後であることに比べると、大きな違いです。そのため合鴨は、口当たりがまろやかに感じられます。この脂肪を上手に処理するのがコツで、フライパンで皮目をよく焼くなどして、溶かして落とします。そして表面を強火で焼き固めたら、あとは弱火でアルミ箔などで覆って火を通します。火の入れ方で味が変わる肉で、加熱しすぎるとほかの肉類よりもいっそう固くなって、味わいがなくなります。煮ものでも蒸し料理でも同じです。塩をふって焼き、辛子やポン酢で食べるシンプルな食べ方が絶品ですが、ほかに甘辛煮や、「お狩り場焼き」と言われる鉄板焼きなどに。石川県の郷土料理「治部煮《じぶに》」は、本来は野生の真鴨を使っていましたが、今は合鴨を使うのが普通です。

卵の扱い方の基本

ときほぐし方には、目的によって違いがあります

卵料理を作る場合、目玉焼き以外は、まずは卵を割って箸で溶きほぐす作業から始めます。この卵の溶きほぐし方には、溶く程度と、空気を入れるか入れないかという二つの要素があり、目的の料理によって異なります。溶く程度では、充分に丁寧に溶くと加熱し終わったときに均一な黄色になり、手短かだと黄色と白がむらのある状態です。卵焼きを作る場合は、卵白の固まりが少し残る程度がよく、茶碗蒸しを作る場合は、丁寧に均一に溶きほぐし、さらにこし器も通します。卵焼き用にはコシのある卵のほうが巻きやすいためで、白身が残っているほうが卵焼きの魅力になります。親子丼やカツ丼なども白身が残ると、食欲をそそります。一方、茶碗蒸しはなめらかさが第一だからです。

　また、菜箸を浮かせて混ぜると空気を抱き込み、菜箸をボウルの底に付けて切るように混ぜると空気が入りません。オムレツはふんわりと焼きたいので前者、卵焼きは空気が入ると巻きにくく、すが立つ原因になるので後者の溶き方です。

65～80℃の低温調理がおすすめ。しっとりなめらかな仕上がりに

肉類のたんぱく質は80℃にもなると変性が始まりますが、70～80℃の温度帯にいるときは固まりきらずに保水性を保っている状態で、この温度を守ると、しっとり柔らかく仕上がると述べました（115ページ）。これは、卵のたんぱく質にも言えることです。例えば、100℃でゆでた卵は固くモソモソした食感ですが、それより低い65～80℃でゆでると、黄身は柔らかく固まって、白身がトロトロの絶妙な温泉卵ができます。茶碗蒸しも、高温で蒸すとすが入ることがよく知られています。蒸し器内の温度を十分高くしてからは火を弱め、80℃で蒸すように調節すると、ふんわりなめらかな茶碗蒸しになります。このように低温調理を心がけた卵料理は、舌ざわりのいいでき上がりです。卵焼きも同様。油を引いて空焼きした鍋はぬれ布巾にのせて温度を下げ、卵液を流し入れます。

卵

たまご

〝卵は物価の優等生〟という言葉がある通り、戦後一貫して1個20円ほど。安くて身近な食材です。加熱前は液体なので、だしや牛乳、豆乳、調味料などと混ざりやすく、幅広く活用できます。生で食べるほか、蒸す、焼く、煮る、揚げる、と日本料理の「五法」の通りに尽きなく展開できます。

【選び方】 殻がざらざらしているものを。割ったときに、黄身がこんもりと盛り上がり、白身が水っぽくないのが新鮮。黄身の色が濃いか薄いかは飼料にもより、殻の色の白と茶色は鶏の種類の違いによるものです。

【栄養】 良質なたんぱく源です。

◎料理のコツ

私は、卵も肉などと同じように〝低温〟で調理します。100℃でゆでた卵は、固くモソモソした食感になりますし、茶碗蒸しも高温で蒸すとすが入りますが、低温調理がうまくいった卵料理は、しっとりなめらかです。温泉卵の作り方をご紹介しましょう。冷蔵庫から出して室温においた卵を鍋に入れ、卵が隠れるほどの水を加え、火にかけます。温度計で測りながら、温度が上がったらときどき差し水をして65℃を保ち、20分ゆでて、すぐに水にとってください。黄身は固まって、白身はトロトロの絶妙の温泉卵ができます。「だし巻き卵」ならぬ「水巻き卵焼き」（128ページ）も、低温調理で。卵焼きは関東と関西で違いがあり、関東の卵焼きは砂糖が多めで固く、関西の卵焼きは、だしで薄めて柔らかい仕上がりです。これは、江戸では折詰に入れることが多く、冷めてもおいしいことが重要だったため。

うずら卵

うずらたまご

うずら卵は1個が10gほどの小ささ。小さなサイズを利用して、このわたなど塩分の濃いものにのせて味を和らげたり、ひき肉生地に混ぜるとき、大きい鶏卵の代用にします。ゆでる際は80℃くらいで5～6分ほど。

水巻き卵焼き

→p.159

材料(2人分)
卵 …… 3個
水 …… ¼カップ
砂糖 …… 大さじ1
淡口醤油 …… 小さじ1
サラダ油 …… 少々
大根おろし …… 適量
醤油 …… 適量

① ボウルに卵を割り入れて溶きほぐし、水、砂糖、淡口醤油を加えて混ぜ合わせる。
② 卵焼き鍋(またはフライパン)を熱してサラダ油を薄くひき、一度火から下ろして鍋の熱をとる。再び火にかけて、①を玉杓子1杯分くらい流し入れ、気泡を菜箸の先でつぶし、半熟の状態になったら奥から手前に巻く。鍋の奥に移動させ、手前に油をひいて再び①を流し入れては手前側に巻くことを繰り返し、巻き上げる。
③ 食べやすく切って器に盛り、大根おろしを添え、醤油をたらす。

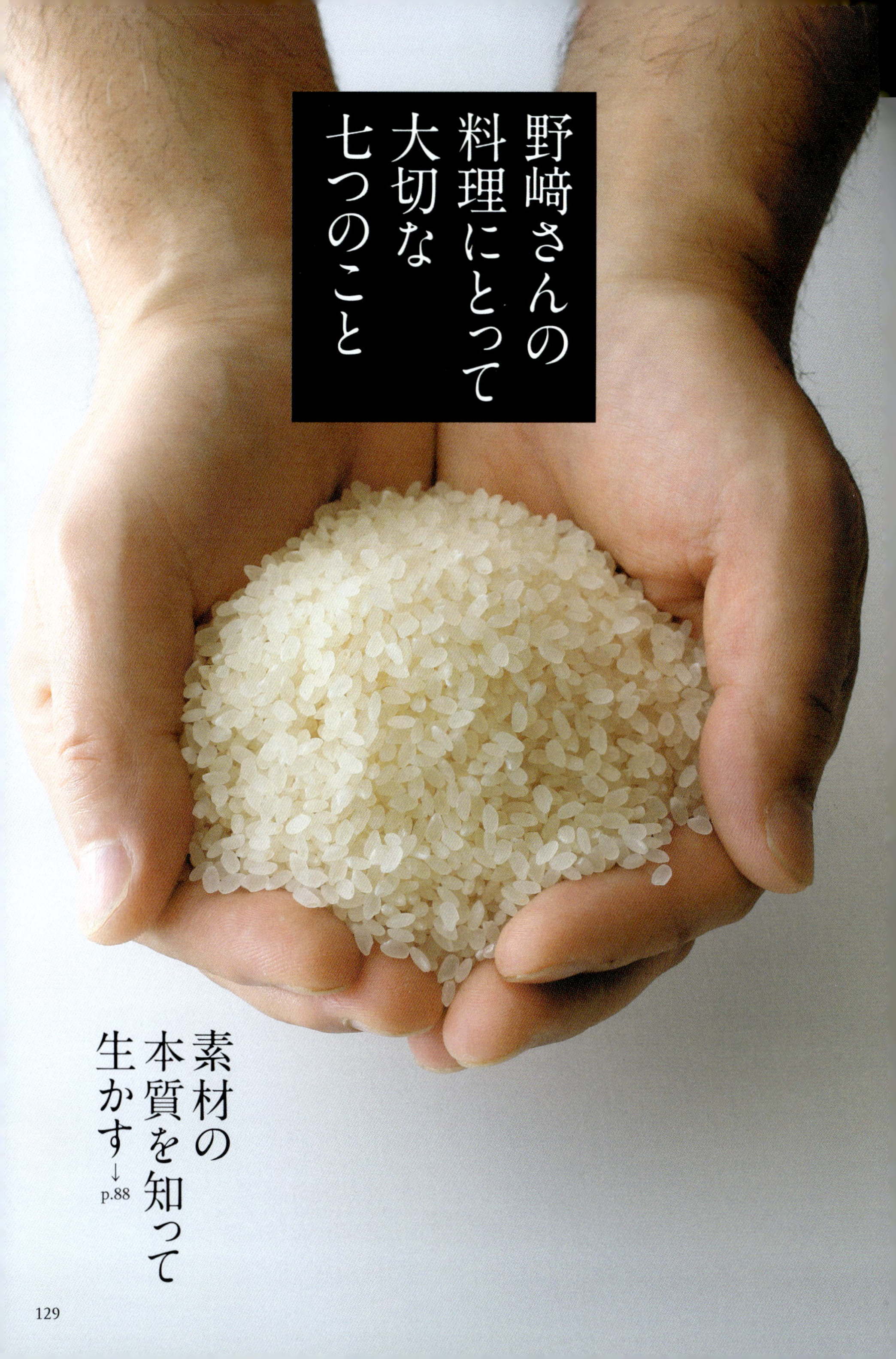

野崎さんの料理にとって大切な七つのこと

素材の本質を知って生かす

↓ p.88

青菜は水に浸して
葉先まで元気に

↓p.11

魚に塩をふって、
「味の道」を作る

↓
p.162

魚や肉は霜降りして
汚れを落とす

↓p.105、p.165

↓p.11

肉類はすべて
70〜80℃で加熱する
↓
p.115

卵は65〜80℃で調理すれば
とろりなめらか

↓p.126

春の料理

あつあつご飯に、新玉葱がみずみずしい

新玉葱の卵黄のせご飯

↓p.63

小粒の新じゃがに、香ばしいにんにく味噌をからめて

新じゃが芋のにんにく味噌炒め

↓
p.61

合わせ味噌を加えた後は焦げやすくなるので、注意しながら手早く炒めてからませます。

すっくと伸びた形をそのまま生かしたい

グリーンアスパラガスの一本揚げ

↓p.17

天ぷら衣をまんべんなくつけたら、揚げている間はあまり触らずに、形よく揚げます。

空豆の香りと色を生かして、衣はさっくりと

空豆の海老はさみ揚げ

↓p.23

豆腐を粗くつぶして旨みを際立たせた

春野菜のつぶし豆腐の白和え

↓p.106

この白和えは、
豆腐の味とざっとくずした歯ざわりを
生かしたいので、
細かくすりつぶさずに使います。

焼いてよし、蒸してよしの万能の魚

鰆のなまり節 生姜醤油かけ 鰆の味噌漬け焼き

↓p.172

枝豆の色と香りが清々しい、冷たい白味噌風味で

枝豆ポタージュ 白味噌仕立て

↓p.31

しっとり鶏肉を酸味の梅肉で引き立てて

ゆで鶏の梅肉がけ

↓
p.124

生干しと固干し。異なる食感を楽しむ

しらす干しの新茶茶漬け　ちりめんじゃこのおにぎり

↓p.251

ひじきの黒にカラフルな野菜の色が映えて

ひじきと豚肉の彩り煮

↓
p.257

低温の湯に通すと烏賊がすっきりした甘みに

烏賊の刺身

↓
p.189

大人好みに辛みをきかせ、ほっくりと

南瓜の南蛮煮

↓
p.34

煮汁が沸き立つ状態で煮ると
酒が蒸発し、
煮汁の量もちょうどよくなります。

皮の紫色、果肉の翡翠色、それぞれを生かす

茄子のたたき　薬味のせ　翡翠茄子の黄身酢かけ

↓p.47

すだちと塩でさっぱりといただく

鰹の塩たたき

↓
p.194

秋の料理

秋の訪れを知らせる品のいい一品

黄菊と紫菊、春菊の白和え

↓
p.55

鰯をざっくり叩けば、口中でほぐれます

鰯のつみれ椀

↓
p.209

長く煮すぎず、とろみは水溶き片栗粉で

鯖のさっと味噌煮

↓
p.213

水溶き片栗粉は、
煮汁が煮立っているときに
流し入れること。
片栗粉にすぐ火が入って、
なめらかなとろみになります。

酒肴とご飯のおかず、趣の異なる秋の恵み

里芋の煮ころがし

里芋の含め煮

↓
p.59

火を入れすぎないからジューシーで柔らかい

豚肉の生姜焼き

↓
p.121

黄金色にゆでた栗は蒸らすだけ

栗おこわ

↓
p.101

秋の行事などにぴったりの栗おこわ。栗はくちなしの汁でゆでて染め、もち米がある程度蒸されたら、のせて蒸し上げます。

豆乳がだし汁。味噌を加えるだけ

豆乳味噌汁

↓
p.111

白菜は部位で使い分けを

焼き白菜の軸の鮭ロール煮

白菜の芯と鶏肉のスープ煮

↓
p.79

余熱でじっくり火を入れるから柔らかくジューシー

ローストビーフ

↓
p.118

だし不要。低温で火入れしたとろふわ食感

水巻き卵焼き

↓p.128

鰤は霜降りにし、大根の煮上がりに加えます

鰤大根

↓
p.237

鰤は煮続けない。
さっと煮たら引き上げて、
大根だけじっくり煮含めて
仕上げに戻すのが、
〝鰤が煮くずれず、大根は芯までとろける〟
野崎流の理想的な調理法。

魚介

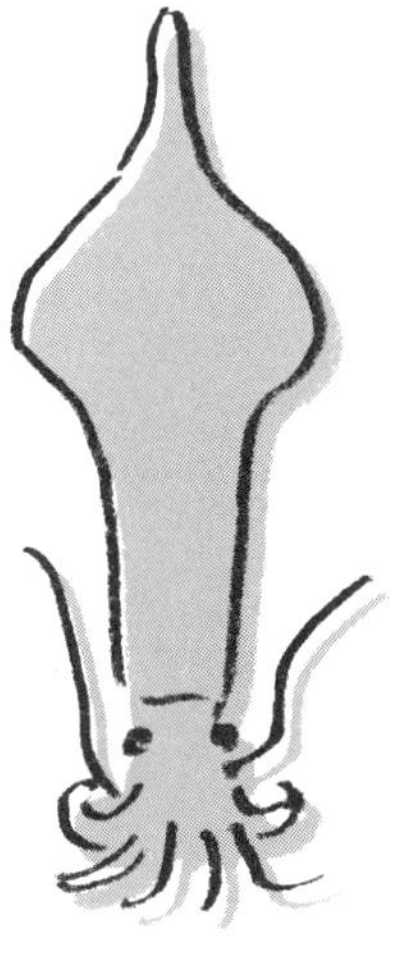

魚介の扱い方の基本

魚介はまず、新鮮なものを選ぶこと。魚それぞれの固有名詞の味が際立ちます

四方を海に囲まれている日本は、世界有数の魚種の多さを誇ります。季節がはっきりしている温帯地域なので、春夏秋冬で出回る魚に変化があり、本当に恵まれています。これらの魚はそれぞれ味に個性があり、当たり前ながら、鯛には鯛の味、鯖には鯖の味があるもの。固有の味は、新鮮であるほどくっきりしています。ところが仕入れて3日も経つと、確かに魚の味はするものの、固有の味は薄れて「鯛」「鯖」の味ではなく、単に「魚」の味でしかなくなるのです。

魚料理を食べるなら、この固有名詞としての魚の味を味わってください。料理の技術の前に、まず鮮度のいい魚を選ぶことが大切なのです。

一尾魚では、えらが赤いものが新鮮。切り身の場合は、血合いの部分が赤みを帯びていると新鮮です。貝類では、さわって動くような生きているものを。

こうして鮮度のいい魚で料理すると、煮魚などではだし汁を使わず、水と調味料で薄味にすることで、魚の味を濃くおいしく感じることができます。

海育ちの魚なら1.5%の冷たい塩水、川魚なら冷たい真水で洗います

魚を買って来て、料理するまでにまだ時間がある場合でも、まず下処理をして洗ってから、冷蔵庫に入れておきます。そのまま何もしないで冷蔵してしまうと、魚の臭みが回ってしまうからです。一尾魚であれば、えらとはらわたを取り除き、海水魚は1.5%の塩水で、淡水魚は真水で洗って、キッチンペーパーで水気を拭き、ペーパーで包んで冷蔵しておきましょう。1.5%の塩水というのは、海水（3%）より少し薄い塩味で、魚に塩の味がつかない程度の濃さというわけです。貝類もこの塩水で汚れを落とし、冷蔵します。

料理する20分前には必ず塩をふり、「味の道」を作ります

一尾魚でも切り身魚でも、料理する20分前には、魚の

両面に塩をふります。余分な水分を脱水できて同時に臭みを抜くとともに、旨みを凝縮し、軽く塩味を付けるのが目的です。このひと手間で、焼きものでは醤油などの調味料と魚の味がスッとなじみますし、煮魚にする場合は、脱水したときの組織の穴から煮汁の調味料がしみ込むので、薄味でもきちんと味がつきます。そこで私は、こうして塩をふることを「味の道を作る」と表現しています。余分な水分が抜けるので身はほどよく締まり、食感がよくなる効用もあります。

塩は精製塩（269ページ）のほうが粒子が細かくて、全体にまんべんなくふることができます。量は表裏の全体に薄く均等にですが、後に水で洗い流すので適量で結構です。20分としましたが、魚が大きく身が厚い場合や、青背魚や脂ののった魚では長めに。鮮度がいい場合や、身の薄い魚には短めで。時間がきたらにじみ出た水気を洗い流し、ペーパータオルで拭いて料理に取りかかります。

ただし、焼きものでも「照り焼き」や「浸け焼き」のように、たれや調味料の膜を作るような料理では、それらの塩分で水気が出るので必要ありません。

魚は霜降りして汚れを落とすと、ぐんとすっきりした味になります

魚介は、料理の前に湯を通すと、下処理で残したうろこや骨、血などの汚れが取れ、生臭みも余分な脂も除くことができるため、すっきりときれいな状態になります。また、旨みを閉じ込める効果や、煮魚では魚同士がくっつかない利点もあります。この手法は、表面がうっすら白く、霜《しも》が降ったようになることから「霜降り」と呼ばれます。肉の下ごしらえでも霜降りをしますが、魚のほうが汚れが多いので、より効果が大きくなります。

霜降りの方法は、鍋に湯を沸かし、ボウルには冷水か氷水を用意しておき、魚を網杓子やざるにのせて湯にさっとくぐらせ、表面が白くなったら引き上げます。湯の温度は、皮がはげやすい魚は65～70℃、皮がしっかりしている魚は100℃です。引き上げたらそのまま冷水に浸け、指で魚の汚れをやさしく洗った後、ペーパータオルで水気を拭きます。冷水にとるのは、それ以上の熱を入れないためです。

赤貝

あかがい

フネガイ科。殻の長さが12cmほどの二枚貝で、身が赤いのでこの名に。北海道南部から九州にいたる沿岸に分布。殻の表面は黒褐色の短毛で覆われ、42本前後の深い溝が放射状に入ります。生食するとコリッとした歯ごたえで、色も美しいので、江戸前ずしの高級たねに。市場では赤貝を「本玉《ほんだま》」、近縁種の身が白っぽい「さとう貝」を「白玉《しろだま》」と呼びます。島根地方で使われるものや缶詰の赤貝は、殻の溝の数が32本の「さるぼう貝」です。

【選び方】 殻付きは持って重く、触ると動くくらいのものを求めます。むき身はツヤと弾力があるものを。

【旬の時季】 産卵期は4～9月で、その前の早春が美味。卵を抱えている場合は生食せず、必ず火を通します。

【漁獲地】 宮城県、岩手県、愛媛県など。輸入品が9割で韓国産、中国産、ロシア産など。

【栄養】 鉄が豊富で貧血の人におすすめの食材。ビタミンAの一種レチノールやビタミンE、B12も含みます。

◎料理のコツ

まず下処理の方法をご紹介します。水でよく洗ってボウルに入れ、包丁の背をちょうつがいに差して切り、ねじって殻をはずします。このとき赤い汁がたくさん出るので、ボウルに受けます。それから身の付いていないほうの殻を貝柱に差し込んではずし、身を取り出してひも（外套膜《がいとうまく》）をはずし、身は包丁を寝かせて厚みを切り開き、内臓を除いて洗います。この下処理ずみの赤貝とひもを刺身や和えもの、酢のものに使う場合は、どちらも65～70℃くらいの湯に通し、冷水にとって水気を拭き取ります。このひと手間で汚れが落ち、貝の甘みがぐんと出ます。身には格子状の飾り包丁を入れることも。赤貝は色が美しく、酢味噌和え（ぬた）にぴったりで、分葱《わけぎ》（77ページ）や若布《わかめ》（260ページ）と合わせたり、春先に出回る山菜や空豆、独活《うど》を合わせて彩りの美しい一品に。胡瓜《きゅうり》との酢のものや、ちらしずしの具にも。小ぶりなら煮付けにどうぞ。

青柳

あおやぎ

バカガイ科。殻の長さ8～9cmの二枚貝で、和名「ばか貝」。北海道から九州まで、内湾の砂泥地に棲息します。殻付きで出回ることは少なく、ほとんどがむき身。朱色の足（舌）を持つ身を関東で青柳と呼ぶのは、千葉県青柳村（現在の市原市）が集積地だったため。別名「みなと貝」。貝柱は2個あり、大きいものを「大星《おおぼし》」、小さいものを「小星《こぼし》」と呼ぶことも。この大きいほうの貝柱も「たいら貝」（229ページ）などに比して小さいので「小柱《こばしら》」と呼ばれ、身とは別に流通します。身は少しクセがありますが、貝柱は味がよく上品なので江戸前ずしのたねなどに使われ、身よりも高価です。

【選び方】 むき身はツヤと弾力のあるものを。貝柱は水気が出ていないものを。

【旬の時季】 5～7月の産卵期の前の春先がおいしい。

【漁獲地】 北海道、愛知県、千葉県。千葉県富津産は名高いです。輸入品は中国、韓国産など。

【栄養】 鉄、カルシウム、リンが豊富。タウリンや、旨みの源であるアミノ酸も豊富です。

◎料理のコツ

むき身は使う前に塩水で砂や汚れを洗い落とし、65～70℃くらいのお湯にさっと通して霜降りにし、冷水にとって水気を拭きます。これをすしだね、酢のもの、すき焼きや鍋もの、椀だね、天ぷらなどにします。味噌と一緒に包丁で叩いた「なめろう」は、千葉県の海沿いの郷土料理。旨みがあって香りのよい貝柱は、同様に65～70℃のお湯で霜降りを。大粒の場合は刺身、すしだね、ちらしずしの具、酢のもの、和えものなどに。小粒の貝柱はかき揚げにすると絶品で、江戸前天ぷらの名品です。水気をよく拭いて揚げましょう。そば屋さんでは、かけそばに小柱を散らしたものをあられに見立て、「あられそば」と呼んで珍重します。ほかにサラダ、うま煮、ぬたなどに。小柱の乾物は旨みが濃く、あぶって酒肴に。いずれにしても、貝類は火を通しすぎないことが大切です。

あさり

マルスダレガイ科。殻の長さ4㎝ほどの二枚貝。殻は棲息地によって青色、茶色、縞模様など千差万別。日本各地、特に太平洋側の内湾や汽水域《きすいいき》の水深10mくらいまでの砂泥底に棲息します。市場への入荷量が多く、潮干狩りでも身近。旨み成分のコハク酸が帆立貝に次いで多いのも特徴。国産は1980年代前半に年間14万t前後でしたが、近年は3万tと激減。むき身はほぼ輸入ものです。

【選び方】 貝殻が大きく扁平で、模様が鮮明で殻を閉じているものを。むき身はツヤと弾力があるものを。

【旬の時季】 産卵は春と秋の2回あり、それぞれその前がおいしい時季。特に早春はタウリンやグリコーゲンが増して一年中で一番おいしくなります。

【漁獲地】 愛知県が圧倒的に多く、静岡県、千葉県など。輸入は韓国、中国など。

【栄養】 必須アミノ酸をバランスよく含みます。ビタミンB_{12}、ミネラル、タウリンも豊富。

◎料理のコツ

殻からも旨みが出るので、できれば殻付きを使いましょう。砂抜きは、まず浅いボウルに貝を並べて海水程度の塩水をひたひたに注ぎ、5時間から一晩、静かな場所に放置。その後、塩水の中で殻をこすり合わせて洗います。味噌汁や潮汁《うしおじる》に使う場合は、水に3～5分浸して塩抜きすると、塩辛くなりすぎることがありません。「砂抜きあさり」として売られていても、2％の塩水に20分ほど浸すと安心です。むき身はざるに入れて1.5％の塩水でふり洗いを。おいしく作るコツは、加熱しすぎないこと。貝類は、口が開いたら火は通り、沸騰すると身が締まってだしが出にくくなります。そこで煮ものでは、さっと煮たらあさりを取り出し、煮汁を煮詰めて仕上げにあさりを戻す方法を。殻付きは潮汁や酒蒸し、むき身はぬた、かき揚げ、炊き込みご飯に。「深《ふか》川飯《がわめし》」や「あさりの佃煮」は、江戸から続く東京の名物。

甘鯛

あまだい

アマダイ科で、全長45cm前後。本州中部以南の太平洋、日本海、瀬戸内海の沿岸、水深30～100mに棲みます。白身の魚で、皮の色から「赤甘鯛」「白甘鯛」「黄甘鯛」の3種があります。〝鯛〟と付いていますが、真鯛とは別種ですずきの仲間。関西では、「ぐじ」と呼ばれます。漁獲量が一番多いのは赤甘鯛で、色が美しいこともあって料理店でもメインとなる高級魚。水分が多く傷みやすいため、塩干ものにすることが多い魚です。京都では、若狭《わかさ》(福井県)から届くひと塩ものを「若狭ぐじ」と呼びます。静岡県の黄甘鯛の生干し「興津鯛《おきつ》」や、島根県浜田の「甘鯛の生干し」も名物。

【選び方】 目が澄んで、えらが赤いものを。一尾魚なら1kgくらいのものが良品。

【旬の時季】 6～9月に産卵するので、その前の春が旬。

【漁獲地】 日本海側に多く、山口県、長崎県、島根県、石川県。中国、台湾からの輸入も。

【栄養】 良質のたんぱく質が多く、ビタミンAの一種レチノールや、ビタミンB群も含まれます。

◎料理のコツ

水分とゼラチン質が多く、とろりとした身質が特徴。皮もおいしい魚です。これに薄く塩をふって生干しにすると、水分が抜けてねっとりとした食感になります。旨みは鯛よりも濃く、赤い色も好まれてきました。一般に出回ることの多いひと塩の生干しは、焼く、蒸す、煮るなどに万能。「若狭焼き」はひと塩の甘鯛に酒(または酒とだしを半々)をふりながら焼く手法で、そのまま焼くよりも臭みが抜け、味わいがぐんと増します。酒に柚子や木の芽などを刻んで入れても美味。最近では刺身にできる鮮度のいいものも入手できるようになり、昆布締めにも最適です。身が柔らかくくずれやすいので、味噌漬け、粕漬けにも向きます。京都の白味噌を使った「西京味噌漬け焼き」は、甘鯛の淡泊な味に白味噌が調和した品のいい焼きもの。小さめのものはうろこ付きのまま開いて中骨を除き、から揚げに。

かさご

フカカサゴ科で全長25㎝前後。北海道南部から九州までの沿岸の岩礁に棲む、典型的な磯魚。ゴツゴツした頭や、背びれ、腹びれにはたくさんのとげがあります。体色は棲む場所で異なり、岸近くに棲むものは黒褐色、沖合の深所なら赤色になります。雌は卵を腹の中で孵《かえ》して4㎜ほどの仔魚で生む、卵胎生《らんたいせい》の性質。口が大きくて身が少なく、〝磯のかさごは口ばかり〟などと言われますが、白身の味のいい魚で、煮付けが定番。日本各地で昔から親しまれ、関西の「がしら」、九州の「あらかぶ」など地方名も多彩です。無骨な風貌から、江戸時代の武家では端午の節句の祝い魚に用いていました。稚魚を育てて放流する栽培漁業も盛んです。

【選び方】 目が澄んでえらが赤く、色のきれいなものを。

【旬の時季】 各地で異なり一年中出回りますが、冬から春にかけてがおいしいとされます。

【漁獲地】 千葉県、福井県など。アメリカからの輸入も。

【栄養】 脂肪が少なく、高たんぱく。ビタミンDやB_{12}、タウリンが豊富です。

◎料理のコツ

とげが鋭く、刺さると化膿するので、扱う際には注意が必要。慣れない場合は手袋をしたほうがいいでしょう。クセのない旨みの多い魚で、だしも出ます。身が少ないので、蒸しものや煮もの、汁ものに向いています。一尾魚の煮付けは、白いご飯がすすむ格別なおいしさです。作り方はまず皮に包丁目を入れ、霜降りにして氷水で洗い、水、酒、みりん、醤油、砂糖を合わせた冷たい汁に入れて、火にかけ、5分ほど煮ます。魚は取り出し、煮汁を⅓くらいに煮詰めてから薄切りの生姜とともに戻し、煮汁をからめましょう。火を通しても柔らかさを保つので、酒蒸しや、ちり鍋にも。小さいものはから揚げに向きます。大きめで鮮度がよければ、刺身にすると淡泊で美味。刺身におろした残りのアラは、汁もののだしをとるのに使うのがおすすめです。

さざえ

リュウテンサザエ科。殻の高さ10cmほどの巻き貝で、北海道南部から九州まで分布。水深20mくらいまでの岩礁に棲みます。日本海側のものは小さめ、太平洋側のものは大きめ。外洋に棲むさざえは波にさらわれないよう殻のツノが発達し、内海のものは短いか生えない場合も。ツノがあるほうが高価です。漢字で「栄螺」と書くのは、「螺」は巻き貝、「栄」はツノが繁栄の証しに見えることから。海藻を食べるので磯の香りが強く、身はコリコリした食感です。最奥部のわたの生殖腺がクリーム色なら雄、緑色なら雌。食用の歴史は古く、伊勢神宮へ献上の記録も。小さいものは「姫さざえ」です。

【選び方】 殻に海藻が付着していると風味がよく、触るとキュッと蓋を閉じるのが新鮮。重いものが良品。

【旬の時季】 春先から初夏に味がよくなり、300g以上に大きくなると旨みが増加。

【漁獲地】 島根県、三重県、福井県、新潟県など。

【栄養】 たんぱく質、ビタミンE、鉄、亜鉛など。タウリンは魚介類の中でトップ級です。

◎料理のコツ

身を取り出すときは、殻の表面をよく洗い、殻と蓋の隙間に貝割りやナイフを差し込み、殻の内側についている身を切り離し、殻の口を下に向けて蓋ごと回すようにして引っ張り出します。このとき、ちぎれないようにゆっくりと行いましょう。殻をつぼに見立てた定番の「つぼ焼き」は、網を火の上に置き、殻ごとのせて直火焼きにし、仕上げに醤油をたらした野趣あふれる味わいです。ただし食べやすさを重視するなら、生のまま身や肝を取り出して食べやすく切り、殻に戻して濃いめのだし汁を注ぎ入れ、貝の蓋をして焼く方法がおすすめ。盛り付けるときは、皿に塩を敷いて殻が動かないように。身は刺身にしてもおいしく、雲丹《うに》和え、酒蒸しなどにも。肝はさっとゆでて、つぼ焼きや刺身に添えます。しぐれ煮は、煮汁でさっと煮たら身を引き上げ、煮汁だけを煮詰めて身を戻すと、柔らかいまま煮上がります。

さより

サヨリ科で全長40cm。琉球列島や小笠原諸島を除く、宮城県や新潟県以南の日本各地の沿岸、内湾や河口などに棲み、東京湾にも。群れをなして泳ぐので「さわより」から、この名に。とびうおのように、水面を次々と弧を描いてジャンプします。下あごが長く突き出た、銀白色で細く美しい姿に、透き通るような白身の味のいい魚。〝春告げ魚〟の一つです。平安時代に神様に供えられたと記録が残るほど、上品な味が好まれてきました。江戸前ずしの光りものに、江戸前天ぷらにと使われる高級魚です。腹腔《ふくこう》が大きく真っ黒で、〝さよりのような人〟とは〝外見に似合わず腹黒い人〟の代名詞。内臓が長いため傷みやすく、鮮度勝負。

【選び方】 下あごの先端の紅色が、鮮やかなものが新鮮。腹側が破れていないきれいなものを。

【旬の時季】 3〜5月が旬ですが、秋も美味。

【漁獲地】 千葉県、茨城県、石川県、愛知県など。

【栄養】 たんぱく質や脂肪は少なく、ナイアシンなどのビタミンB群が含まれます。

◎料理のコツ

新鮮なものは歯切れがよく、大きなものは刺身にも向きます。小骨があるので下処理は細やかに。刺身にするときは、まず三枚におろして腹の黒い部分をていねいにそぎ取り、皮も引きます。銀色が残る身の全体に細かい鹿《か》の子の包丁目を入れ、長さを3等分くらいにして、縦に細く引きます。半透明の身を品よく盛れば、春の爽やかな刺身に。酢締めにして酢ゼリーをかけても。酢締めや昆布締めにすれば、棒ずしや押しずしなどのたねに。一口大に切って胡瓜《きゅうり》との酢のものや、季節の山菜を取り合わせた黄身酢がけは酒肴にもぴったりです。酢締めや加熱するときは、おろした身を2%の塩水にくぐらせて使います。長い身を軽く結んだ「結びさより」は、祝宴やおもてなしに向く縁起のいい椀だねに。淡泊なので天ぷらやフライなどで油気を加えると、味わいも香ばしさもよくなります。

鰆

さわら

サバ科の全長1mくらいの魚。北海道南部以南の日本近海に分布。腹部がほっそりしているので、「狭腹《さはら》」からこの名に。春に産卵のため瀬戸内海などの内湾に集まってよく獲れるため、「春」の字を当てています。このように、西日本では産卵期の春の鰆を、真子や白子とともに利用しますが、東日本では脂ののった冬から早春のものをよしとする傾向があります。成長につれて名前が変わる出世魚で、50㎝前後は「さごち（関西ではさごし）」、70㎝ほどになると「やなぎ」に。

【選び方】 目が澄んで、えらが赤いものを。切り身はふっくらとツヤがあり、血合いが赤いものを。

【旬の時季】 関西では3～5月、関東では「寒鰆」と呼ばれる12～3月、日本海側では5～6月。

【漁獲地】 瀬戸内ものは激減。福井県、長崎県、京都府、石川県などが多くなっています。中国、韓国からの輸入ものも。

【栄養】 青魚の特徴を持ち、DHA、EPAなどの不飽和脂肪酸が豊富。ビタミン類やタウリンなども。

◎料理のコツ

青魚と白身魚の中間のような身質で、柔らかいのでていねいに扱いましょう。クセがなく、焼く、煮る、蒸す、揚げる、汁ものにと万能。鮮度のいいものが出回る近年は、刺身も一般的に。刺身は皮目だけ直火であぶった焼霜《やきしも》造りにすると皮が締まり、香ばしさも加わります。煮魚は、淡い味付けで魚の旨みを堪能する「淡煮《あわに》」に。切り身2枚に塩をして20分おいて霜降りにし、水2カップ、昆布5㎝、淡口醤油と酒各25㎖の冷たい煮汁から火にかけ、沸騰して弱火で1分煮て鰆に火が通ればでき上がり。筍《たけのこ》や独活《うど》を取り合わせた「鰆鍋」も。味噌漬け（172ページ）、粕漬けも定番で、フライも合います。郷土料理では、香川県や岡山県のちらしずしや押しずしに必須。「からすみ」は本来ぼらの卵で作りますが、香川県では江戸時代から鰆の卵を使用し、〝幻のからすみ〟と呼ばれます。

鰆の味噌漬け焼き

→p.141

材料(2人分)
鰆の切り身(1切れ40g) …… 4切れ
塩 …… 少々
味噌床
　西京味噌 …… 200g
　酒 …… 大さじ2
　みりん …… 小さじ4
サラダ油 …… 適量
みりん …… 適量

① 鰆は両面に塩をふって20〜30分おき、水洗いして水気を拭く。
② 味噌床の材料をよく混ぜ合わせる。
③ バットに②の半量を敷き、2枚重ねにしたガーゼの片面をのせる。ガーゼの上に①を並べ、ガーゼの片面をかぶせ広げ、上から残りの②を塗って、冷蔵庫で一日おく。
④ 魚焼きグリルの焼き網にサラダ油を塗って熱し、庫内を温めておく。③から鰆を取り出し、盛り付けたときに上になる面を上にして並べ、両面を焼き上げる。途中、焦げそうになった部分にはアルミ箔をかぶせる。仕上げにみりんを刷毛で塗り、乾かすように焼き上げる。

鰆のなまり節 生姜醤油かけ

→p.141

材料(2人分)
鰆の切り身(1切れ40g) …… 4切れ
塩 …… 少々
酒 …… 大さじ2
おろし生姜 …… 小さじ2
醤油 …… 適量

① 鰆は両面に塩をふって20〜30分おき、65〜70℃の湯にさっと通して霜降りにし、冷水にとって水気を拭く。
② バットに①を並べ、全体に酒をふる。
③ 蒸気の上がった蒸し器に②をのせ、15分ほど蒸して取り出し、そのまま冷ます。
④ 手で大きくほぐし、器に盛る。おろし生姜を添え、醤油をふる。

白魚

しらうお

シラウオ科で、全長10㎝ほどの透明な魚。北海道の網走湖から熊本県以北の、河川や汽水域《きすいいき》に分布。産卵のために群れをなし、河口や汽水湖に集まるところを獲ります。弱ると乳白色に変化するのでこの名に。また、美しい手指を〝白魚のような〟とたとえます。江戸時代の隅田川・佃島周辺も名産地で、白魚漁は春の風物詩でした。島根の宍道湖《しんじこ》では、名物の魚介〝宍道湖七珍〟のひとつ。環境の影響を受けやすい河口に棲む弱い魚のため、近年は水揚げ量が激減しています。淡泊な味わいにほろ苦さもある高級魚で、軍艦巻きや江戸前天ぷらのたねに。なお、博多名物「躍《おど》り食い」に用いるのは別の魚、ハゼ科の「しろうお」です。

【選び方】 目が澄んで、全体に透明感と弾力があるものを。手に入ったらその日のうちに使うこと。

【旬の時季】 産卵前の2〜4月。

【漁獲地】 青森県の小川原湖《おがわらこ》が水揚げ量1位。茨城県の霞ヶ浦、熊本県の有明海なども。

【栄養】 カルシウム、マグネシウム、リンなどのミネラルが豊富で、丸ごと食べるため効果も大。

◎料理のコツ

繊細な魚で破れやすいため、ていねいに扱いましょう。まず1.5％程度の塩水で洗い、水きりして使います。加熱すると白くなるので、その色を生かすようにし、淡泊な味わいのため、だしや油の旨み、香りを補うといっそう効果的です。油の旨みと香ばしさが加わるかき揚げでは、油の色や火加減に気を配り、焦がさないように注意して揚げましょう。定番の卵とじはだしの旨みで淡泊な味を補いますが、味付けには醤油を使わずに塩または淡口醤油だけで。卵とじの変化形「玉締《たまじ》め鍋」は、同じく白い独活《うど》や豆腐を取り合わせ、刻み三つ葉を入れて卵でとじる、白と黄、緑の彩りを賞味する早春の鍋ものです。ほかには酢のもの、茶碗蒸し、お吸いもの、椀だねに。鮮度がよければ、生姜醤油で刺身に。

鯛

たい

タイ科の魚で、日本近海で獲れるのは13種ほどですが、一般に「鯛」と言うと「真鯛」を指します。真鯛は全長40～100㎝。タイ科の中でも最大で、1mを超すものもあります。琉球列島を除く日本近海の水深20～200mの岩礁や砂礫《されき》底に棲み、体高が高く平たい形で、黒みがかった赤色。最も魚らしい体形をしています。白身で味は淡泊、旨みも強く、「姿・色・味」の三拍子が揃った〝百魚の王〟と言われます。長寿で多産であることも鯛の特徴で、これが「めでたい」にも通じ、縁起のよい魚として神様への供え物や祝いごと、お祭りなどの行事に尾頭付きで登場する高級魚。ほかの鯛と区別して、「本鯛」の別名も。瀬戸内海や九州では養殖も盛んですが、養殖ものは天然ものより色が黒っぽくなりやすく、脂が多めです。日本で獲れる鯛には、ほかに「血《ち》鯛」「黄《き》鯛（連子《れんこ》鯛）」「黒鯛」「平《へ》鯛」「鰭小《ひれこ》鯛」など。また近年は、日本近海にはいないタイ科の魚が冷凍品としていろいろ輸入されて、加工品などに使われています。

【選び方】 目が澄んで、えらが赤く、全体にふっくらしたもの。姿焼きにするときは、体長30㎝前後が使いやすいでしょう。切り身は弾力とツヤのあるものを。

【旬の時季】 天然の真鯛が最も味がよくなるのは、産卵直前の4月の桜の時季。この頃の瀬戸内海の真鯛は、「桜鯛《さくらだい》」と呼ばれて珍重されます。冬もおいしく、近年では、鹿児島から青森まで全国各地から届くので、ほぼ一年中入手できます。血鯛、黒鯛の旬は夏。

【漁獲地】 長崎県、福岡県、山口県、愛媛県など。明《あか》石《し》海峡の「明石鯛」、鳴門《なると》海峡の「鳴門鯛」、神奈川県の「佐島《さじま》鯛」などが有名。養殖は愛媛県、熊本県など。

【栄養】 高たんぱくで低脂肪。頭部にはDHAやEPAも含まれます。皮の赤色には、抗酸化作用があるアスタキサンチン色素が含まれます。

◎料理のコツ

真鯛はほどよく脂ののった、風味のある魚です。この旨みは、グルタミン酸などのアミノ酸をバランスよく含み、イノシン酸も蓄積しているため。〝腐っても鯛〟という言葉がありますが、鯛は脂肪が少ないので傷みにくいうえに、イノシン酸も分解しにくく、鮮度が落ちても味が低下しません。

固いうろこが全体にびっしりと付いているので、下ごしらえではうろこをすみずみまでしっかり取ることがポイント。洗う際には、1.5%程度の塩水を使うと赤い色がきれいなまま保てます。真水では色がくすむのでご注意を。

白身の上品な味ゆえに幅広い調理法があり、刺身や江戸前ずしにはもちろん、酢締めにしてちらしずしに。塩焼きやつけ焼き、野菜と蕪《かぶ》と炊き合わせた「鯛かぶら」、炊き込みご飯の「鯛めし」、醤油や胡麻《ごま》だれに漬けた「鯛茶漬け」に。蒸しものや汁ものにもよく、きのこと蒸した「深山《みやま》蒸し」「潮汁《うしおじる》」「ちり鍋」などもいいでしょう。頭やカマの部分は「兜煮《かぶとに》」に。骨からはだしがとれ、わたは「酒盗《しゅとう》」に、皮は霜降りにしてポン酢で、またはから揚げにと、捨てるところなく使いきれます。腹子「鯛の子」や「白子」（249ページ）も含め煮などに。ただし、鯛は身質が締まってパサパサになるので、味噌漬けには向きません。なお、雄は産卵の時期には体色が黒くなるので、商品価値が落ちて割安になりますが、皮を引いて使えば特に問題ありません。郷土料理も多く、愛媛県の「鯛めん」、瀬戸内各所の「浜焼き鯛」などが有名です。

鳥貝

とりがい

ザルガイ科。殻の長さが70㎝ほどで、ほぼ正円形の二枚貝。青森県の陸奥湾《むつわん》から九州まで分布し、水深10〜30㎝ほどの砂泥底に棲みます。食用にするのは、紫黒色の長い足の部分のみ。漁獲地でむき身にして出荷されるため、殻付きはほとんど出回りません。名の由来は、折れ曲がった足の形が鳥のくちばしに似ていること、味や食感が鶏肉に似ていることから。足の黒い色素が落ちやすく鮮度も保ちにくいので、切り開いて湯通ししたものが箱詰めで売られます。しこしことした食感としなやかな歯ざわり、ほのかな甘みが特徴。色も魅力で、江戸前ずしの高級たねです。漁獲地では干ものも一般的。

【選び方】 むき身は身が厚く、紫黒色が濃く鮮やかで、ツヤのあるものを。

【旬の時季】 味がよいのは、秋から春先にかけて。

【漁獲地】 三重県など。養殖では京都・丹後の「丹後《たんご》とり貝」が大型で高級品。輸入は中国や韓国から。

【栄養】 たんぱく質が多く、貝類の中では脂質や鉄の含有量も豊富です。

◎料理のコツ

市販されているむき身は霜降りにしてありますが、もう一度さっと湯にくぐらせて冷水にとり、ざるに上げて水気を拭いて使うと雑味がとれます。生の鳥貝が手に入ったら内臓は除き、身（足）が柔らかいのでていねいに扱います。鳥貝らしさを表す黒い皮は、こするとはがれて価値が下がるので、布巾ではなく、ツルツルしたアルミ箔などの上で扱いましょう。65〜70℃の湯に通して霜降りにし、冷水にとります。刺身が最上ですが、ほかに酢のもの、ぬた、煮浸し、酢浸しなどに。金網にのせてさっと焼き、みりん醤油のたれを塗って焼いた「つけ焼き」も酒の肴向き。この場合も加熱しすぎると固くなるので、あぶるくらいにとどめましょう。変わったところでは、日本酒に合う「味噌漬け」を。味噌と酒、みりんを混ぜた味噌床に生のまま漬け、あぶって食べます。

ばい

エゾバイ科。殻の高さが6cmほどの巻き貝で、殻は淡い褐色で斑点があります。北海道南部から九州まで、水深2～20mくらいの浅海の砂底に棲息。「ばい貝」「本ばい」などとも呼ばれ、黒褐色の殻も多いので「黒ばい」とも。近縁種には少し大きい「越中《えっちゅう》ばい」があり、こちらは「白ばい」とも呼ばれます。ばい（黒ばい）のほうが味がよく高級です。身は少し固いものの、コリコリの歯ざわりが魅力。日本人になじまれてきた巻き貝で、大阪の商家では「千倍万倍」の縁起物として、年越しに食べたりおせち料理に入れる風習がありました。現在も、おせちにうま煮を使う地方があります。

【選び方】 生きており、殻に触ると動きのあるもの。

【旬の時季】 一年中出回っていますが、産卵期の6～8月より前、春から初夏がおいしい時季。

【漁獲地】 山口県、石川県、島根県など。富山湾で獲れるものが「越中ばい」。輸入は台湾や東南アジアから。

【栄養】 たんぱく質、ビタミンB_2、カルシウムなどが豊富。タウリンも含まれます。

◎料理のコツ

殻付きのまま、調味料とともにうま煮にするのが定番。作り方はまず、2％程度の塩水にばいを入れて5時間から一晩おき、砂を吐かせます。1.5％の塩水に替え、たわしでこすって洗い、鍋に入れてひたひたの水から火にかけ、沸騰直前に引き上げて冷水にとります。それを別の鍋に入れ、水、酒、みりん、醤油を加え、70～80℃くらいの低温でゆっくり20分煮ると柔らかく仕上がります。身に竹串を刺して回しながらゆっくり引き抜き、再び殻に戻して楊枝を刺して盛ると、食べやすいでしょう。大きめのものはゆでて殻から出し、薄切りにして酢のものに。ときに新鮮で大きいものが手に入ったら、贅沢に生のままの昆布締めに。この場合、金づちで殻を割って身を取り出し、65～70℃の湯で霜降りにし、冷水にとって水気を拭いてから昆布ではさみ、1～2時間おきます。そぎ切りにしてどうぞ。

蛤

はまぐり

マルスダレガイ科。殻の長さ8㎝ほどの二枚貝で、北海道南部から九州まで、内湾の河口に近い汽水域《きすいいき》の砂地に棲みます。殻は丸みのある三角形で表面にツヤがあり、色は白から茶色、縞模様や斑点がある場合も。古くから食べられ、平安時代には貴族の「貝合わせ」遊びに。二枚の貝殻は他の殻と合わないので婚礼の祝い膳に、また良縁を招くとして桃の節句に使用。近年国産は激減し、近縁種で鹿島灘《かしまなだ》から湘南《しょうなん》の外洋に棲む在来種「汀線蛤《ちょうせん》」や、朝鮮半島や中国の「しな蛤」が主流。

【選び方】 殻付きは生きていて、打ち合わせて澄んだ音がすると良品。むき身はツヤと弾力があるものを。

【旬の時季】 2～3月の雛祭りの頃。

【漁獲地】 熊本県、福岡県など。千葉の九十九里産、茨城の鹿島灘産が有名。輸入は中国など。

【栄養】 ビタミンB_1、B_2やミネラルが豊富。アミノ酸が多く、濃い旨みがあります。タウリンなども。

◎料理のコツ

殻付きはまず、海水より薄い2％の塩水に入れて半日ほどおき、砂抜きして使います。むき身の場合は1.5％の塩水でふり洗いを。殻付きを焼くときは、加熱中に殻が開いて旨みのある汁がこぼれるの防ぐため、あらかじめちょうつがいの部分を切っておきましょう。殻に塩をまぶして網焼きし、殻が開く前に汁が吹き出して表面の塩が乾いたら焼き上がり。また、ほんのりと白濁した「潮汁《うしおじる》」のおいしさも格別です。この場合、塩水で砂抜きした後、水に3分浸して塩気を抜くと汁の塩分が濃くなりません。鍋に昆布、水とともに入れて80℃の低温でゆっくり旨みを煮出し、昆布を引き上げてアクをすくい取ります。殻が開いたら火を止めて、身が固くならないようにします。蛤を椀に盛り、汁はこして酒と塩で味をととのえて注ぎます。吸い口にはこしょうが合います。ほかに酒蒸し、ぬた、蛤飯などにもどうぞ。「煮蛤」は江戸前ずしのたねの一つ。

まながつお

マナガツオ科で全長60㎝前後。エンゼルフィッシュのような形で、鰹《かつお》とは別種。本州中部以南から南海、インド洋までの外海に分布。〝西海に鮭なく、東海にまながつおなし〟という言葉があり、紀伊《きい》沖あたりが北限。晩春に産卵期で内湾へ入り、秋に外海へ去る習性があります。柔らかい白身で、脂肪も少なくさっぱりした味。高級魚として関西、四国、九州でよく食され、京都では白味噌を使った「西京味噌漬け」に。近年は物流の発達で、関東にも刺身にできる新鮮なものが届きます。柔らかい骨は「骨なます」や「骨せんべい」に。

【選び方】 銀色のうろこがはがれていないものを。切り身はふっくらしてツヤのあるものを。

【旬の時季】 瀬戸内海に来る5～7月。東シナ海で獲れるものは冬が最盛期。

【漁獲地】 岡山県、和歌山県、鳥取県など。台湾や中国、インドなどからの輸入品も。

【栄養】 白身魚の中では脂肪が多め。DHA、EPAも。

◎料理のコツ

白身の魚ですが、若い場合は少し赤みを帯びています。身質はほぐれるような繊維質ではなく、密生したタイプ。切り身は色がよくて形くずれせず、柔らかいので、料理店でも重宝します。特に味噌漬けは、ほどよく身が締まるのでぴったりです。その場合、白味噌を使うと白身の色が生きて上品に仕上がります。もちろん、赤味噌系でもかまいません。照り焼きや、柚子風味の地に浸して焼く「柚庵《ゆうあん》焼き」も、淡泊な味を引き立てます。新鮮な場合は、シンプルな塩焼きも絶品ですし、酢締めや昆布締めにも。フライや「南蛮漬け」「潮汁《うしおじる》」や鍋ものにも。頭の軟骨は柔らかいので刻んで酢漬けにし、水にさらして、昆布や酢醤油を加えた「松前《まつまえ》漬け」でどうぞ。また「骨せんべい」は中骨に塩少々をふり、水気を拭いて、まず弱火の揚げ油で5分ほど揚げ、強火にして再びサッと揚げる二度揚げの方法を。どちらも酒肴にふさわしい料理です。

みる貝

みるがい

バカガイ科。殻の長さ15cmほどの二枚貝。北海道から九州までの内湾の、水深10〜20mの泥底に棲息。殻は暗褐色で、ぴったりと閉じておらず、大きく発達した水管が外に出ています。料理では、この水管を主に使います。ひも（外套膜《がいとうまく》）、足、貝柱も食べますが、内臓は食べません。「みる貝」は市場での名前で、和名は「みるくい」。「白みる」という全く別種の貝もあるため、みる貝を「本みる」と呼ぶことも。水管に、みるという海藻が付着して食べているように見えることから、この名がつきました。水管はコリコリとした歯ざわりで、噛むと上品な甘みがある高級食材で、江戸前ずしに欠かせません。

【選び方】 水管が固く、黒い皮に傷がなく、触れると縮むようなものを。

【旬の時季】 産卵は春と秋の2回で、春の産卵前、冬から早春にかけてが旬。みる貝は卵の成長とともに水管が太り、甘みを増しておいしくなります。

【漁獲地】 千葉県、愛知県など。輸入は韓国が多い。

【栄養】 たんぱく質、カルシウム、鉄を含みます。

◎料理のコツ

殻をはずすときは、まず水管に近いところから刃物を差し込んでこじ開け、貝柱を切り離して身を取り出し、内臓を取り除きます。それから水管を切り離し、残りの足（舌）、ひも、貝柱に切り分け、水管に多めの塩をまぶして20〜30分おきます。ぬれ布巾やコインを使って黒褐色の皮をこそげ、縦に切り広げて中もきれいに洗い、さっと湯通しして水にとるとぬめりが取れ、先端部が赤みを帯びて美しい紅色に。そのまますしだね、刺身、酢のもの、和えもの、ぬた、汁もの、焼きものなどに使います。足、ひも、貝柱は水管より味が落ちますが、さっとゆでて霜降りにし、冷水にとって水気を拭いて使います。ひも、貝柱は、ちらしずしの具や胡瓜《きゅうり》との酢のものに。足は片栗粉をまぶして軽く叩きのばし、吸いものの具に。炒めものの具にもどうぞ。

めばる

フサカサゴ科で全長30㎝前後。北海道から九州まで分布、沿岸の浅い岩礁に棲み、釣り人にも人気の〝春告げ魚〟です。棲む場所で体色が赤、黒、白（灰褐色）になるとされていましたが、近年DNAの違いから、「赤めばる」「黒めばる」「白めばる」に分類されました。古くから煮魚で親しまれ、関東では主に黒めばる、関西では赤めばるが出回り、赤めばるのほうが美味。名前の通り、目がぱっちりと大きく、固い皮と骨が特徴。クセがない、身の柔らかい白身魚です。近縁の「たけのこめばる」は、関西で筍《たけのこ》の季節に味わうのでこの名に。

【選び方】 目が澄んで体表に光沢があり、うろこが付いているもの。一尾で煮る場合は、20㎝弱の大きさを。

【旬の時季】 晩春から夏。

【漁獲地】 青森県、広島県、山口県、千葉県など。広島県の「江田島《えたじま》めばる」が人気。

【栄養】 良質なたんぱく質を持ち、脂肪にはDHA、EPAなどが豊富です。

●料理のコツ

白身の淡泊な味なので、あまり手をかけず素材のおいしさを楽しみましょう。大きさがほどよく骨からの身離れもいいので、尾頭付きの煮魚にし、木の芽を添えてどうぞ。季節の筍や、新牛蒡《ごぼう》、生椎茸《しいたけ》などと煮ると、煮汁がいっそう美味になります。油の旨みを加えてもおいしいので揚げ煮にしたり、さらに煮汁に大根おろしを加えた揚げおろし煮もおすすめ。三枚におろして使う場合は、骨やアラからだしが出るので捨てないで、霜降りにして、味噌汁やお吸いものに使うといいでしょう。一尾魚は塩焼きのほか、丸揚げにして骨ごと食べることも。三枚におろして、頭や骨は別に高温で揚げても、カリッと食べられます。新鮮な場合は刺身で。広島県には、めばるを煮魚にして焼く郷土料理「はぶて焼き」があります。

鮎並

あいなめ

アイナメ科で、全長30㎝ほどの紡錘形。日本各地の沿岸の岩礁に棲み、体の色は場所によって変わるため、黄色から紫褐色と多彩。釣り人に身近な魚です。ざらざらした細かいうろこが落ち鮎の皮に似て、鮎のように縄張りも持つため〝あゆ並み〟と、「鮎並」に。体表が油を塗ったようになめらかなので、関西では「あぶらめ」と呼ばれます。白身の淡泊な高級魚で、活魚は特に高価。脂肪が多いだけに鮮度が落ちやすく、手早く料理するのが基本です。

【選び方】 目が澄んでいてえらが赤いものを。体長30㎝くらいのものを。

【旬の時季】 秋の産卵を前に、脂ののった夏が旬。

【漁獲地】 茨城県、福島県、岡山県など。

【栄養】 カルシウム、ビタミンB_1、B_2が豊富。脂肪が多いので、DHAやEPAも含まれます。

◎料理のコツ

皮に旨みが多いので、皮付きで食べます。そのため、ぬめりは海水程度の塩水で洗い落とし、細かいうろこは金たわしでこすって除きます。腹側は小骨が多く、食べられる部分が少ないものの、非常に味のよい魚。鮮度がよい場合、小骨のない背側の身は洗いや刺身に。刺身にする場合は皮が生きるように、皮目に熱湯をかけた皮霜《かわしも》造りや、皮目をあぶる焼霜《やきしも》造りにするといっそう美味。三枚におろして小骨を骨切りすれば、煮魚に、照り焼きや浸け焼きなどの焼きものに、天ぷらなどの揚げものに、さらに南蛮漬けにと幅広く楽しめます。野菜などを巻いて「けんちん蒸し」にも。から揚げも、サクサクした食感で絶品です。夏の椀だねにする場合は、塩をして骨切りした後に軽く葛粉（または片栗粉）をまぶして熱湯に通し、だし汁にくぐらせ、椀に盛って熱いだし汁を張り、青柚子の皮を吸い口に。「あぶらっこ」と呼ばれる10㎝前後の小ぶりのものは、姿のまま二度揚げを。骨ごと食べられて、酒肴にも最適です。

鯵

あじ

アジ科で、紡錘形。日本近海には「真鯵」「むろ鯵」など約20種がいて、北海道から南シナ海にかけて水深2～150mの表層を回遊。漁獲量が多い、日本の主要な魚です。縄文時代の貝塚から骨が出土しているほど、古くから食べられています。鯵というと主に真鯵を指しますが、真鯵にも内湾から沖合までいる「黒鯵」のほか、沿岸に定着する「黄鯵」もいて、味のよいのは後者。体長によって10cm前後の小鯵、15cm前後の中鯵、40cm前後の大鯵に分けることも。養殖も盛ん。

【選び方】 目が澄んでいて、えらが赤いものを。背の青い色に光沢があるものを。

【旬の時季】 脂がのるのは夏。

【漁獲地】 長崎県、島根県、鳥取県。ブランドに大分県の「関《せき》あじ」、鹿児島県の「出水《いずみ》あじ」など。

【栄養】 DHA、EPAが豊富。カルシウムも豊富です。

◎料理のコツ

おろす際はまず、側面にある鯵特有のうろこ「ぜいご」を取ります。よく切れる包丁を寝かせ、尾から頭のほうに向かって、刃先を前後に動かしながら切り取ります。洗うときには1.5%程度の塩水を使います。真水で扱うと、青魚特有の赤みがかった身の色が白っぽくなるので注意しましょう。強い旨みを味わうには、鮮度がよいものを選んで、皮をむいて細造りにするのが一番。光りものらしく、皮をむいた身が銀色に輝きます。以前は、薬味も一緒に細かく刻んだ「たたき」にしたものですが、現代はシンプルな刺身にしたほうが喜ばれます。塩で締めてから酢締めにしたものは、刺身とは異なる半生の味わい。鯵ずしや、胡瓜《きゅうり》との酢のものなどに展開できます。塩焼きにするとホックリとほぐれて、しみじみとしたおいしさが味わえます。きめ細かいパン粉をつけて、カリッと揚げたフライにも。小鯵は姿のままから揚げにしたり、南蛮漬けにも変化させましょう。各地で郷土料理も多く、千葉県の「なめろう」、神奈川県の「鯵の押しずし」などがあります。

穴子

あなご

アナゴ科で、全長60cm〜1mほど。「真穴子」「黒穴子」「銀穴子」「御殿穴子《ごてん》」などがいて、一般に穴子というと真穴子を指します。真穴子は、北海道以南の太平洋側、日本海側では能登半島以南の海底近く、砂泥地の石の隙間などに棲息。ほどよく脂がのった淡泊な白身で、江戸前ずしや天ぷらに欠かせない高級魚。棲む湾で味が違い、関東では東京湾のものが別格でしたが、激減。関西では瀬戸内海、特に加古川《かこがわ》河口がよい漁場です。鰻《うなぎ》は養殖が盛んですが、穴子は養殖されていません。中国、韓国からも輸入されています。

【選び方】 腹側が黒っぽいと、脂がのっています。開いたものなら、ふっくらしているものを。白焼きを買うときは、製造年月日をチェックして新しいものを。

【旬の時季】 初夏から旬を迎えます。

【漁獲地】 長崎県、島根県、愛知県など。兵庫県では加古川の「高砂穴子《たかさご》」が有名。

【栄養】 カロリーは鰻の半分。身や肝臓はビタミンAが豊富。DHA、EPAも含まれます。

◎料理のコツ

関東では「煮穴子」に、関西では「焼き穴子」にすることの多い魚です。料理店では生きたものを開きますが、家庭では、「開き」か「白焼き」の穴子を求めることが多いでしょう。開きは天ぷら、フライなどの揚げものや、牛蒡《ごぼう》に巻いて煮含めた「八幡巻き」などの煮ものに。ゼラチン質が多いため、煮ものにすると煮汁が固まりやすく、「煮こごり」を味わうことができます。醤油とみりんを合わせたたれをつけながら焼く「蒲焼き」も、シンプルで香ばしいものです。白焼きは温め直してわさび醤油で食べたり、ちらしずしや茶碗蒸しの具、野菜との酢のものにも使います。瀬戸内の各地には、「穴子めし」という郷土料理があります。また、穴子は卵から孵《かえ》ると透明で細長いレプトケファルス幼生期を過ごし、これが春の珍味「のれそれ」です。

鮎

あゆ

アユ科で、全長15～20㎝の淡水魚。北海道南西部から九州までの浅い川に分布。川で産まれて海へ下る稚魚は成長して、翌春川に戻り、秋に産卵して一生を終えます。川に上る鮎が「登り鮎」、夏から秋に下流域の産卵場へ下るのは「落ち鮎」。川底の石に付着する珪藻類を食べ、棲む川によって異なる香りを持つので「香魚」とも。『古事記』にも登場するほど古くから食用にされ、「占」の字は、鮎の遡上で農作業の時期を判断したため。現在、店頭に並ぶ多くが養殖ものです。

【選び方】 目が透明で、えらの赤いものを。骨ごと食べられる15㎝大がおすすめです。

【旬の時季】 天然の鮎は産卵前の7～8月に脂がのって美味。初秋の落ち鮎はコクがあります。4月頃から出回る養殖の鮎は脂肪が多く、香りは少なめです。

【漁獲地】 天然ものは栃木県、茨城県など。養殖では和歌山県、静岡県、徳島県など。

【栄養】 養殖ものは天然鮎の3倍の脂肪を持ち、ビタミンD、E、DHA、EPAを含みます。内臓も栄養の宝庫で、ビタミンAやB群、ミネラルが豊富。

◎料理のコツ

塩焼きが最上です。ほろ苦さが魅力の内臓を抜かずに、丸のまま、うねり串を刺して焼きます。生のときは鮮明でない香りが焼くと現れ、炭火で焼くといっそう際立ちます。天然鮎の塩焼きは、塩だけで食べるほうが上品な味が生きますが、養殖ものは蓼酢《たですす》を添えると、そのほのかな辛みと香りが鮎を引き立てます。塩焼き以外では、味噌を塗って焼く「魚田《ぎょでん》（田楽）」、茄子《なす》とともに「焼き浸し」、山椒を加えた佃煮風の「山椒煮」、酢飯を詰めた「鮎ずし」、炊き込みご飯の「鮎飯」なども。稚あゆは小麦粉を付けて揚げ、南蛮漬けにするといいでしょう。活けの鮎が手に入ったら、薄く輪切りにして氷水で洗った刺身「背ごし」にも。内臓を熟成させた塩辛「うるか」は、珍味として喜ばれます。各地に「鮎の姿ずし」などの郷土料理があります。

鮑

あわび

ミミガイ科。殻の長さ10〜20㎝ほどの巻き貝で、殻口は広い楕円形。日本各地の沿岸、潮の流れがよい水深50ｍまでの岩礁に棲みます。日本で食用にされるのは「黒鮑（別名・おがい）」、「牝貝《めかい》鮑（別名・めがい）」、「眼高《まだか》鮑」、寒冷地に多い「蝦夷《えぞ》鮑」。古来、中国では鮑に不老長寿伝説があり、長命を祈って贈った慣習が日本へ伝わり、薄く乾燥させた「熨斗《のし》鮑」を贈答品に付ける習わしに。養殖も盛んです。輸入ものはほとんどが近縁種。なお、「とこぶし」は鮑とは別種です。

【選び方】 触ると縮むような、生きているものを使うこと。鮮度が悪いと、蒸しても柔らかくなりません。殻から盛り上がっていれば良品。

【旬の時季】 夏場が旬。蝦夷鮑は春から初夏が旬。

【漁獲地】 岩手県や千葉県、長崎県など。岩手県の「吉浜《きっぴん》鮑」、千葉県の「房州《ぼうしゅう》くろ鮑」、三重県の「三重ブランド鮑」などが有名。

【栄養】 高たんぱくでビタミンA、B_1、ミネラルが豊富。タウリンやコラーゲンも含まれます。

◎料理のコツ

鮑は磯の香りがし、生で食べるとコリコリとした歯ざわりがします。生食では刺身にするのが主流で、胡瓜《きゅうり》などと塩水に浮かべる「水貝」は逸品です。調理するときは、まず身に塩をふってたわしでこする塩磨きをし、汚れを取ると、身も締まって切りやすくなります。それから殻の薄いほうから木杓子を差し込んで殻からはずし、わた、身とひも（外套膜《がいとうまく》）に分けます。鮑は加熱すると柔らかく、しなやかな食感になります。蒸すときに、私は大根おろしをのせて80℃で20〜30分蒸します。大根が緩衝剤になって加熱しすぎや乾燥を防ぎ、しっとり蒸し上がるからです。「分《わけ》とく山」で長年出している「磯焼き」は、こうして蒸した鮑を昆布だし、醤油、少しの卵黄で味をつけて焼き、鮑のわたをのせて焼き、海苔をのせて焼いて仕上げたもの。わたは砂のある部分を除いて、「鮑のとも和え」にどうぞ。

烏賊

いか

軟体動物の頭足類で腕が10本以上あり、2本が発達。薄く柔らかい甲（貝殻）を持つ筒《つつ》烏賊類と、厚く固い甲《こう》を持つ甲烏賊類とに大別されます。日本近海には沿岸から沖合に120種以上が棲息。筒烏賊類には「するめ烏賊」「槍《やり》烏賊」「剣先《けんさき》烏賊」「あおり烏賊」など、甲烏賊類には「紋甲《もんごう》烏賊」「甲《こう》烏賊」などがいます。烏賊は、昔からするめに加工し、「熨斗《のし》烏賊」として結納の贈りものにするなど親しまれてきました。日本は一大消費国でもあり、1980年代には世界の漁獲量の半分を消費していたほど。日本で一番漁獲量が多いのは、するめ烏賊です。

【選び方】 目が澄んで、触ると体色が変わるようなものが新鮮。体全体に弾力があるものを。

【旬の時季】 一年中出回り、夏はするめ烏賊、冬はやり烏賊や甲烏賊、春は蛍烏賊、あおり烏賊など。

【漁獲地】 烏賊類全体では北海道、青森県、長崎県など。

【栄養】 高たんぱく、低脂肪。タウリンが豊富。肝にはビタミンAが多く含まれます。

◎料理のコツ

一番ポピュラーな、するめ烏賊で述べます。新鮮なら刺身（189ページ）が一番ですが、生そのままではなく、ぬるま湯に通すとすっきりした味に。切り方もポイントで、筋が横方向に走っているので、縦半分に切ってから筋を断ち切るように縦方向に細切り（糸造り）または一口大に切ります。加熱するときは、そのままだと皮側（外側）に丸まる性質があるので、松笠《まつかさ》切りや鹿《か》の子切りなどにして、皮側に切り目を入れて防ぎます。こうすると歯ごたえが和らぎ、見た目もよくなります。このときは、切り目が開くように少し温度を上げて湯通しします。肝も活用しましょう。たっぷりの塩をまぶして（強塩《ごうじお》）3時間おき、洗って裏ごしし、醤油少々を加えたところに刺身の烏賊を混ぜて「とも和え」に。自家製の「塩辛」にも。ゲソ（足）は、だしとして野菜などと煮ものに使いましょう。

（188ページに続く）

烏賊《いか》のいろいろ

★あおり烏賊　あおりいか
ジンドウイカ科で、胴の長さ50cmと大型。外套膜《がいとうまく》に半月形の大きなひれを持つのが特徴です。芭蕉《ばしょう》の葉に似ているので「芭蕉烏賊」とも。日本近海では北海道以南に棲みます。身は厚く、甘みがあって、烏賊の中でも最も高価。主にすし店などで使われます。

★剣先烏賊　けんさきいか
ジンドウイカ科で、剣の先のような尖った形で、胴の長さは35cm前後と大型。日本海側の能登半島以南、太平洋側では伊豆七島以南に分布します。特に九州の五島列島周辺で獲れます。肉は厚く、ねっとりした甘みのある高級烏賊です。剣先烏賊で作った「するめ」は最も上等で〝一番するめ〟と呼ばれます。

★甲烏賊　こういか
コウイカ科で、胴の長さは20cmほど。扁平な胴に、白く固い甲を持ちます。瀬戸内海や九州の沿岸に多くいます。墨の量が多いので、「すみ烏賊」と呼ばれることも。肉は厚みがあって柔らかく、食べごたえもあり、烏賊類の中でも味がよいほうです。旬は冬から春です。

★蛍烏賊　ほたるいか
ホタルイカモドキ科で胴の長さ7cm。本州以北に棲みます。深海性で発光器を持ち、産卵のために雌だけ岸辺近くへ浮上します。世界には近縁種がたくさんいますが、食用にするのは日本だけ。日本海でまとまって揚がり、富山湾が有名ですが、相模湾、駿河湾などでも獲れます。旬は早春。

★紋甲烏賊　もんごういか
コウイカ科で、胴の長さは20cm以上で大型。和名は「かみなり烏賊」。主に西日本で水揚げされ、漁獲量は少ないほうです。肉厚で甘みがあり、味のよい高級烏賊です。日本近海では旬は春から夏。市場では、アフリカ西岸の「ヨーロッパ甲烏賊」や紅海・インド洋の「トラフ甲烏賊」などを「紋甲烏賊」と呼ぶため、混同しやすいので注意を。

★槍烏賊　やりいか
ジンドウイカ科で、胴の長さは40cmで大型。体が細く、槍の穂先のような形です。北海道南部以西の各地の沿岸に棲みます。アフリカの大西洋沿岸で獲れる「ヨーロッパ大槍烏賊」なども「槍烏賊」として流通します。肉は薄いものの、柔らかくて甘みがあり、味がよい高級烏賊です。旬は冬から春です。

烏賊の刺身

→p.146

材料(2人分)
するめ烏賊の胴 …… 1ぱい分
胡瓜 …… ½本
塩 …… 少々
青紫蘇 …… 2枚
おろし生姜 …… 適量

① 烏賊は皮をむいて4cm幅に切る。65℃くらいの湯にくぐらせて霜降りにし、冷水にとって水気を拭く。
② ①に縦3㎜幅に浅めの切り目を入れ、横に5㎜幅に切り分ける。
③ 胡瓜は小口切りにし、塩もみして水洗いし、水気を絞る。
④ 器に青紫蘇を敷いて烏賊を盛り、③とおろし生姜を添える。

いさき

イサキ科で全長40㎝前後の紡錘形。琉球列島を除く、本州中部以南から東シナ海、台湾にかけて分布し、外洋に面した水深50～60ｍの岩礁に棲む磯魚です。白身ですが、身質は青魚にも近く、鮮度がよい場合は肉の色が薄ピンクに。旬には非常においしく、鯛やすずきに匹敵する白身魚とされます。塩焼き魚で親しまれてきましたが、近年の流通の進歩で活魚も出回ります。ひれにはとげがあって骨も固くて鋭く、のどに刺さると危険なので下ごしらえが重要。地方名が多く、関西で「いさぎ」、瀬戸内で「ひさき」など。養殖もあります。

【選び方】　えらが赤く、全体に丸みのあるものを。新鮮でも目が曇っている魚で、目では判断できません。

【旬の時季】　7～9月の産卵期前、初夏に旬を迎えます。

【漁獲地】　長崎県、三重県、山口県など。長崎県の小《お》値賀《ちか》島周辺で獲れる「値賀咲《ちかさき》」、和歌山県の「紀州《きしゅう》いさぎ」などがブランドに。

【栄養】　白身魚の中では高脂肪。DHA、EPAも。

◎料理のコツ

磯臭い場合は、塩水で充分に洗うとよいでしょう。塩焼き魚の定番として親しまれ、魚が苦手な方も食べやすい、さっぱりした味わいです。塩焼きは、小さい場合は尾頭付きで、大きいものは三枚におろした切り身にし、全体に塩をふって、水気を拭き取ってじっくり焼きます。葉山椒《はざんしょう》を刻み入れた醤油を塗りながら焼く「山椒焼き」は、初夏の味わいです。醤油味のたれに漬け込んだ「照り焼き」も、ホクホクした身質によく合います。また、蒸しものや椀だねに、大根おろしを加えて煮る「煮おろし」などにも。鮮度がよければ刺身にします。その際は、皮が厚く固いので、鰹のたたきのように皮目を焼く、焼霜《やきしも》造りにするとよいでしょう。焼くことで脂もにじみ出て、旨みはいっそう増します。皿に盛ると、透明な身に血合いの赤色が美しく透け、柑橘類のポン酢醤油を添えれば極上の逸品です。残った中骨は「潮汁《うしおじる》」に。

鰻

うなぎ

ウナギ科で全長40cm〜１ｍ。北海道南部以南の各地に分布します。マリアナ諸島沖の深海で卵から孵《かえ》ると、透明で柳葉のようなレプトケファルス幼生になり、４〜５カ月かけて稚魚のしらす鰻に変態しつつ日本近海へ流れ着き、河口に到着。川を遡って中流域や湖沼で生活し、５〜10年で成熟すると川を下って南方の産卵場へ旅立つ習性があります。『万葉集』に記されるなど古くから食用にされます。養殖ものは天然のしらす鰻から育てます。台湾から活けを、中国から加工品を輸入。

【選び方】 天然ものの生は1尾３００ｇ程度のものを。養殖ものは大きすぎると味が落ちるので２５０ｇくらいを。腹側が黒いと脂がのっています。「蒲焼き」で求めるときは、製造年月日をチェックして新しいものを。

【旬の時季】 養殖ものは初夏に出荷。天然ものは夏と、秋から冬の「下り鰻」が美味。

【漁獲地】 養殖ものは鹿児島県、静岡県、愛知県など。天然ものは青森県の小川原湖《おがわらこ》、千葉県の手賀沼《てがぬま》、関東の利根川《とねがわ》、四国の仁淀川《によどがわ》、九州の筑後川《ちくごがわ》など。

【栄養】 脂肪が20％と多く、レチノール（ビタミンA）が豊富。肝臓にもレチノールが多く、皮にはコラーゲンが含まれます。

◎料理のコツ

定番「蒲焼き」は、関東では蒸すために背開きにし、白焼きして蒸し、たれをかけて焼きます。関西では腹開きした後、蒸さずに、そのままたれを付けながら焼きます（地《じ》焼き）。関東風は脂肪が抜け、淡泊で、ふんわり柔らかくなめらか。関西風は脂肪が多く、皮目がしっかり香ばしく仕上がります。この東西の境目は、愛知県岡崎市付近と言われます。蒲焼きにした後の鰻は、胡瓜《きゅうり》との酢のもの「うざく」、蒲焼きを芯にした卵焼き「う巻き卵」などに。素焼きにした「白焼き」はさっぱりした味で、山葵《わさび》醤油で食べます。肝はすまし汁の「肝吸い」や、串焼き、生姜煮などに。

雲丹
うに

とげのある殻で覆われている棘皮《きょくひ》動物。北海道から九州まで浅海の岩礁や砂場に棲みます。日本で主に流通するのは「きたむらさき雲丹」と、北海道など北方産で水揚げ量が多い「えぞばふん雲丹」、量が少なく加工品に使われる「ばふん雲丹」、漁獲地でしか消費されない「むらさき雲丹」など。生殖巣を食用にし、ふんわり柔らかく、独特の香りと甘み、旨みが持ち味。きたむらさき雲丹は薄い黄色をしていることから「白雲丹」、えぞばふん雲丹は旨みが濃くオレンジ色で「赤雲丹」とも呼ばれます。「塩雲丹」、「粒雲丹」など加工品も。

【選び方】 殻付きはとげが立っているものを。殻を除いて木箱入りで流通する生雲丹は、鮮度が落ちると苦みが出るので要注意。粒の揃っているものを。

【旬の時季】 地域や種類によって多少異なりますが、初夏から夏にかけて。

【漁獲地】 圧倒的に北海道で岩手県、青森県なども。

【栄養】 ビタミンAと同じ働きをするエキネノンやエキノクロールA、またタウリン、グリコーゲン、アミノ酸などが豊富です。

◎料理のコツ

殻付きのものが手に入ったら、口の周りにはさみを入れて丸く切り、スプーンを上向きにして殻に沿って身をこそげるようにはがした後、取り出して塩水に落とします。それから内臓を取り除き、水気をきって使います。まずは、生のまま山葵《わさび》醤油でどうぞ。すしだねにはもちろん、酒をふって蒸した「蒸し雲丹」や、貝の殻に詰めて網焼きにした「焼き雲丹」など。少し手をかけると、湯葉で巻いて揚げる「巻き揚げ」、卵豆腐にのせて蒸した「雲丹豆腐」なども。「雲丹ご飯」は、米の炊き上がりにのせて、余熱で火を通します。郷土料理では青森県八戸に、雲丹と鮑《あわび》の潮汁《うしおじる》「いちご煮」があります。木箱入りの生雲丹は、鮮度が落ちて苦みが出ている場合は、ガーゼで包んで大根おろしの汁に一晩浸すと苦みが抜けるので、覚えておきましょう。

鰹
かつお

サバ科で、全長40～120cm。日本近海では太平洋側で、2月頃から黒潮に乗って北上。4月に駿河湾、7月に三陸沖や北海道南部へと進み、水温が下がり始める8～9月頃から南下する季節回遊をします。日本海側にはいません。北上中の鰹は「上り鰹」で、鮮明な赤色の身はさっぱりした味。南下中のものは「戻り鰹」と呼ばれ、脂肪が10倍に増え、色は白っぽく芳醇な味に。日本で漁獲されるのは全長50cm前後。多くは冷凍され、鰹節（262ページ）や缶詰、佃煮などに。郷土料理には三重県の「てこねずし」、高知県の「たたき」など。

【選び方】 体表の縞模様が鮮明で、身が張ってえらが赤いものを。切り身は、血合いが赤色のものを。

【旬の時季】 夏から秋の、戻り鰹の時期。

【漁獲地】 静岡県、三重県、高知県など。高知県中土佐の「びんび」、和歌山県周参見《すさみ》の「すさみケンケンかつお」、宮城県石巻の「金華《きんか》かつお」などがブランド。

【栄養】 良質のたんぱく質を含み、ビタミンB群やD、ミネラルも豊富。血合いには鉄も豊富です。

●料理のコツ

ごく鮮度がいい場合は、「たたき」に。薬味野菜も添えず、柑橘を搾って食べるのが最高です（194ページ）。おすすめは「なまり節」。鰹は脂肪が多くて傷みやすいために、保存用で蒸しゆでにして流通したのが由来です。現在手に入る新鮮な鰹で作ると抜群においしく、ツナのようにサラダやパスタなどに展開できます。作り方は、さくどりでも切り身でもよいので、両面に塩をふって30分～1時間おき、80℃くらいの湯にさっと通し、冷水で洗って水気を拭き、バットに並べ、酒をふって蒸し器で10～15分蒸せばでき上がり。シンプルに生姜醤油や二杯酢で食べてみましょう。旨みがあるので、茄子《なす》などの夏野菜と炊き合わせてもいいでしょう。ほかに照り焼きや、角煮などの煮もの、下味をつけて片栗粉をまぶして揚げる「竜田揚げ」もおいしいです。内臓の塩辛「酒盗《しゅとう》」も人気。

鰹の塩たたき

→p.149

材料(2人分)
鰹(刺身用さく)…… 200g
粒のある塩 …… 少々
青紫蘇 …… 2枚
すだち …… 2個

①鰹は横から串3本を打ち、皮目に塩をふる。
②①の皮目を、強火の直火で香ばしく焼く。
③②を7㎜幅くらいにそぎ切りにする。器に青紫蘇を敷いて鰹を盛り、すだちを搾りかける。

鰈

かれい

カレイ科で、極端に平たく、両目は片方の側にあります。種類が多く、日本全国の浅海から深海、河川を上った汽水域《きすいいき》に棲息。仔魚のときは背びれを上に泳ぎ、目も体の両側にありますが、生後30日頃に体が平らになって両目とも右側に寄り、色素も集まって褐色に。40日頃になると目の側を上に砂泥地に横たわるようになり、土に接する側が白色です。淡泊な白身で「真鰈」「まこ鰈」「なめた鰈」「めいた鰈」「星鰈」「石鰈」、細長い「柳むし鰈」などがいます。

【選び方】 目が澄んで、えらが赤いものを。切り身は、表面にぬめりがあるものを。

【旬の時季】 「冬平目《ひらめ》、夏鰈」と言われますが、夏が旬になるのは真鰈、まこ鰈。ほかに種類も多く、漁獲地も多いため一年中出回ります。

【漁獲地】 北海道、島根県など。まこ鰈は大分県別府湾「城下《しろした》がれい」、富山県新湊《しんみなと》の「万葉《まんよう》かれい」が有名。

【栄養】 良質なたんぱく質が豊富。タウリンも。

◎料理のコツ

鰈類は、平目類（233ページ）に比べると泥臭さを含んだクセがありますが、それがまた旨みになります。刺身にすると歯切れがよく、弾力もあってコリコリとした食感。星鰈やめいた鰈の活け締めは高級品で、江戸前ずしのたねに。総じて利用範囲が広く、煮付け、フライ、から揚げなどにします。ご飯がすすむ甘辛い煮付けの作り方は、切り身2枚を70℃の湯で霜降りにして冷水にとります。鍋に水・酒各180㎖、みりん・醤油各60㎖、だし昆布10㎝を合わせ、この冷たい汁に鰈を入れて生姜の薄切り1かけ分とともに強火にかけ、煮立ったらアクを取って中火にし、落とし蓋をして2～3分ほど煮ます。鰈を取り出して煮汁を煮詰め、鰈を戻して温まればでき上がり。から揚げは五枚におろして揚げますが、頭や中骨は二度揚げすると酒肴にぴったり。干ものの名品もあり、「若狭《わかさ》鰈」はその代表。これは柳むし鰈を生干ししたものです。

かわはぎ

カワハギ科で、全長25cm前後。北海道以南から東シナ海に分布。日本近海の浅海の砂地に棲む、ふぐの仲間です。体は平たい菱形で皮が厚くて固く、やすりのようにざらざらしているのが特徴。調理するときに皮をはぐので、この名に。白身でクセがなく、生のときは弾力があります。加熱すると身離れがよく、小骨もないので食べやすい、味のいい魚。体長に比べて大きい肝臓は非常においしく、人気です。昔から親しまれているので地方名も多く、関西では「はげ」、瀬戸内海では「ぎゅう」など。養殖ものもあり、干ものにも加工します。近縁種に「うまづらはぎ」がいます。

【選び方】 目が澄んで、ふっくらしているものを。むき身は、身が透明であれば新鮮。

【旬の時季】 子持ちの時期の初夏が旬。

【漁獲地】 三重県、千葉県など。長崎県で養殖される「生月《いきつき》はぎ」が有名。

【栄養】 高たんぱく、低脂肪で、ビタミンDやカルシウム、DHAやEPAも豊富です。

◎料理のコツ

昔は猫も食べない〝猫またぎ〟の魚でしたが、流通が発達して活魚として出回るようになり、刺身でも食べられるようになりました。皮のむき方は、まず頭の上にあるツノを切り落とし、口先も切り落として、頭側から尾に向けて皮を引っ張ってはがし、その下の薄皮も除きます。刺身にするときは、薄造りにし、肝で作った肝酢をつけて食べます。肝酢は、肝に多めの塩(強塩《ごうじお》)をふって20分ほどおき、ゆでて裏ごしし、少量の味噌と酢を加えて作ります。淡泊な白身にトロリとした肝酢がからんで、絶品です。肝はゆでて、ポン酢で食べることも。一般にかわはぎ、鮟鱇《あんこう》、おこぜ、ふぐなどのうろこのない魚は、肝が柔らかくて脂がのり、おいしいものです。かわはぎは「ちり蒸し」や「ちり鍋」にも。揚げてもおいしく、天ぷら、フライなどにも。身が締まっているので、煮魚や味噌漬けには向きません。

かんぱち

アジ科で、ブリ属最大の魚。鰤《ぶり》やはまちの仲間です。日本では北海道以南の、鰤より温かい海域に分布。体表は赤みを帯びた茶褐色で、目から背にかけて左右に斜めに走る黒い帯があり、背側から見ると「八の字」に見えることからこの名に。西日本に多いのですが、天然ものは漁獲量が少なく、九州や瀬戸内海などで盛んに養殖が行われています。成長につれて名前が変わる出世魚で、小さい順に「しおっこ」「しおご」「あかはな」「かんぱち」に。一般に出回るのはほとんど養殖もの。

【選び方】 一尾ものではうろこが銀色に光るものを。さくで買う場合は、血合いの赤色が美しいものを。

【旬の時季】 天然ものは夏から秋にかけて。養殖ものは一年中出回っています。

【漁獲地】 長崎県、鹿児島県、高知県など。養殖は鹿児島県が5割以上を占め、「海の桜勘《おうかん》」「かのやかんぱち」などブランドものも。愛媛県、大分県も盛ん。

【栄養】 青背魚で脂質が多く、DHA、EPAが豊富。たんぱく質、ビタミンB群、カルシウムも。カリウムの含有量は青背魚ではトップ級です。

◎料理のコツ

鰤の旬は冬ですが、かんぱちは夏。きわめておいしく、ブリ類では最高級品とされ、身質が繊細な魚です。新鮮でほどよく脂ののったものは、刺身やすしだねにするのが一番。刺身でも趣を変えて角切りにし、長芋や胡瓜《きゅうり》、大根おろしなどと「野菜おろし和え」にすれば夏らしい一品に。しゃぶしゃぶや塩焼き、味噌漬け、柚庵《ゆうあん》焼き、照り焼き、煮付けなどにも向きます。カマやアラも無駄なく利用を。カマを塩焼きにするとき、ひれが焦げやすいので、化粧塩をまぶすかアルミ箔で巻きましょう。中骨や頭などもアラ煮に使います。強めの塩をまぶして20分ほどおき、水洗いしてさっと熱湯をかけた後、甘辛い煮汁で、生姜をきかせて煮ます。夏大根とかんぱちのアラで、甘辛の「かんぱち大根」にしても。アラは「潮汁《うしおじる》」などにも重宝します。

鱚
きす

キス科で、全長30㎝ほどの細長い形をしています。琉球列島を除く日本各地の沿岸や内湾の砂底に棲息し、海釣り魚としても人気。「白鱚」「青鱚」などがいますが、一般に鱚というと白鱚のこと。パールピンクがかった色と優美な姿で〝海の貴婦人〟と称されることも。漁獲量が多く、沿岸近くに多いので鮮度のいいものが入手しやすく、比較的安価。白身で淡泊、柔らかくて、どんな調理法にも合います。江戸時代から、江戸前ずしや天ぷらのたねとして人気があり、現在でも東京湾や関東近海で獲れ、〝江戸前〟を味わえる魚の一つ。各地で干ものに加工され、上等な練り製品の原料にも。

【選び方】 目が澄んでいて、皮に張りがあるもの。

【旬の時季】 産卵期前の初夏が特に美味です。

【漁獲地】 三重県、千葉県、静岡県など。

【栄養】 たんぱく質、ビタミンB_1、カリウムが豊富です。

◎料理のコツ

クセのない淡泊な味わいで、いろいろな料理に活用できます。鮮度のよいものは、まずは刺身に。皮をむいて細く切る糸造りにしてもいいのですが、皮に独特の旨みがあるので、皮を生かしたまま直火であぶる焼霜《やきしも》造りがおすすめ。「昆布締め」にもします。こうした焼霜や昆布締めの鱚を一口大に切り、枝豆や青紫蘇《じそ》、トマトなどとゼリー寄せにすれば、鱚の白さが爽やかな夏の前菜に。天ぷらのほか、フライ、フリッターなど、油をプラスする料理法も、淡泊な鱚にぴったり。田楽味噌を塗って焼く「魚田《ぎょでん》」、卵黄と雲丹《うに》を合わせて塗って焼く「雲丹焼き」などの焼きものにも。また、椀だねにも向きます。開いて酢締めにした鱚ですし飯を包んだ「鱚の姿ずし」は、食欲の落ちる夏のおもてなしに。残った骨は、揚げて「骨せんべい」にどうぞ。また、何尾も手に入るなら、自家製の干ものにするのもいいでしょう。

蜆

しじみ

シジミ科。丸みのある三角形の小さな二枚貝で、殻の色は幼貝は黄褐色、成熟すると黒色に。河口などの汽水域《きすいいき》や、河川や湖などの淡水に棲みます。あさりと並んで日本人にはなじみ深い貝。「大和蜆《やまと》」「瀬田蜆《せた》」「真蜆」の3種があり、大和蜆が9割を占め、瀬田蜆は琵琶湖の名物。真蜆は産する各地で使われる程度です。名前の由来は、殻の表面に横筋があるため「縮み貝」から。味噌汁などに日常的に使われ、薬効も活用されてきましたが、汽水域は環境変化が激しく、激減しています。

【選び方】 殻付きのものがほとんど。粒が揃い、水中では足や水管を出しているものを。

【旬の時季】 一年中出回っています。汽水域で獲れる大和蜆は「土用蜆《どよう》」と言われ、産卵に備えて太る夏が旬。淡水産が多い真蜆は「寒蜆」で、冬が旬。

【漁獲地】 大和蜆は青森県、島根県、茨城県など。中国や韓国、ロシアからの輸入品も。

【栄養】 必須アミノ酸がバランスよく含まれ、ビタミンB群、カルシウム、鉄も。肝臓の働きに効果のあるタウリンなどのアミノ酸が豊富です。

◎料理のコツ

殻が少し出るくらいの量の真水に浸けて一晩おくと、砂を吐き出します。味噌汁に使うのが一般的ですが、淡水産のため、あさりに比べるとだしの出かたが少なめ。4人分の味噌汁で、200gはほしいものです。ほろ苦いので、信州味噌や越後味噌など辛めの味噌が合います。鍋に水と味噌を入れて火にかけ、味噌が溶けて煮立ったら蜆を加え、殻が開いたらすぐに椀に盛り、吸い口は七味唐辛子を。大きめのものは、さっと煮立てて身を取り出してむき身にすると、料理の幅が広がります。例えば、「かき揚げ」「三つ葉との木の芽和え」「蓮根《れんこん》との胡麻《ごま》酢和え」、バター炒めもおすすめです。たくさん手に入ったら砂抜きをして水をきり、密封袋に入れて冷凍するといいでしょう。使うときは解凍せず、凍ったまま汁に入れます。

すずき

スズキ科で、全長1mにもなるスマートな魚。北海道以南の日本各地の沿岸に分布。釣り魚としても人気です。幼魚は汽水域《きすいいき》で棲息し、季節によって淡水と海水の間を行き来しますが、成長すると海水域に長く棲みます。名前の由来は「すすきたる」からで、すすぎ洗いをしたように姿が美しいため。成長につれて名前が変わる出世魚で、生後1年の「こっぱ」から、「せいご」「ふっこ」、生後3年以上で50cm以上の「すずき」に。日本人には古くからなじみが深く、味は上品で、どんな料理にも万能。水質汚染の影響を受けやすいので、きれいな海のものが上質。養殖ものもあります。

【選び方】 目が透明で、えらが赤く、うろこが落ちずに銀色に輝いているもの。

【旬の時季】 初夏から秋にかけて。

【漁獲地】 天然ものでは圧倒的に千葉県。兵庫県、神奈川県なども。養殖ものは愛知県、香川県など。

【栄養】 高たんぱく、低脂肪。ビタミンA(レチノール)や、カルシウムが多いです。

◎料理のコツ

夏の料理「洗い」に向くのは、せいごやふっこなど小さめのもの。活けのものを三枚におろして皮を引き、そぎ切りにし、氷水に浸けて身が白くはぜたら引き上げる料理で、酢味噌か山葵《わさび》醤油でいただきます。脂っ気がなく淡泊で、氷水でさらすとチリチリする食感も最高です。刺身、焼きもの、蒸しもの、椀だねなどには、成長して脂ものってきたすずきを。アラの部分が多いので、それらを利用した「潮汁《うしおじる》」もおすすめ。塩をして30分~1時間おき、熱湯にくぐらせてから冷水にとり、昆布とともに鍋に入れて水を張ります。沸騰直前で昆布を出し、アクを取りながら5分ほど煮て、塩と数滴の淡口醤油で調味を。「すずきの奉書焼《ほうしょや》き」は島根県の郷土料理。宍道湖《しんじこ》のすずきをぬらした奉書3枚で巻き、蒸し焼きにしたもの。焦げた奉書の香りがすずきの純白の身に移り、風雅な味わいです。

たかべ

タカベ科で、全長20～25㎝ほど。本州中部以南、太平洋側の岩礁に分布。関東で親しまれ、関西や日本海側ではなじみが薄いかもしれません。漁師用語で「たか」は岩礁、「べ」は魚のこと。体表は黒みがかった青色で、背の近くに1本の黄色い筋がはっきりと走っているのが特徴。脂肪が多く、多少の磯臭さはあるものの、肉質が柔らかく味のいい魚です。脂分が多く鮮度が落ちやすいので、漁獲地以外は加熱調理向き。多く棲息する伊豆半島各地では、生を「たたき」にします。

【選び方】 張りがあって目が澄んでいるものを。黄色い筋がはっきりしているものを。

【旬の時季】 なんといっても、脂ののる夏。

【漁獲地】 東京都、鹿児島県、長崎県、静岡県など。

【栄養】 脂肪が多いのでＤＨＡ、ＥＰＡが豊富。ミネラルでは鉄、亜鉛など。ビタミンB_1も比較的多いです。

◎料理のコツ

夏場になると非常に強い脂を持ち、刺身にすると醤油には脂が浮き、包丁にも脂がつく、と言われるくらいです。昔から「たかべは塩焼きに限る」と言われ、余分な脂を落として焼くのが最も適した調理法。レモンなどの柑橘類を搾って食べると、いっそう美味です。変わった焼きものでは、内臓を抜いて白味噌を詰めて焼く料理があります。魚から出てくる脂で、白味噌を溶かしながら食べるのがオツな味わい。焼き魚に生姜や青紫蘇《じそ》のせん切りをのせて醤油をかける「薬味醤油かけ」も、風味のよい一品。薬味は、夏の茗荷《みょうが》や山椒《さんしょう》、青柚子などでも。煮付けもたかべに向く料理。酒を少し多めにし、みりん、醤油同量に生姜を加え、霜降りにしたたかべを入れて煮付けます。また味噌漬けにすると、柔らかめの肉質が締まり、香ばしさも加わります。一夜干しもおすすめで、開いて塩水に浸け、気温が下がる夜に一晩干します。

蛸

たこ

軟体動物の頭足類。世界に約250種、日本近海には約60種が棲息し、日本で食用にするのは「真蛸」「水蛸」「飯蛸《いい》」「柳蛸《やなぎ》」など。一番多いのは真蛸で、体長は胴と腕を合わせて60㎝ほど。沿岸の岩礁に棲み、タコ類では味のいい種類です。大阪名物「たこ焼き」に使うなど、特に関西では欠かせない素材。飯蛸は15㎝くらいで、卵巣がご飯粒のように見えるのでこの名に。水蛸は水分が多く、体が大きくて柔らかいのが特徴。

【選び方】 活けの真蛸は表面が暗緑褐色で、細かい網模様が浮き出て、吸盤がからみ付くものを。煮蛸、ゆで蛸は弾力があり、表面にぬめりがないものが良品。

【旬の時季】 地域により産卵期が異なるので、通年出回りますが、夏によく使われます。

【漁獲地】 タコ類全体で北海道、兵庫県、香川県など。真蛸は、関東では久里浜、関西では明石《あかし》など。水蛸は三陸や北海道の太平洋側。アフリカからの輸入も。

【栄養】 脂肪分が少なくて低カロリー。コレステロールは多いのですが、コレステロールや血圧を下げる働きのあるタウリンも豊富です。

◎料理のコツ

一番ポピュラーな真蛸について述べます。活けの真蛸の下処理は、まず頭の付け根に包丁を入れて、内臓、目、くちばしをはずし、塩をたっぷりまぶしてから指でしごいてぬめりを除き、水でていねいに洗って塩分を流します。刺身には、65℃くらいの湯にさっとくぐらせると、生よりも身が締まり、甘みも引き出せます。この湯通しした蛸で酢のもの、すしだね、酢味噌和え、サラダなどに展開できます。「柔らか煮（桜煮）」は、中途半端な煮方では固くなるので、長時間煮るか、圧力鍋を使うこと。「蛸飯」は、ゆで蛸を使う場合は炊き上がる直前に入れるのがコツ。生蛸なら最初から入れて途中で取り出し、最後に戻す方法で。ほかに天ぷら、から揚げにも向きます。

太刀魚

たちうお

タチウオ科で、全長1.5m。長い刀（太刀《たち》）のように銀色で細長い形をした魚で、北海道南部以南の深い泥底に棲息。海中では全身が銀白色に輝いて、垂直に立ち泳ぎするのが特徴。腹びれ、尾びれ、うろこがなく、口が大きくて鋭い歯があります。白身魚で、小骨が多く少し水っぽいのですが、柔らかくて生臭みもなく美味。高級かまぼこの原料や、干ものにもします。

【選び方】 持つと刀のようにピンとしているものを。切り身なら、皮が銀色で透明感があり、身が固く締まったものが良質。輸入ものは背びれが緑がかっています。

【旬の時季】 春から夏に出回り、旬は夏です。

【漁獲地】 愛媛県、和歌山県、大分県、長崎県など。熊本県の「田浦銀太刀《たのうらぎんたち》」や、長崎県の「白銀《はくぎん》」、「銀太《ぎんた》」がブランド。近年は東北でも獲れ、北欧からの輸入も。

【栄養】 白身魚の中では脂質が多め。レチノール、ビタミンD、DHA、EPAも豊富です。

◎料理のコツ

新鮮なものは、刺身や昆布締めに向きます。三枚におろすには、まず頭を落として背びれを切りはずし、中骨に沿って包丁を入れ、身をはずします。ひれは背びれだけですが、固いので除きます。昆布締めにするときは皮目のみをあぶって、水気を拭いて昆布ではさむ「焼き昆布締め」をどうぞ。旨みのある銀色の皮が美しく、魚の個性を生かせます。三枚におろしたものは塩焼き、バター焼き、天ぷら、竜田揚げなどに。脂がのっているので、ほうれん草や大根おろし、長葱《ねぎ》などと組み合わせると食べやすくなります。焼いてから茗荷《みょうが》や生姜、分葱《わけぎ》などの薬味をのせても、ひと味違った味に。切り身で、さっぱりした野菜、例えば焼き茄子《なす》や煮含めた独活《うど》を芯にして巻いた塩焼きも、ボリューム満点。筒切りにして焼き、熱いうちに酢醤油でいただいても。いずれも半生ぐらいがおいしいので、火を通しすぎないように。アラで作る「潮汁《うしおじる》」もおすすめ。

はた

ハタ科の魚。非常に種類が多いのですが、日本では「真はた」と「きじはた」などを食用にし、はたと言えば主に、真はたのことを指します。全長60㎝ほどで、中には1mになるものも。体表は暗紫色で大きな口が特徴です。若魚には濃い褐色の縦縞があり、成熟すると消えます。本州南部や九州などの湾岸の岩礁に多く、成長につれて深場へ移動します。地方名が多い魚で、西日本では「あら」、長崎では「しまあら」など。東日本で言う「あら」はまた別の魚で、紛らわしいので要注意です。きじはたは全長35㎝。体にある大きな赤い斑点が、鳥のきじに似ているのでこの名に。関西では「あこう」と呼ばれ、珍重されています。

【選び方】 目が澄んで、体表がつやつやかなもの。

【旬の時季】 夏が旬。

【漁獲地】 真はたは和歌山県、長崎県、富山県。養殖では長崎県、愛媛県、三重県など。

【栄養】 DHA、EPAが多く、ビタミン、ミネラルも。

◎料理のコツ

ハタ類はどれも、旨み、脂ののり具合、歯ごたえと三拍子揃った白身の高級魚。群れを作らないので大量には獲れず、需要に供給が追い付かない〝幻の魚〟になっています。以前は西日本の魚とされていましたが、近年は東日本でも人気。新鮮なものは、透明な身をまずは薄造りに。皮もふぐの皮に似て、コリコリとしていて絶品です。刺身や「洗い」には、ポン酢とともに皮を添えると喜ばれます。高級魚なので、素材のよさをシンプルに生かしたいもの。三枚におろし、湯にさっとくぐらせてから水で洗い、蒸して食べると最高です。身くずれしにくい魚で、「しゃぶしゃぶ」などの鍋ものにも。頭が大きくて歩留まりは悪く、食べる部分が少ないのですが、頭や中骨などのアラがまたよい味を出します。頭やアラに塩をふり、湯にくぐらせて霜降りにした後、冷水で洗って、潮汁《うしおじる》や椀だねに。

鱧

はも

ハモ科で、鰻《うなぎ》や穴子《あなご》の仲間。卵から孵《かえ》ると透明なレプトケファルス幼生期を経て、幼魚になります。本州中部以南の日本各地で、沿岸の砂泥地に棲息。噛みつく習性があるので「食《は》む」からこの名に。小骨が多く、皮の際まで伸びていますが、淡泊な旨みの多い白身魚です。「東の穴子、西の鱧」と言われ、6月下旬からの大阪の天神祭、7月中旬の京都の祇園祭に欠かせません。京都で料理法が発達したのは、生命力が強く、活けで輸送できたため。高級かまぼこの材料にもします。

【選び方】 80cm前後で腹が黒ずむほど脂がのり、傷がなく、ぬめりに透明感があるものを。骨切りした「開き」と呼ばれる切り身は、ふっくらしたものを。

【旬の時季】 5～6月に出回り始め、7～8月に最も脂がのります。

【漁獲地】 兵庫県、徳島県、愛媛県など。宮崎県には日向灘で獲れる「門川金鱧《かどがわきんはも》」があります。

【栄養】 レチノールが豊富。皮にはコンドロイチンが含まれます。骨ごと食べるのでカルシウムも豊富。

●料理のコツ

鱧といえば「骨切り」。骨が口に当たらないように細かく切り目を入れる手法で、皮1枚を残しながら1～1.5mm間隔で、3cm幅の身に24本の切り目が入れられたら、料理人としては一人前。活けの鱧を三枚におろし、塩をふって骨切りし、湯に通して氷水に落として締めたものは「落とし」と呼ばれ、夏の京都の名物料理です。葛粉をまぶして湯を通したものは、ぼたんの花のように身が開くので、「ぼたん鱧」とも。家庭で骨切りするのは難しいので、骨切りしたものを求めます。使いみちは多彩。焼きものには少し骨が残ってもいいので、身の厚い800g～1kgくらいのものを使うとボリュームが出ます。関西では皮も珍重され、醤油を塗って焼いた市販品は、胡瓜《きゅうり》との酢のもの「鱧きゅう」に使われます。一般には、雌のほうが味がよくて高価。

鮪

まぐろ

サバ科で紡錘形の外洋性回遊魚。日本近海には「太平洋黒鮪」「鬢長鮪《びんなが》」「目鉢鮪《めばち》」「黄肌鮪《きはだ》」「腰長鮪《こしなが》」が、遠洋には「南鮪《みなみ》（インド鮪）」「大西洋黒鮪」などがいます。一般に鮪といえば、黒鮪（本鮪）のこと。マグロ類の中でも最大種で全長3m、重さも700kgほど。一番味がよい最高級魚で江戸前ずしにも欠かせません。多くは遠洋漁業による冷凍もので、脂肪の多い「トロ」と「赤身」に分けて扱われます。

【選び方】 家庭で買うことの多いさくやブロックは、赤色が鮮やかで、ドリップの少ないものを選びます。

【旬の時季】 天然の黒鮪は初夏から秋が旬。近年、完全養殖に成功しています。

【漁獲地】 静岡県、宮城県、高知県など。

【栄養】 たんぱく質が豊富。トロは脂肪が多く、DHAやEPAの宝庫です。

料理のコツ

最近でこそ、鮪と言えばトロをよしとしますが、昭和の初めまでは赤身のほうが上物とされました。鮪は刺身、づけ、すし、鉄火丼、山かけなどの生食が一番で、奥深い味を堪能できます。その際に、赤身には山葵《わさび》が合いますが、トロには、脂っぽさを引き締める生姜のほうが合います。塩をしてから酢洗いし、酢味噌で和えた「鉄砲和え《てっぽうあ》」もオツな一品。ブロックで求め、筋が多くて刺身に不向きな部分は加熱調理すると生かせます。例えば尾付近の筋の多い部分が手に入ったら、加熱してみてください。筋がゼラチン質に変化し、とろりとなります。また、脂が強すぎる場合は、江戸料理「ねぎま鍋」にどうぞ。長葱《ねぎ》を合わせ、醤油が勝った江戸風の辛めの味で、煮ながら食べます。薬味は針生姜や柚子、粉山椒などで。鮪と長葱に生姜をたっぷり入れて佃煮にすれば、ご飯のお供になります。なお、冷凍ブロックを買った場合は、10℃くらいの塩水に浸けると短時間で解凍でき、ドリップが出ません。

石持

いしもち

ニベ科で、全長40㎝ほどの紡錘形、銀褐色の魚。本州中部から南の、水深40〜100mの砂泥地に棲みます。内耳に平衡感覚を保つための石（耳石《じせき》）を持つので、この名に。石持は関東・北陸・東海などでの呼び名で、関西から九州にかけては、にべなどの近縁種を含めて「ぐち」と呼びます。大きな浮き袋を使って「グーグー」という音を出す〝鳴く魚〟の習性が、愚痴を言うようだからだとか。多くは高級かまぼこにされます。

【選び方】 水分が多く傷みやすいので注意。目が澄んでいるものを。

【旬の時季】 秋から冬においしくなります。

【漁獲地】 長崎県、福岡県、山口県、愛媛県など。

【栄養】 たんぱく質、脂質、カルシウムを多く含みます。

◎料理のコツ

日本料理店では、身に水分が多く、味が淡泊すぎるのであまり使いません。しかしすり身にして、塩を加えて練ると弾力が強く出るので、かまぼこの材料には最適。新鮮なものが手に入ったら、家庭では刺身にしてもいいでしょう。塩焼き、煮魚、唐揚げ、フライ、バター焼きなど味付けしたり、油分を補うと持ち味が引き立ちます。鍋ものに使う場合は身割れしやすいので、つみれにしましょう。石持は、日本料理よりも中国料理でよく使われる魚。丸ごと唐揚げにした「甘酢あんかけ」は、石持の淡泊な味わいと水分の多さを生かして油でカラリと揚げ、身を締めて旨みも加えたところに、さらにおいしい甘酢あんをかけてバランスをとります。

鰯

いわし

鰯とは、ニシン科の「真鰯」「うるめ鰯」、カタクチイワシ科の「かたくち鰯」の総称。海の表層を回遊しながら棲む、背の青い紡錘形の魚です。一般に鰯というと真鰯のことで、大きさによって、体長10㎝ほどの「小羽鰯《こば》」から「中羽鰯《ちゅうば》」、18㎝ほどの「大羽鰯《おおば》」に分類されます。大型の魚に捕食され、傷みやすく、〝弱し〟からこの名に。健康によい青魚の代表で、加工品も各種。うるめ鰯は丸干しや目刺しの材料に。小型のかたくち鰯は煮干し(267ページ)の原料で、稚魚はたたみ鰯、しらす干し、ちりめんじゃこ（250ページ）に。

【選び方】 目が澄んでいるものを。丸みを帯びているものは、脂がのっています。

【旬の時季】 日本中で獲れるので地域によって違いますが、一般には脂がのる秋。

【漁獲地】 特に多いのは、三重県、茨城県、千葉県、高知県など。

【栄養】 必須アミノ酸をバランスよく含み、不飽和脂肪酸のEPAとDHAを含む脂質も14％と豊富。ビタミンB群、カルシウムも含まれます。

◎料理のコツ

傷みやすいので、鮮度勝負の魚。新鮮なものは、〝鰯も七度洗えば鯛《たい》の味〟と言われるほど美味。舌でも気づかない小骨が多く含まれるので、カルシウム補給に役立ちます。生の真鰯を扱うときは、鮮度を保つため、塩水で洗いましょう。おろす際には手開きが推奨されますが、包丁を使うほうが仕上がりはきれいです。煮魚には、煮汁に酢を使った「酢煮」がおすすめ。火が入りすぎると旨みが流出するので、手早く加熱します。定番のつみれは、ペースト状にするより、包丁で叩くくらいの粗いほうが口の中でほぐれます（209ページ）。すりつぶしすぎると臭みが出てしまうのでご注意を。郷土料理も多く、千葉県の鰯のごま漬け、石川県のこんか鰯や福井県のへしこ鰯などのぬか漬けも。旨みが強く、魚醤《ぎょしょう》「いしる」の原料にもなります。

鰯のつみれ椀

→p.151

材料(2〜3人分)
つみれ
　鰯 …… (皮と骨を取った正味)100g
　塩 …… 少々
　長葱(みじん切り) …… ½本分
　小麦粉 …… 大さじ1強(10g)
　味噌 …… 大さじ½強(10g)
春菊 …… 1本
長葱 …… ¼本
吸い地
　水 …… 2½カップ
　昆布 …… 5cm角1枚
　淡口醤油 …… 大さじ1
　塩 …… 小さじ⅕
こしょう …… 適量

① 鰯に塩をふって、20分おく。水洗いして水気を拭き、まな板に置いて包丁でざっと叩き、つみれの残りの材料を混ぜる。
② 春菊は葉を摘んでさっとゆで、冷水にとって水気を絞る。長葱は4cm長さに切り、縦4等分して芯の部分を除く。
③ 鍋に水と昆布を入れ、①を一口大ずつスプーンなどですくって入れる。弱めの中火にかけ、煮立つ直前にアクをすくう。淡口醤油と塩を加えて調味し、②を加えてひと煮立ちさせる。
④ 椀に盛って、吸い口にこしょうをふる。

かます

カマス科で、全長40～50cmの細長い魚。琉球列島を除く、本州中部以南から南シナ海に分布。日本各地の沿岸で、海の表層を遊泳しています。大きな口と鋭い歯を持ち、小魚や海老《えび》などを貪欲に食べる肉食魚の代表。「かます」とは穀物や魚などを入れた長方形の藁袋のことで、大口を開けた姿からこの名に。日本には「赤かます」「大和《やまと》かます」「青かます」がいて、かますと言うときは主に赤かますのこと。「本かます」とも呼ばれ、白身の淡泊な味で、3種のうち漁獲量はダントツ。旬以外はやや水っぽくなるので、干ものにも加工されます。大和かますは別名「水かます」で、水分は75%にも達し、干ものや練り製品に加工されます。

【選び方】 目が澄んでいてえらが赤いものを。持ったときに、たるまずしっかり立つようなものを。40～50cmにもなりますが、30cm前後のものが良品。

【旬の時季】 赤かますは10～12月、青かますは初秋から12月にかけて、大和かますは初夏が旬。

【漁獲地】 鹿児島県、長崎県、富山県、神奈川県など。

【栄養】 高たんぱくで、ミネラルも豊富。DHA、EPAも含まれます。

◎料理のコツ

ごく鮮度のよい場合は刺身にします。皮がおいしい魚なので、皮目をあぶる焼霜《やきしも》造りにすれば、香ばしさとともに味わえます。江戸前ずしのたねにする場合も、皮目を焼いた「あぶり」で用います。塩焼きは定番で、昔から焼いたかますはご飯がすすむことから、〝かますの焼き食い一升飯〟などと表現したものです。酢で締めて、すし飯を詰めた棒ずしにも使われます。水っぽいので、煮ものや蒸しものにはそのままではなく、ひと塩してから使うといいでしょう。もし多めに入手できたら、自家製生干しもおすすめ。作り方は、塩をふって20分おいてから水気を拭き、風通しのよい涼しい場所で2～3時間干せばでき上がり。凝縮した旨みを味わえます。

鮭

さけ

サケ科。国産の天然の鮭とは、一般に「白鮭」のことを指しますが、「紅鮭」「銀鮭」「樺太鱒《からふとます》」「桜鱒」「ますのすけ」を加えた6種を総称していうことも。川で生まれ、稚魚が川を下って海で成長し、成熟すると産卵のため川に戻る母川回帰《ぼせんかいき》の性質を持ちます。日本の川に戻るのは白鮭、からふと鱒、桜鱒の3種。白鮭は時期や成熟度によって異なる呼び方があり、初夏に沿岸を回遊する「ときしらず」、秋に沿岸に近づく「あきあじ」、成熟前に産卵回遊魚にまぎれ込む「鮭児《けいじ》」など。古くから献上品にされ、「荒巻鮭《あらまきざけ》」は東日本の年取り魚。アラから内臓まですべて食べられます。「サーモン」とは生食用に海外で養殖したもののこと。鱒も仲間です。

【選び方】 切り身はふっくらし、皮が光っているもの。

【旬の時季】 一般に秋。ときしらずは春から夏にかけて。

【漁獲地】 北海道、岩手県、宮城県、青森県。新潟県の三面川《みおもてがわ》は、鮭養殖の始まりの地。

【栄養】 ビタミンD、Eなど。抗酸化作用のアスタキサンチンも。皮にはコラーゲンが豊富です。

◎料理のコツ

白鮭は水分が多くて身質が柔らかいので、保存を目的に塩鮭で出回ることの多い魚です。塩鮭はそのまま焼くほか、粕漬け、お茶漬け、野菜をたっぷり加えた三平汁などに。頭の軟骨の部分「氷頭《ひず》」は薄く切り、塩漬けの場合は塩抜きし、大根や人参と甘酢漬けにした「氷頭なます」が酒肴におすすめ。血合い部分と腎臓は「めふん」と呼ばれる塩辛にし、卵はイクラの醤油漬け（２４５ページ）にします。また、鮮度のよい白子はポン酢和えや、鍋ものに使います。生の状態では寄生虫がいるので、刺身で食べるときは凍らせて薄くそぎ切りに。これが、アイヌ料理にルーツを持つ「ルイベ」です。北海道の「石狩鍋」、新潟県の「鮭の飯ずし」、栃木県の「しもつかれ」などは塩鮭を使う郷土料理です。このように鮭が日本に深く根ざしてきたのも、脂が少なく保存がきいたためです。

鯖

さば

サバ科で、日本近海には「真鯖」「ごま鯖」が分布。全長50㎝前後の紡錘形で、春から夏は北上し、秋から冬に南下。主に使われるのは真鯖で、古くから塩鯖、干し鯖などに用いられ、お祭りの鯖ずしなど行事や風習と結びついている魚です。内臓の消化酵素の働きが強く、〝生き腐れ〟といわれて鮮度が落ちやすいのが特徴。ごま鯖は脂肪が少なめで、鯖節《さばぶし》の原料にします。近年はノルウェー産の鯖が大量に輸入されています。

【選び方】 皮が青く輝き、縞目がはっきりしていると新鮮。丸みがあれば脂がのっています。

【旬の時季】 一般に、南下する秋から冬にかけて。

【漁獲地】 圧倒的に茨城県。次いで長崎県、静岡県など。大分県の「関《せき》さば」や宮城県の「金華《きんか》さば」が有名。

【栄養】 青背魚の中ではたんぱく質が多く、DHA、EPA、ビタミン、各種ミネラルなどが豊富です。

◎料理のコツ

傷みやすい魚ですが、近年は流通が発達し、漁獲地以外でも新鮮な鯖が出回り、刺身もおなじみになっています。塩焼き、味噌煮、しめ鯖、酢のものなどに。しめ鯖は、一般的には塩で締めてから酢締めしますが、私の作り方は違います。まずはじめに、三枚おろしの鯖をたっぷりの砂糖で覆って40分おき、水分を抜きます。それから洗い流して水分を拭き、次に塩をたっぷりのせて1時間おき、ほどよい塩味をつけます。塩を洗い、かぶるくらいの酢に浸けてペーパータオルをかぶせて20分おき、皮をむいてそぎ切りにしてでき上がり。こうすると従来の方法よりも、鯖のフレッシュな味わいが残ります。また、定番の「鯖の味噌煮」は煮すぎたくないので、鯖の切り身を霜降りにし、味噌の煮汁で軽く煮たら、片栗粉でとろみをつけて仕上げます（213ページ）。鯖の旨みを味わう汁ものが「船場《せんば》汁《じる》」。もとは塩鯖を使う料理ですが、今なら新鮮な鯖をきつめの塩で締め、昆布だしで淡口醤油と塩で味をととのえると、風味高く仕上がります。

鯖のさっと味噌煮

→p.152

材料(2人分)
鯖の切り身 …… 2切れ
塩 …… 少々
生姜 …… ½かけ
煮汁
　酒・水 …… 各½カップ
　味噌 …… 大さじ3
　酢 …… 大さじ½
水溶き片栗粉
　片栗粉 …… 大さじ½
　水 …… 大さじ1

①鯖は両面に塩をふって10分おく。
②鍋に湯を沸かし、①をさっとくぐらせて霜降りにし、冷水にとって水気を拭く。
③生姜は、皮をむいて薄切りにする。
④鍋に煮汁の材料を入れて混ぜ、②を並べ入れて火にかける。煮立ったら落とし蓋をし、5分ほど煮て生姜を加える。
⑤再び煮立ったら、水溶き片栗粉を加えてとろみをつけ、火を止める。器に盛り、煮汁をかける。

秋刀魚

さんま

サンマ科の、背が青い全長40cmほどの魚。北海道から九州まで、太平洋側と日本海側に分布します。水温14～15℃の海を求め、春から夏には北上して千島列島まで達し、8月中旬頃、親潮にのって本州沿いを南下します。漁獲の時期によって脂肪の量が極端に変わり、10月頃、三陸沖から九十九里浜沖で獲れるものは20％も脂肪を持ちますが、12月頃、紀州沖に南下する頃には痩せて脂肪は少なくなり、さっぱりした味に。これは干ものに最適です。日本海側を回遊する秋刀魚は、太平洋側に比べると量が少なめ。体が細いので「狭真《さま》魚《な》」と言われ、それが転じて、大正時代以降に「秋刀魚」の字が当てられました。秋の到来を知らせる魚で、塩蔵品や干もの、缶詰なども多彩。養殖はありません。

【選び方】 青い色が冴え、皮がむけていないものを。

【旬の時季】 秋に脂がのります。

【漁獲地】 北海道、宮城県、岩手県、千葉県など。

【栄養】 たんぱく質よりも脂肪が多く、ＤＨＡ、ＥＰＡが豊富。ビタミンやミネラルも多く含まれます。

◎料理のコツ

脂ののった秋刀魚は、なんといっても塩焼きが一番。わたのほろ苦さと脂の旨みが加わって、この時季の新米を引き立てます。大根おろしを添え、すだちを搾ってさっぱりといただきましょう。おろすときは、塩水で洗うと鮮度が保てます。ごく新鮮な場合は刺身にして、生姜でどうぞ。茗荷《みょうが》や青紫蘇《じそ》などの薬味野菜と梅肉醤油を添えても、さっぱりといただけます。初夏に実をつける山椒の実の醤油煮と一緒に煮る「秋刀魚の山椒煮」は、日持ちのする総菜。脂とよく合う甘辛のたれで煮含める「蒲焼き」も人気で、三枚におろした秋刀魚をフライパンで焼き、いったん取り出して、甘辛のたれを煮詰めてから戻し、からませたらでき上がり。味噌焼きもいいでしょう。昔から親しまれてきた魚なので郷土料理も多く、千葉県の「沖なます」、和歌山県の「秋刀魚ずし」などがあります。

鮟鱇

あんこう

アンコウ科で全長1.5mほど。頭が大きく扁平で、胴や尾は極端に細く短い独特の形。北海道以南の日本近海、水深200mの海底に棲み、日本近海に約60種いますが、食用にするのは黄褐色の「黄鮟鱇（本鮟鱇）」と黒褐色の「くつ鮟鱇」。鮟鱇といえば、主に黄鮟鱇を指し、茨城県沖で獲れた〝常陸《ひたち》もの〟は高値。美味な高級食材です。骨、目、歯を除くほとんどの部位が食べられ、ほほ肉（柳肉）、えら、肝臓（きも）、ひれ（とも）、卵巣（ぬの）、胃袋（水袋）、皮が「鮟鱇の七つ道具」。鮟鱇の肝臓（244ページ）が「あん肝」です。

【選び方】 触って張りがあり、粘液に透明感のあるものを。切り身はツヤと張りがあるものを。

【旬の時季】 〝鮟鱇は梅が咲くまで〟といわれ、冬。

【漁獲地】 山口県、茨城県、福島県など。茨城県の「茨城あんこう」、青森県の「風間浦《かざまうら》鮟鱇」などがブランド。中国、韓国、アメリカなどからの輸入品も。

【栄養】 良質なたんぱく質が多く、脂肪は少なめで低カロリーです。ひれや皮には、コラーゲンが豊富。

◎料理のコツ

西日本ではあまりなじみがありませんが、東京から茨城県（常陸）にかけて、「鮟鱇鍋」は冬の鍋の王様格。形が安定しないので、おろすときに「吊るし切り」にすることが知られています。家庭では、鍋用に切ったものを買い求めることでしょう。水分が多いので、さっと湯にくぐらせてから用います。パック入りの「七つ道具」（上記）を使う場合は、卵巣や胃袋は塩もみして水洗いをし、さっとゆでます。えらやひれは塩もみし、水洗いして骨や皮を除いて切ります。これらを豆腐や野菜とともに、昆布だしと醤油、みりんで鍋ものにすると、食感の違いを楽しめます。味噌味、キムチ味に仕立ててもいいでしょう。身と野菜から出た水分だけで煮る「どぶ汁」（味噌汁）や粕汁も、寒い夜に体の温まる濃厚な汁もの。蒸した肝臓（あん肝）は、ポン酢で食べると極上の一品に。活けの鮟鱇は、刺身にも。

いとより

イトヨリダイ科で、体長40cmほど。紡錘形で、体は黄色を帯びた赤い色。本州中部以南の沿岸、水深40～100mの砂泥底に棲息。海中を旋回するときに糸のように細く伸びた尾びれが金糸をねじるようにゆらめくので、この名に。「いとより鯛」とも呼ばれます。淡泊で柔らかな白身魚で、主に関西で使われる高級魚。優美な姿と皮目の美しさから、真鯛に匹敵する祝儀魚にも。すり身にすると弾力が出るので、かまぼこなどにも利用。近縁種に「黄いとより」がいます。

【選び方】 目が澄んで、えらが赤く、体表の色や模様が鮮やかなものを。

【旬の時季】 秋から冬。

【漁獲地】 長崎県、熊本県、徳島県など。

【栄養】 水分が多め。カルシウムが多く、ビタミンB_1やビタミンDを含みます。

●料理のコツ

あっさりした味の、身の柔らかい白身魚です。皮に風味があり、骨は細いものの固くて小骨も多いのが特徴。関西では大きなものが手に入るので、鮮度がよければ刺身や昆布締めに。色鮮やかな皮目を生かした、皮霜《かわしも》造りが向きます。これは、いとよりを三枚におろし、まな板を斜めにして皮目を上にのせ、さらし布をかぶせて熱湯を布の上からかける方法。すぐ冷水にとることで、色は美しいまま固い皮が食べやすくなります。三枚おろしを昆布にのせて蒸す方法も、皮の色を生かしながら身が引き締まります。ポン酢をかけてどうぞ。皮目の美しさは、椀だねや「潮汁《うしおじる》」に仕立てても上品です。ほかには、塩焼き、味噌漬け焼き、照り焼きに。煮付けなども。油を使った料理もよく合い、から揚げやフライにも。水分が多い魚なので、ひと塩の干ものにすると味わいが凝縮します。

海老
えび

節足動物の甲殻類で、種類は3000種ほど。海水産と淡水産、水中を泳ぐ遊泳類と海底を歩行する歩行類に大別できます。日本近海には約200種が棲息しますが、食用として重要なものは「伊勢海老」「車海老」「芝海老」「北国赤海老《ほっこく》」など。日本では海老は昔から食べられ、特に伊勢海老は、長寿の象徴として正月の鏡餅や蓬莱《ほうらい》飾りに使われてきました。また日本は世界有数の海老消費国で、東南アジアや中国などから大量に輸入。国内での養殖も盛んです。日本での養殖は1934年（昭和9年）に車海老でスタートし、1960年代に盛んに。海老類は遊離アミノ酸を多く含み、特有の甘みを有します。加熱すると赤色に変化するのは、殻の色素によるもの。

ここでは、クルマエビ科の車海老を中心に述べていきます。全長20㎝前後。北海道南部以南の内湾や浅海に棲み、淡褐色の殻に茶褐色や青褐色の横縞がありま す。全長10㎝以下は、「才巻き海老（小巻き）」と呼ばれます。味も姿もよい高級海老で、成長が早く、市場に流通するのはほとんど養殖ものです。

【選び方】 殻付きを求め、身が締まって脚などが揃っているものを。活け海老は、おがくずに入って流通しています。冷凍ものは、頭が付いていれば新鮮なうちに冷凍された証拠です。

【旬の時季】 車海老は養殖がほとんどで、一年中出回っていますが、本来の旬は冬。

【漁獲地】 車海老の天然ものは愛知県、愛媛県、福岡県など。養殖は沖縄県、鹿児島県、熊本県など。

【栄養】 高たんぱく、低脂肪。旨み成分の遊離アミノ酸、グリシンの含有量は冬に多くなります。殻の色素アスタキサンチンには、抗酸化作用があります。

◎料理のコツ

車海老はゆでて江戸前ずしのたねや天ぷらに欠かせません。和食では最高の素材の一つで、姿も味もよく、

（218ページに続く）

加熱したときの赤い縞目の美しさも見事です。殻付きの場合の下処理は、海老の消化器官である「背わた」を取ることから始めます。背中を丸めて持ち、背中側の尾から2節目か3節目に竹串を刺して、背わたを引っ掛けるように持ち上げます。新鮮な場合はスルリと抜けますが、鮮度が落ちていると途中で切れることも。その後は料理の目的によって、頭や尾を取ったり、殻をむくなどの作業を。新鮮な場合は刺身に。ゆでるときは、70℃で5～6分ゆでると柔らかく仕上がります。天ぷらにするとき、姿よく見せるために尾を付けて揚げる場合は、尾に水がたまっていては油がはねるので、包丁で先端を切り揃え、包丁の背で水気をしごき出します。真っすぐな形に仕上げたい場合は、身の中心に竹串を刺してから加熱を。すしに使う場合は、酢湯でゆでましょう。フライも人気で、衣にクラッカーやコーンフレークス、新びき粉を使えばバリエーションも豊かになります。椀だね、炊き合わせ、茶碗蒸しの具などにも。

海老のいろいろ

★赤海老　あかえび
クルマエビ科。全長12cm前後。体色は紫赤色で、大きな斑紋が散在します。房総半島以南に分布。伊勢湾、瀬戸内海、八代海などで多く獲れます。

★赤座海老　あかざえび
アカザエビ科。全長25cm前後。体色は橙赤色です。歩き方が「しゃこ」に似ているので「しゃこ海老」とも。房総半島から九州東部の日向灘までに分布。駿河湾、熊野灘、日向灘で多く獲れます。

★甘海老　あまえび
タラバエビ科。和名「北国《ほっこく》赤海老」。全長12cm前後。体色は赤紅色です。北海道、新潟県、富山県、石川県、福井県で多く獲れます。秋から冬が旬です。地方名「南蛮《なんばん》海老」など。

★伊勢海老　いせえび
イセエビ科。全長35cmに達する大型の海老で、体色は赤褐色です。海底を歩行して棲息します。日本海にはほとんどおらず、千葉県以南の太平洋側、千葉県、静岡県、三重県、和歌山県、長崎県などが主な漁獲地です。伊勢湾で多く獲れたのでこの名に。神奈川県鎌倉でも獲れ、「鎌倉海老」の別名もあります。養殖はされていません。

★団扇海老　うちわえび
ウチワエビ科。全長20cm前後。暗褐色。頭部の甲殻が広がって、うちわのように見えるのでこの名に。房総半島以南に棲み、どちらかと言うと西日本で親しまれています。

★桜海老　さくらえび
サクラエビ科。全長4～5㎝。半透明で、散在する色素で淡紅色に見えるので、この名に。元来は深海性で、暗夜に海面近くまで浮上するところを獲ります。駿河湾、相模湾に多く、干すと鮮やかな桜色になります。

★猿海老　さるえび
クルマエビ科。全長10㎝前後。体色は青みを帯びた灰色。日本各地の内湾に棲息します。ほかの海老に比べると白っぽく見えるので「白海老」と呼ばれることも。頭が大きいので「頭海老」の別名も。なお、富山湾で獲れる「しろえび（しらえび）」は、オキエビ科の別種です。

★芝海老　しばえび
クルマエビ科。全長15㎝前後。体色は青灰色で、微小の斑紋があります。東京湾以南の内湾に棲息。東京芝浦で多く獲れたので、この名に。関東地方で多く用いられる海老です。

★大正海老　たいしょうえび
クルマエビ科。全長25㎝前後。分布は中国の渤海《ぼっかい》湾、黄海《こうかい》に限られ、日本近海には棲息しません。大正時代の海老商社「大正組」にちなんで、この名に。主に冷凍品として輸入されています。

★手長海老　てながえび
テナガエビ科。淡水産の川海老で、全長9㎝前後。褐色または暗褐色です。本州、四国、九州の河川、湖沼で、緩やかな流れの砂泥地や汽水域《きすいいき》に棲息します。「川海老」とも呼ばれます。環境汚染で激減しています。

★バナメイ海老
クルマエビ科。全長15㎝。病気に強く、成長も早いため世界各地で養殖が行われ、それまでの養殖の主役「ブラックタイガー」に代わって輸入量が増大しました。２０００年代に主流に。和名「白脚海老」で、赤の発色が弱い海老です。

★ブラックタイガー
クルマエビ科。全長25㎝前後で、車海老の仲間では最大です。体色は紫黒色に横縞があります。別名「牛海老」。日本にもいますが量は少ないため流通はせず、台湾や東南アジアでの養殖ものがほとんどです。

★ロブスター
アカザエビ科。全長30～50㎝と海老類では最大で、ざりがにの仲間です。体色は藍紫色。日本近海には棲息しません。「アメリカンロブスター」と「ヨーロピアンロブスター」が重要種で、肉質は伊勢海老より柔らかい海老です。フランス料理で「オマール」と呼ばれます。

牡蠣
かき

イタボガキ科の二枚貝。種類が多く、日本近海では20種ほどを食用にしますが、市場に流通するのは「真牡蠣」「住之江《すみのえ》牡蠣」「板甫《いたぼ》牡蠣」「岩牡蠣」の4種。殻は楕円形、左右非対称で、片側が丸く（身殻）、片側は平ら（蓋殻）で、丸い殻で岩にくっついて棲息。漢字で「牡《おす》」の字を当てているのは、すべて雄と考えられていたためで、現在は雌雄同体でしばしば性転換することが判明しています。貝塚から殻が出土するほど古くから食べられ、二枚貝の横綱のような存在。最もよく食べられるのは真牡蠣で、殻の長さは15㎝前後。身は乳白色で柔らかく、味のいい貝です。

養殖の歴史も長く、日本では1673年（延宝元年）に広島で開始。近年は海中に稚貝を吊り下げる、「筏《いかだ》垂下式」養殖法が主流。市場に流通しているのは、真牡蠣の養殖ものがほとんどで、缶詰などの加工品も多数。

なお「夏牡蠣」とも言われる岩牡蠣は大型で、陸奥《むつ》湾《わん》以南の各地に分布。カキ類は一般に春から夏は食べませんが、岩牡蠣は夏に味がよくなって、真牡蠣と交代するように市場に出回り、消費が伸びています。養殖も増えています。

【選び方】 傷がなく盛り上がっているもの、一口で食べられる大きさがよいでしょう。パックのむき身は、身が厚くてパック中の液体が透明なものを。生で食べる場合は、紫外線殺菌灯で無菌にした海水に一定期間飼育する「生食用無菌牡蠣」と記されたものを。「加熱用」は無菌化をしていないだけで、鮮度が悪いわけではありません。

【旬の時季】 11～3月頃に、旨みと甘みが増加。英語に「Rの付かない月（5～8月）は牡蠣を食べるな」、日本では「花見すぎたら牡蠣食うな」という諺があります。春から夏は産卵期で身が痩せるうえに、菌の繁殖も活発になり、生食すると食中毒を起こすこともあります。

【漁獲地】 天然真牡蠣は、北海道の厚岸《あっけし》やサロマ湖など。養殖ものは広島県が6割を占め、宮城県、岡山県なども。養殖牡蠣のブランドは30種にも上り、北海道「カキえもん」、岩手県「花見かき」、石川県「能登がき」、三重県「的矢《まとや》かき」、広島県「かき小町」、大分県「ひがた美人」など。

【栄養】 栄養的に優れ、〝海のミルク〟と呼ばれます。ビタミン類や、鉄・銅・亜鉛などのミネラル、タウリンが豊富。疲労回復に役立つグリコーゲンが含まれ、その量は冬は夏の10倍も多くなります。

◎料理のコツ

牡蠣は貝柱が目立たず、食用にする部分はほとんど「わた」です。牡蠣のおいしさとは、身そのものの味に、海水の塩味や磯の香りが加わり、クリーミーな食感と一体となったところです。流通する牡蠣には、殻付きとむき牡蠣があり、むき牡蠣には生食用と加熱用があります。鮮度がいいのは、やはり殻付きでしょう。殻から取り出す場合は、軍手などの手袋をはめた手で、蓋殻を上に幅が狭いほうを手前に持ち、殻の右側中央から合わせ目にナイフなどを差し込み、貝柱をはずして開けます。取り出したむき身は、「大根おろしの中で振り洗いする」と言われてきましたが、塩分1～1.5%の塩水で充分。パック入りむき身を使う場合も、同様に洗います。生食する際は70℃くらいの湯にさっと通し（霜降り）、氷水にとって水気を拭いて盛ります。霜降りのひと手間で、生のフレッシュ感は損なわずに、すっきりとした味になります。酸味と合うので、二杯酢やレモンなど柑橘類の汁を搾ってどうぞ。江戸前ずしのネタにもします。

加熱料理はいろいろありますが、牡蠣は加熱しすぎると柱とわたで食感が合わず、まずくなりがち。味噌で煮込む「土手鍋」は、砂糖を加えた味噌を鍋の周囲に土手のように塗り、味噌をくずしながら食べる鍋もので、水分たっぷりに煮込むので固くならずにすみます。一方、「しぐれ煮」のように佃煮風に煮上げる場合は、7割程度火が通ったら牡蠣を取り出し、煮汁だけを煮詰めて仕上げに戻してからませる方法がおすすめです。炊き込みご飯「牡蠣飯」、甘辛く煮て卵でとじてご飯にのせる「牡蠣丼」にも。揚げものは、天ぷらよりもフライのほうが、中身の柔らかさをカリッとした衣が引き立てます。ほかには、焼き牡蠣、バター焼き、味噌汁にも。広島県では正月のお雑煮にも入れます。

かじき

マカジキ科とメカジキ科に属する魚で、全長４ｍほど、重量は２００kgにもなります。上あごが長く、先端は槍のように尖った独特の姿。温暖な海を時速１００kmの高速で遊泳し、スピードは魚類中トップ。分布範囲は広く、日本近海にいるのは「真かじき」「めかじき」「芭蕉《ばしょう》かじき」「風来《ふうらい》かじき」「黒かじき」「白かじき」の６種。古くから食用にされ、弥生時代の遺跡から骨が出土。外洋の食物連鎖の頂点にいる魚で、〝大洋の暴れん坊〟と言われるほど。特にめかじきは凶暴で、ヘミングウェイの『老人と海』に描かれます。俗に「かじきまぐろ」と呼ばれますが、鮪《まぐろ》とは別種。最も味がいいのは真かじきで、白かじきが続き、肉の色は淡紅色。ここでは真かじきについて述べます。

【選び方】 ブロックや切り身で売られているので、赤い色が美しく、切り口がしっかりしているものを。

【旬の時季】 真かじき、めかじきは冬。芭蕉かじき、黒かじき、白かじきは夏。

【漁獲地】 宮城県、高知県、鹿児島県など。

【栄養】 たんぱく質が多く、低脂肪。ビタミン類やミネラルは豊富。食物連鎖の頂点にいるので体内に微量の水銀を含み、厚生労働省では、妊婦の摂取は週２回までを目安に、としています。

◎料理のコツ

真かじきは、ブロック状やさく、切り身で売られます。鮮度がよければ刺身、すしだねに。ねっとりした舌ざわりで身が締まり、風味もよく、鮪に劣らないおいしさ。骨がないので料理は簡単ですが、加熱しすぎるとパサパサし、固くなるので注意を。脂肪が少ないので、バターや油、マヨネーズなどと相性がよく、ゆでて粗くほぐし、サラダに用いてドレッシングやマヨネーズをかける方法は手軽です。みりん醤油に浸して焼いた「照り焼き」や、塩をふってマヨネーズをのせた「マヨネーズ焼き」などもおすすめ。

蟹

かに

節足《せっそく》動物の甲殻類。寒帯域から温帯域まで世界中には約５０００種も棲息し、海水に棲む蟹と、淡水や汽水《きすい》域《いき》に棲む蟹とで大別。日本近海や河川に約１０００種もいますが、食用にするのはわずか。重要なものは、「ずわい蟹」「べにずわい蟹」「毛蟹」「がざみ（渡り蟹）」「藻《も》屑《くず》蟹」などで、「花咲《はなさき》蟹」「たらば蟹」は、ヤドカリ類。日本では古代から食べられ、脱皮を重ねて再生することから、災い除けや魔除けに使われることも。旨み成分が多く、水産物の中で最も味がよいといわれます。

以下は、ずわい蟹を中心に述べます。クモガニ科で、島根県以北の日本海側に棲息。一般には雄を指し、甲の幅は15㎝前後の味のよい高級蟹。一方、雌は卵を抱くと成長が止まり、雄の半分ほどの大きさで、価格も雄の10分の1程度。漁期は地域によって少し差がありますが、資源保護のために冬から春までと定められています。呼び方がその地によって異なり、雄は山陰で「松葉蟹」、北陸で「越前《えちぜん》蟹」と呼ばれ、卵を持つ雌は「せいこ蟹」「香箱《こうばこ》蟹」など。

【選び方】 ずわい蟹の活けは甲羅が厚く、脚が揃い、腹側が明るい黄色のものを。持って重ければ身が詰まった証拠。ゆで蟹は、獲れたてをゆでたものを。一般に雄のほうが美味。抱卵した雌もおいしくなります。

【旬の時季】 日本海産のずわい蟹の旬は、秋から冬。北海道産は3～5月。

【漁獲地】 ずわい蟹は島根県以北の日本海側、山陰や北陸地方で多く獲れ、主に兵庫県、島根県、北海道など。日本海各地では地名を付けたブランド蟹も多く、島根県「隠岐《おき》松葉蟹」、兵庫県「津居山《ついやま》蟹」、京都府「間人《たいざ》蟹」、福井県「越前蟹」、石川県「加能《かのう》蟹」など。それぞれタグ付きで出回ります。

【栄養】 高たんぱく、低脂肪。タウリンも多く、殻に含まれる色素アスタキサンチンには抗酸化作用が。卵巣はさらに栄養豊富です。（２２４ページに続く）

◎料理のコツ

殻と筋、ガニ（肺臓）、ふんどし（お腹の三角形の部分）は食べられません。また、蟹の殻には海老と同様にアスタキサンチン（赤色色素）があり、生きているときはたんぱく質と結びついて青黒い色をしていますが、加熱すると結合が切れ、赤色に変化するのが特徴です。

活け蟹を入手したら、ゆでるか蒸すかして、蟹酢で食べるのが定番。加熱前に、脚がはずれないようゴムや紐で縛ります。ゆでる場合は塩分1％の塩水に入れて火にかけ、蓋をして沸騰してから20分ゆでます。沸騰湯に直接入れるほうが旨みは流出しませんが、活け蟹は脚が折れます。旨みを逃がさないなら、蒸す方法を。蒸気の立つ蒸し器で、蟹味噌が流れないように腹側を上に甲羅側を下にし、20分蒸します。いずれも、冷めるときに殻からの旨みが身肉に伝わります。「ふんどし」とガニを除いて脚を切り離し、胴は二つ切りに。脚や爪の殻にも切り目を入れると親切です。「蟹酢」は「だし7、酢1、砂糖0.2、生姜汁少々」の割合で合わせますが、このときのだし汁は、かつお節ではなく蟹の殻を煮出したものを使いましょう。

蟹のいろいろ

★毛蟹　けがに

クリガニ科。甲の幅10㎝前後。全体に短い剛毛があります。北海道や日本海各地、太平洋側では宮城県以北の海に棲息。北海道が主産地。可食部が多く、「たらば蟹」よりもコクがあります。活け蟹も輸入されています。

★沢蟹　さわがに

サワガニ科。甲の幅3㎝前後。日本で唯一の純淡水産。本州最北端の下北半島から九州まで、水のきれいな河川に棲息。養殖も行われており、活け蟹として出回ります。

★高足蟹　たかあしがに

クモガニ科。蟹類では世界最大で、甲の幅が30㎝前後、長さ40㎝。脚を広げると4mに及び、甲には、いぼ状の突起があります。日本特産で、岩手県沖から九州西岸までの太平洋側に分布。多いのは房総半島や駿河湾、熊野灘、土佐湾など。伊豆半島西岸では「大蟹」と呼ばれます。

★たらば蟹　たらばがに
タラバガニ科で、分類上はやどかりの仲間。甲の幅20㎝前後。脚は最後のものが退化し、はさみを入れて4対に。隠岐諸島以北の日本海に棲み、北海道で多く獲れます。たらの漁場に多くいたので、この名に。缶詰にされることが多く、生鮮品の輸入も多くなっています。

★花咲蟹　はなさきがに
タラバガニ科で、分類上はやどかりの仲間。甲の幅、長さともに15㎝前後。脚は最後のものが退化し、はさみを入れて4対に。北海道沿岸に棲息。全体に鋭い突起があります。可食部が多く、味は「たらば蟹」より濃厚。ゆでた冷凍品が多く流通しています。この名は、昔の漁場、根室半島（旧・花咲半島）にちなんでつけられました。

★紅ずわい蟹　べにずわいがに
クモガニ科で、甲の幅15㎝前後。鮮やかな紅赤色で、ゆでてもほとんど変わりません。日本海沿岸、太平洋側では三陸沿岸以北に棲息。味はずわい蟹より劣り、可食部も少なく、黒変するのが早いものの、ずわい蟹の漁獲量減少に伴って増えています。生鮮の輸入も多くなっています。

★藻屑蟹　もくずがに
イワガニ科で、甲の幅、長さともに5㎝前後。日本全国の河川や河口に棲息。はさみに柔毛があり、泥が付くと藻がからむように見えることから、この名に。海で産卵し、稚蟹は川を上ります。産卵のために川を下るものを獲ります。肉量は多くありませんが、味はいい蟹です。地方名「ず蟹」「桜蟹」など。

★渡り蟹　わたりがに
ワタリガニ科で、甲の幅25㎝前後。和名は「がざみ」。津軽海峡以南の内湾に棲み、長距離を泳いで移動するのでこの名に。三河湾や瀬戸内海、九州近海で多く獲れます。大きさに比してはさみや脚が細く、可食部が少ないため、だしによく使われます。地方名「菱蟹」「青手蟹」など。養殖も行われていて、輸入も多くなっています。

きちじ

フサカサゴ科で全長30㎝。北海道から駿河湾に至る、太平洋側の水深150〜1300mくらいの深海に棲みます。北日本の代表的な魚で、「きんき」「きんきん」の名で知られます。頭にとげを持ち、目と口は大きく体色は鮮やかな朱赤色。白身魚で脂がのり、とろけるような味わい。かつてはかまぼこの原料でしたが、脂の多い魚が好まれるようになり、今は超高級魚に。鯛の獲れない北海道では、祝い魚に用いられます。

【選び方】 目が澄んでえらが赤いもの。切り身も色鮮やかなものを。

【旬の時季】 春の産卵の前の、冬が旬。

【漁獲地】 北海道、岩手県、青森県など。北海道・網走の「釣りきんき」は傷がつかない漁法でブランドに。

【栄養】 脂肪が多く、鰯などの青魚と同じくらいのDHA、EPAを含みます。皮の赤い色は、抗酸化作用のあるアスタキサンチン色素によるものです。

◎料理のコツ

脂がのって、まろやかな甘みが口の中でとろけるような味わいです。食べる部分が少ない魚ですが、鮮度のいい大きめのものであれば刺身にも。皮には旨みもゼラチン質もあるので、三枚におろして皮の上からさっと熱湯をかける皮霜造《かわしもづく》りがおすすめ。皮はプリッとしてうろこが美しく、赤い色が生きる華やかな刺身になります。同じような深海魚の朱赤色の魚では、金目鯛がおなじみですが、金目鯛に比べ、アラ（頭や骨）に旨みがあります。そこで、潮汁《うしおじる》やアラ汁、鍋ものにおすすめ。身が柔らかく小骨が少ないので、年配の方やお子様向けの煮魚にもよいでしょう。小さい場合は丸ごとから揚げに。北海道では「湯煮《ゆに》」という郷土料理があり、味付けせずにゆでただけで、ポン酢や醤油、ソースなどでシンプルに食べます。

金目鯛

きんめだい

キンメダイ科で、全長40cm前後。釧路沖以南の太平洋側で、深海の岩礁に棲む深海魚。タイ科ではありません。体色は朱色に近い赤色で、大きな目が金色に輝いているのでこの名に。色の美しさから、真鯛の代わりに祝儀用に尾頭付きで用いる地方もあります。関東近海、伊豆半島や千葉県などに好漁場が多く、関西ではなじみの薄い魚でしたが、最近では全国的に知名度アップ。脂ののった、柔らかい白身魚です。近縁種に「南洋金目（ひら金目）」があり、比較的安価。南半球からの輸入もあります。冷凍ものの輸入も。

【選び方】 目が澄んでえらが赤く、赤色が鮮明なもの。

【旬の時季】 深海魚のため季節はあまり関係なく、一年中出回りますが、脂がのるのは冬。

【漁獲地】 静岡県、千葉県、東京都、長崎県、高知県など。静岡県の「稲取《いなとり》キンメ」や千葉県の「銚《ちょう》子《し》つりきんめ」、高知県の「土《と》佐《さ》沖《おき》どれ金目鯛」などがブランド。

【栄養】 たんぱく質や脂肪が多く、脂溶性ビタミンが豊富。DHAやEPAも多く含まれます。

◎料理のコツ

鮮度のいいものが出回って、刺身も人気です。以前は関東の魚と思われていましたが、最近では四国や九州からも届くように。脂が多いので、刺身は柔らかくねっとりとした食感と濃厚な旨みがあります。ただしキレがないので、好みは分かれるかもしれません。三枚におろして皮目に熱湯をかける皮霜《かわしも》造りや、皮目をあぶる焼霜《やきしも》造りにすると皮が引き締まり、皮の色も生かせます。塩をふってから、醤油、酒、みりん、練り胡《ご》麻《ま》を同量に合わせた漬け地に20分ほど漬けて焼いた「利久焼き」もおすすめ。皮はパリッと香ばしく、身の柔らかさとの対比がいっそう美味に感じられます。火が通ったばかりがおいしさのピークです。「味噌漬け」「粕漬け」も、身が締まるのでぴったり。煮付けには、小さい場合は一尾のまま、大きい場合は切り身で使います。脂が多いので、濃い目の味付けが合います。

鯉

こい

コイ科の淡水魚。全長20～50cmで、1mに達するものも。北海道から九州まで分布。平野部の河川や湖沼に棲む野生の希少種「野鯉《のごい》」と、養殖の「大和鯉《やまとごい》」を合わせて「真鯉」と呼び、食用に流通するのは主に大和鯉。

古くから食用にされ、江戸時代初期に養殖が開始。海から離れた内陸部の貴重なたんぱく源でした。長命で堂々とした姿は〝淡水魚の王様〟で、祝宴の席にも用いられます。赤身魚と白身魚の中間の身質で、上品な味。以前は泥を吐かせましたが、養殖技術の進歩で泥臭さは減少。栄養価が高く、産婦の母乳の出をよくするなどと民間療法にも使われてきました。

【選び方】 一尾魚の場合は目が澄んで、えらが赤いものを。切り身は、身に張りのあるものを。

【旬の時季】 養殖ものは一年中ありますが、本来は冬。

【漁獲地】 養殖ものでは茨城県、福島県、宮崎県など。長野県の「佐久鯉《さく》」が有名です。

【栄養】 たんぱく質や脂肪が多く、ビタミン、ミネラルも豊富な栄養価の高い魚です。

◎料理のコツ

生きたものを使うのが原則で、頭を包丁で叩いて仮死状態にしてから処理します。刺身にするなら、胸びれの下にある苦玉《にがだま》（胆のう）をつぶさないようていねいに取り出し、三枚におろします。そぎ身にし、氷水でさらした「洗い」は、筋肉の収縮力を利用したもので、鮮度がよいほどよく縮み、歯切れよく味わえます。かからし入りの酢味噌を添えましょう。普通の刺身なら柚子こしょうが合います。塩焼きは、淡泊なおいしさです。そして「鯉こく」は、ご馳走の味噌煮込み。濃いめの味噌汁で弱火で一昼夜ほど煮込み、固い骨まで食べられるほど柔らかくし、長葱《ねぎ》や粉山椒でいただきます。鯉のように、うろこも食べられる魚は数少なく、ほかには鯛や甘鯛ぐらい。醤油と砂糖、みりんでこってりと煮た「旨煮」にもどうぞ。骨や内臓を、味噌味のアラ汁に仕立てても。

たいら貝

たいらがい

ハボウキガイ科の二枚貝で、本来の和名は「たいらぎ」。殻の長さ30cmで、国内の食用二枚貝では最大。太平洋側の東北地方以南、主に内湾の水深5〜10mの砂泥地に棲み、殻は先端が尖った直角三角形。尖った部分を砂に突き刺して立ち、殻から顔を出して棲息することから、「立ち貝」とも。褐色で薄い殻は、乾燥すると壊れやすくなります。大小2つの貝柱があり、小さいほうは尖った殻にあります。主に大きい貝柱を食用にします。旨みの源となるグルタミン酸やイノシン酸などが多く、大変味のいい高級貝で、価格は帆立貝の2倍ほど。殻が大きいので、片方の殻を取った「片むき」や、むき身の貝柱で流通。かつて東京湾でも獲れましたが、現在は絶滅。有明海でも激減し、昨今は養殖技術が研究されています。韓国などからの輸入品も。

【選び方】 殻付きは生きているものを。むき身の貝柱は弾力とツヤ、透明感のあるものを。

【旬の時季】 晩秋から冬。

【漁獲地】 愛知県、佐賀県、岡山県、香川県など。

【栄養】 高たんぱくで、その量は帆立貝より上。

料理のコツ

たいら貝の貝柱は締まった身質で、シャキシャキした歯ごたえがあります。磯風味の中にさっぱりした味わい、濃厚な旨みがあり、江戸前ずしのたねとしても高級品。鮮度がよいものは、なんといっても刺身が一番でしょう。むき身を手に入れたなら、周りの薄い膜をはがし、1.5%程度の塩水で洗って70℃の湯で霜降りにして用います。そぎ造りにし、山葵《わさび》醤油でいただきます。少し趣を変えるなら、のりで巻くなどもおすすめです。柑橘類の搾り汁がよく合うので、マリネや酢のもの、サラダ仕立てにしてもしゃれた一品に。たくさん手に入ったら、塩焼き、天ぷら、フライ、黄味揚げなどにすることも。ひも（外套膜《がいとうまく》）や、小さい貝柱、足なども食べられます。福岡県には「たいら貝の粕漬け」という名品があります。

鱈

たら

タラ科で、寒流に棲む深海魚。日本近海には「真鱈」「すけとう鱈」「こまい」などがおり、鱈と言えば主に真鱈を指します。日本海側では山口県以北、太平洋側では茨城県以北に棲み、大きいものは1mに達し、腹がふくらんでいます。貪欲な雑食性の魚で、それが転じて、たくさん食べる様子を〝たらふく食べる〟とたとえるほど。冬、産卵のため浅海にやってくるものを漁獲。脂肪の少ない、淡泊なクセのない白身魚です。特に精巣「白子（菊子、249ページ）」に価値があり、白子を持つ雄が雌よりも高価。身だけなら雌で充分です。水分が多く鮮度が落ちやすいので、昔から甘塩の「塩鱈」や干もの「干鱈《ひだら》」で流通し、「丸干し鱈」「棒鱈」「すきみ鱈」などに加工。すけとう鱈の卵巣「またらこ」を塩蔵したものが「塩たらこ（248ページ）」です。

【選び方】 目が澄んで、えらが赤いものを。切り身の場合は、透明感があり、ハリのあるものを。

【旬の時季】 寒くなるほどおいしくなり、旬は冬。

【漁獲地】 北海道、岩手県、宮城県、青森県など。輸入品も多く、白子も輸入されています。

【栄養】 水分が83％と多く、良質のたんぱく質とミネラルが豊富です。

◎料理のコツ

真っ白な身に、旨み成分のイノシン酸やグルタミン酸が多く、淡味のおいしさ。ふぐに匹敵する味わいです。特に活けの真鱈から取った白子のおいしさは、ふぐの白子に勝るほど。身は水分が多いので、昆布に2～3時間はさんで「昆布締め」にするのが定番ですが、時間が長すぎると身割れし、昆布の味も出すぎて、持ち味が損なわれます。「鱈ちり鍋」も一般的で、アラに薄塩をして、胃袋や肝も一緒に冬野菜との汁ものに仕立てると、ゼラチン質がとろみになって寒い冬に体が温まります。真鱈の卵巣は卵粒が大きく全体が黒いので、昆布巻きの芯などにします。郷土料理も多く、青森県の「鱈のじゃっぱ汁」、山形県の「鱈のどんがら汁」など。

つぶ貝

つぶがい

エゾバイ科の巻き貝で、殻高10cm前後。和名は「ひめえぞぼら」で、「つぶ貝」は通称。東北地方以北の沿岸、やや深い岩礁に棲み、特に北海道に多い貝です。殻の色は褐色から黒や白まで多彩。「つぶ」は「壺」から転じたとされ、殻は丸くふくらみ口は広くなっています。市場では近縁の「えぞぼら」「えぞぼらもどき」「ひめえぞぼらもどき」などを合わせ、「まつぶ」として売られることも。唾液腺にテトラミンという弱い毒を含み、食べると酒に酔ったような悪寒と眠気を催すため、「ねむりつぶ」の地方名もあります。

【選び方】 重くて、触ると蓋などが動く生きたものを。

【旬の時季】 冬。

【漁獲地】 北海道、青森県など。

【栄養】 たんぱく質やミネラル類が豊富。タウリンも多く含まれます。

◎料理のコツ

鮑《あわび》やさざえのような磯風味と甘みがあり、コリコリした食感です。殻も使う場合は、錐《きり》状のもので蓋の周りに穴を開け、中身を引き出します。殻を使わないときは、紙などで包んで金づちで殻を割って中身を取り出します。中腸腺《ちゅうちょうせん》を含むわた（内臓）は切り捨て、蓋も除きます。身（足）はとても大きいので、縦に切り開き、左右にある乳白色の唾液腺（脂身のように見えるので「あぶら」と呼ばれる）を完全に除き、70℃の湯にサッと通して水洗いをし、すっきりさせます。新鮮で刺身やすしだねにできる場合は、さらに塩をふってもみ洗いをし（塩磨き）、ぬめりを落としてからそぎ造りにします。霜降りにしたものをぶつ切りにし、野菜と取り合わせて、和えものやサラダにも。水と酒を半々に合わせて蒸し煮にしたり、甘辛く煮てもおいしいもの。ただし貝類は煮すぎると固くなるので、八分通り火を入れ、余熱で火を通します。木の芽焼きや、フライ、天ぷらにも。北海道には、だし汁を注いで殻ごと網焼きする「焼きつぶ」という名物料理があります。

はたはた

ハタハタ科で、全長30㎝。島根県以北の日本海側、東北地方以北の太平洋側に分布。水深100～400mの砂泥底に棲み、11月下旬から12月の短期間に、産卵のため群れで海岸近くの藻場に集まるところを獲ります。正月前に突然押し寄せるため、神様の恵みとして「鰰」の字が当てられます。秋田県沿岸では、雷が鳴る時季に獲れる「かみなりうお」として親しまれてきましたが激減し、現在は漁獲量規制や稚魚放流などに取り組んでいます。体にうろこがなくなめらかで脂肪が多い、独特な旨みのある淡泊な白身魚です。塩漬けして出た上澄み液が、秋田名物の発酵調味料「しょっつる」。卵は「ぶりこ」で、卵膜が厚く歯ごたえがあるので珍重され、子持ちは高値。干ものにも加工されます。

【選び方】　目が澄んでいてえらが赤いものを。表面にぬめりと張りがあるものを。

【旬の時季】　能登以北では冬が旬。能登以西の山陰では卵を持たないものを獲るので、冬から春。

【漁獲地】　兵庫県、秋田県、鳥取県、青森県、北海道など。秋田県「秋田ハタハタ」や、鳥取県「とろはた」がブランドに。韓国からの輸入も。

【栄養】　たんぱく質、脂肪が多く、ビタミンAやビタミンB群も。DHAやEPAも豊富です。

◎料理のコツ

頭や骨が大きくて身が少ないので、丸ごと、または開いて使うことが多い魚です。塩焼きや味噌を塗って焼く「田楽」、素焼きにして醤油味のたれに漬け込んだ「焼き漬け」、唐辛子をきかせた醤油に漬け込んだ「南蛮漬け」にも。うろこがないため、汁気の多い料理に使うと、するりと食べられます。帆立貝や豆腐、冬野菜を取り合わせ、しょっつるで調味すると、コクと風味が豊かな冬の鍋に。秋田県、山形県、鳥取県などでは郷土料理も多く、ゆでるだけの「湯上げ」、なれずしの「はたはたずし」、豆腐のおからを使った「からずし」、「しょっつる鍋」、「貝焼き」など。

平目

ひらめ

主にヒラメ科ヒラメのこと。北海道から九州までの沿岸の砂泥地に棲む、全長80cm前後の平たい魚です。左側面は褐色で目が二つあり、目のない側は白色。鰈《かれい》（195ページ）と同様、最初は目は両側に付いていますが、成長するにつれて片方に移動。目のある側を上にして、海底に横たわります。「左平目に、右鰈」と言われ、尾を手前に立てたときに、目が左側にあれば平目、右側なら鰈。「大口平目、小口鰈」ともいわれ、口が大きいのが平目の特徴。上品な白身魚で、ぷりぷりした歯ごたえも持ち味。稚魚の放流や養殖も盛んです。

【選び方】 目が透明でえらが赤いものを。2～3kgが最上品。天然ものは裏が白く、養殖は黒い斑模様が。

【旬の時季】 2～6月の産卵期前、冬に脂がのります。「寒平目」ともいわれるように、1～2月が一番美味。

【漁獲地】 北海道、宮城県、青森県、千葉県など。養殖では鹿児島県、大分県、愛媛県。天然もので、青森県「青森ひらめ」、山口県「笠戸《かさど》ひらめ」、長崎県「平戸《ひらど》ひらめおがみ」などがブランド。中国からの輸入も。

【栄養】 高たんぱく、低脂肪で、ビタミンやミネラルも豊富。養殖ものは脂肪が多めです。

◎料理のコツ

旨み成分のイノシン酸が多く、グルタミン酸やタウリンなどのバランスもよいので、甘みとコクがあります。歯ごたえがよく、活け締めの場合の生のおいしさは、魚の中で一番。刺身用の白身魚の代表格です。昆布締めにするときは、五枚おろしにした〝さく〟、またはそぎ身に塩をして30分ほどおき、水気を拭いて昆布で2～3時間はさみます。平目の水分が抜けて昆布の旨みが加わり、おいしさは最高に。塩漬けの桜の葉で巻いたり、ゆでたグリンピースのピューレで和えるなど、アレンジは自在です。塩焼きも最高の味わいです。背びれと尻びれに接する肉部は「縁側《えんがわ》」と呼ばれ、歯ごたえがよく、熱烈に好む人も。肝も珍重されます。

ふぐ

フグ科で、北海道南部以南の日本近海に40種ほどいますが、食用は「とらふぐ」「からすふぐ」「しょうさいふぐ」「真ふぐ」など10数種ほど。表面にはうろこがなく、針のような突起を持つものもあります。とらふぐが最高級品で、魚類全般の中でも高価。どちらかというと西日本で親しまれ、〝不遇〟を連想する言葉を嫌って「ふく」と呼ばれます。

古くから食用にされていますが、肝臓や卵巣に猛毒テトロドトキシンを有し、為政者による売買禁止令も頻繁に出されました。1888年（明治21年）、伊藤博文が山口県でのふぐ食を解禁し、下関がふぐの集散地に発展しました。

現在もふぐ中毒事件はあり、厚生労働省は食用にできる種類や可食部を定め、取り扱いも都道府県条例で規制されます。とらふぐは養殖も盛んで、流通量の半分が養殖ものです。

【選び方】 関西では毒のある部位を除いた「身欠《みが》き」で店頭に並びます。透明感があり、弾力と光沢のあるものを。養殖は水っぽく、身が柔らかくなっています。

【旬の時季】 夏場以外は一年中出回りますが、味がよいのは脂肪がのった冬。

【漁獲地】 天然ものは石川県、北海道、福岡県、山口県、島根県など。養殖ものは長崎県、熊本県、香川県など。天然ものでは福岡県の「玄海《げんかい》とらふぐ」などがブランド。養殖ものでは「長崎ふく」もブランドに。

【栄養】 高たんぱく質、低脂肪。旨み成分もあります。皮にはコラーゲンが豊富に含まれます。

◎料理のコツ

ふぐの活魚を調理するには、ふぐ調理師免許が必須で、家庭では厳禁。ここでは食べ方を中心にご説明しましょう。身はグルタミン酸やイノシン酸、タウリンなどが多くて非常に旨みがあり、代表的な食べ方は刺身とちり鍋。刺身は大阪では「てっさ」と呼ばれ、ふぐ毒に当たると命がないことから、ふぐを〝鉄砲〟に、刺身は「鉄砲の刺身」を略して、てっさとしゃれたもの。身が厚いと歯ごたえが固くなるので、鋭利な包丁で、皿に盛ったときに模様が透けて見えるほど薄く、紙のようにそぎ切りにします。盛り方にも、菊の花のように盛る「菊造り」や、「つる造り」「くじゃく造り」などがあり、ふぐ職人の腕の見せどころ。柑橘類の搾り汁と醤油を半々に合わせたポン酢に、鴨頭葱《こうとうねぎ》や、浅葱《あさつき》（77ページ）などの薬味を添えていただきます。ちり鍋は「てっちり」と呼ばれます。骨付きの身を昆布のだしで、豆腐や春菊などと煮るもので、ポン酢やもみじおろしを添えて。締めの卵雑炊も絶品です。また、皮は3種あっていずれも食用にし、表面の皮はゼラチン質が多く「煮こごり」に、真皮は湯引きして刻みます。身側の皮は竜田揚げなどに。白子、ひれなどもそれぞれ楽しめます。

　石川県には、毒のある卵巣を塩漬けした後に2年以上かけてぬか漬けにし、毒を消失させた珍味「ふぐの子ぬか漬け」があります。ふぐ加工の免許を持つ業者のみに許可されています。

鰤

ぶり

アジ科の青背魚で、全長1m前後。日本沿岸を回遊し、温かい海で産卵を終えると春から夏に北海道付近まで北上し、秋から冬には産卵のため沿岸を南下。成長で呼び名が変わる出世魚で、地方によってもその名は異なり、関東では15cm以下を「わかし」、40cm前後を「いなだ」、60cm前後は「わらさ」、それ以上を「ぶり」と呼び、関西では「わかな」「はまち」「いなだ」「ぶり」と呼びます。西日本では正月の年取り魚として贈答品や雑煮、おせちに用います。1927年(昭和2年)に、香川県ではまちの養殖が始まり、いまや、天然鰤よりも養殖もののほうが漁獲量が上回っています。

【選び方】 目が澄んでえらが赤いものを。切り身は弾力があり、血合いの色が鮮やかなものを。

【旬の時季】 「寒鰤《かんぶり》」と言われるように冬が旬。養殖のはまちは一年中出回ります。

【漁獲地】 天然ものは島根県、石川県、千葉県など。養殖は鹿児島県、大分県、愛媛県など。天然では富山県氷見の「ひみ寒ぶり」、北海道余市の北上した初秋に獲る「天上《てんじょう》ぶり」などがブランド。

【栄養】 たんぱく質、脂肪、ビタミン、ミネラルが豊富。DHAやEPAの宝庫。養殖ものは脂肪が多いです。

◎料理のコツ

身に脂が多く、鮮度が落ちると途端に脂がしつこい味に変わります。刺身やすしだねにするには、いなだ、わらさくらいの大きさが脂肪の量がほどよいでしょう。刺身に使う場合は、和紙に霧吹きで水を吹きかけ、鰤にのせてその上から塩をふってすぐ使う「紙塩」に。鰤の脂が紙に吸収されて食べやすくなります。長葱《ねぎ》や水菜と「鰤しゃぶ」にするとさっぱり食べられ、脂の多い養殖ものにも向きます。このときのだしは、水と昆布のみで。かつおだしを使うと鰤の脂が生臭く感じられます。「鰤大根」(237ページ)には、頭やカマなど、アラを使ってもいいでしょう。

鰤大根

→p.160

材料(2〜3人分)
鰤の切り身(1切れ40gのもの) …… 4切れ
塩 …… 少々
大根 …… 200g
米のとぎ汁 …… 適量
生姜 …… 1かけ
煮汁
　水 …… 1½カップ
　酒 …… ½カップ
　醤油・みりん …… 各⅕カップ
　砂糖 …… 大さじ1½
小松菜 …… 1株

①鰤は両面に塩をふって30分おく。65〜70℃の湯にさっとくぐらせて霜降りにし、冷水にとって軽く洗い、水気を拭く。
②大根は2cm幅の輪切りにして皮をむき、米のとぎ汁で柔らかくなるまで下ゆでし、水気をきる。
③生姜は薄切りにする。
④小松菜はさっとゆでて冷水にとり、水気を絞って食べやすく切る。
⑤鍋に煮汁の材料と①、②を入れて中火にかけ、煮立ったらいったん鰤を取り出す。大根はそのまま中火で煮て、煮汁が半分ほどになったら鰤を戻し入れ、③を加える。
⑥器に鰤、大根、生姜を盛り、小松菜を添える。

ほうぼう

ホウボウ科で、全長40㎝。北海道南部以南の各地の沿岸、水深100mほどの砂泥地に棲みます。稚魚は全身が黒く、大きくなるにつれ美しい朱色に変化。ところどころに緑色の斑紋があり、細かいうろこで胴体が覆われます。胸びれの一番下の部分が変化した足のようなもの（遊離軟条《ゆうりなんじょう》）を持ち、砂の上を歩きながら餌を捕ります。網から揚がったときに、浮き袋を振るわせて〝グーグー〟と鳴くことで有名。固い骨板で覆われた頭が兜をかぶった武士の出陣の姿に似て、赤い色をしているので、昔から祝宴の席に使われてきました。お食い初めにも用いられる白身の上品な魚です。浮き袋、肝なども食用に。干ものは皮目に風味があります。

【選び方】 目が透明で、えらが赤く、体の色が鮮やかなものを。また、ぬめりが透明なものが新鮮。

【旬の時季】 春の産卵期の前、冬が旬。

【漁獲地】 山口県、静岡県、千葉県など。

【栄養】 たんぱく質が豊富です。

◎料理のコツ

頭が大きくて可食部が4割程度と、食べる部分が少なく歩留まりが悪いものの、淡泊で歯ごたえもよく、骨離れのよい魚です。大きくて鮮度がよければ、刺身やすしだねにしますが、昔から火を通す食べ方が一般的。姿焼きにする際は頭を残して背開きにし、背びれを立てるように焼くと、姿よく仕上がります。蒸しもの、揚げものなどにも。アラからいいだしが出るので、鍋ものには骨付きのままぶつ切りにし、頭とともに霜降りにしてから、昆布だしで豆腐や野菜とともに「ちり鍋」に仕立てます。霜降りにして椀だねにしても皮目が美しく、おもてなしにふさわしい一品に。アラは潮汁《うしおじる》、味噌汁にもどうぞ。淡泊さを生かして薄味の煮付けにすると、煮汁が「煮こごり」になるほどゼラチン質が豊富。天ぷらやフライなどにも向きます。浮き袋はねっとりした食感で、肝や心臓も珍味。

帆立貝

ほたてがい

イタヤガイ科の大型の二枚貝。殻は扇形で、殻の長さは20㎝ほど。太平洋側の鹿島灘以北、日本海側の能登半島以北に分布する北日本を代表する貝。水深10～20mの砂礫《されき》底に棲み、殻を開けると中央に大きく発達した貝柱があります。貝柱はグルタミン酸、イノシン酸、コハク酸などの成分を多く含んだ、旨みのかたまり。ひも（外套膜《がいとうまく》）や、三日月状の生殖巣も食べられます。生殖巣は、オレンジ色は卵巣で雌、白は精巣で雄です。今は純粋な天然ものは少なくなり、稚貝を放流したり、種貝を海中に吊り下げる養殖に。養殖は1934年（昭和9年）に北海道で始まり、近年では天然ものより漁獲量が上。干し貝柱（252ページ）にも加工されます。

【選び方】 殻付きは閉じているか、触るとすぐに閉じるものを。むき身はツヤがよく、みずみずしいものを。

【旬の時季】 春の産卵期の前、冬が旬。

【漁獲地】 天然は北海道が9割以上を占めます。養殖ものは北海道が7割に、青森県、宮城県、岩手県など。

【栄養】 たんぱく質がほかの貝類の2倍もあり、タウリン量も貝類ではトップクラス。

料理のコツ

殻付きの場合は平らなほうを上にして持ち、平らな貝殻に沿ってナイフを差し込んで小刻みに動かし、中央にある貝柱と殻のつなぎ目を切り離します。取り出して、黒褐色の中腸腺《ちゅうちょうせん》（うろ）は捨て、それ以外は全て食用に。70℃くらいの湯にさっと通して霜降りにし、冷水にとると、味がすっきりします。貝柱は、手で裂くと、包丁で切るよりも旨みが強く感じられます。根三つ葉とともに塩雲丹《うに》で和えた「雲丹和え」、大根や人参との「なます」にも。「帆立ご飯」は、ご飯の炊き上がりに散らし、蒸らす程度にすると柔らかいままいただけます。煮ものやバター焼きでは、加熱しすぎないように。粕仕立ての鍋ものも冬にぴったりです。ひもは塩もみしてサッと湯通しし、山葵《わさび》醤油などで。

ほっき貝

ほっきがい

バカガイ科の二枚貝で、丸みのある三角形の殻の長さは10cm前後。鹿島灘以北の太平洋側と富山湾以北の日本海側で、浅海の砂底に棲みます。殻の色は薄茶色から暗褐色。食用にするのは主に足と貝柱で、足は生では薄紫色ですが、湯に通すと赤く変化。寿命30年と長命なので、和名は「うば貝」。ほっき貝は通称で、東北や北海道などで強い北風が吹いたときに海岸に打ち上げられるため。旨みと甘み、シコシコした歯ごたえのある、味のいい高級貝です。活貝として殻付きで、または箱入りのむき身で流通。缶詰や蒸し干し品にも加工され、特に干し貝柱はだし用に活用されます。近年出回る冷凍ものは、近縁種の一回り大きい「アメリカうば貝」で、カナダから輸入されています。

【選び方】 殻付きは持って重く、殻をしっかり閉じたもの。むき身は弾力とツヤのあるものを。

【旬の時季】 春から夏の産卵前、冬から早春にかけて。

【漁獲地】 北海道が8割を占め、ほかは青森県、宮城県など。北海道の「苫小牧《とまこまい》産ほっき貝」がブランド。

【栄養】 たんぱく質や、カルシウム、マグネシウム、鉄などのミネラルが豊富。タウリンも含まれます。

◎料理のコツ

旨み成分が多く、おいしい貝です。殻付きの場合は1.5%程度の塩水で砂出しし、合わせ目にナイフを差し込んで開け、わたを除き、ひも（外套膜《がいとうまく》）や水管も分け、主に足と貝柱の部分を食べます。身（足）は湯にくぐらせると赤くなって食欲をそそる色合いになり、価値も上がります。その際は、まず表面を包丁の背でしごいて薄膜を除いてから、80℃くらいの湯に通して冷水にとります。湯の温度が低すぎると、色がきれいに出ないので注意を。山葵《わさび》醤油や酢味噌でいただきます。塩焼き、味噌汁や「潮汁《うしおじる》」、酒蒸し、炊き込みご飯「ほっき飯」などにも。ひもや貝柱も刻んで食用にします。

ぼら

ボラ科で細長い形。北海道以南の各地の沿岸で、内湾や河口などの汽水域《きすいいき》に棲み、産卵期になると外洋へ回遊します。沿岸では数cmから50cmほどの大きさですが、大きくなると80cmほどにも。成長に従って名前が変わる出世魚で、一番小さい「はく」から「おぼこ」「いな」「ぼら」、大型の老成魚「とど」まで。地方名も多い魚です。「いなせな若者」、「おぼこ娘」、「とどのつまり」といった言葉の語源になっているほど親しまれてきた魚で、関東では出世魚にあやかるようにとお食い初めの膳にも登場し、昭和の初めまで高級魚でした。卵巣を塩漬けにして乾物にしたものが、日本三大珍味の一つ「からすみ」です。

【選び方】 目が澄んでえらが赤く、体に張りのあるもの。

【旬の時季】 冬が旬です。

【漁獲地】 千葉県、長崎県、兵庫県など。養殖も古くから盛んで、静岡県、愛知県、三重県など。

【栄養】 パントテン酸などビタミンB群、ミネラルが豊富。

◎料理のコツ

本来は身離れのよい、歯ごたえもある淡泊な白身で、水質のよい河川や外洋で回遊するものは臭みがないので、そうした新鮮なものを刺身や「洗い」に。黒っぽい皮はむいたほうが美しく仕上がります。ほかに塩焼き、煮付け、味噌煮、鍋もの、フライ、南蛮漬けなど多様に使えます。卵巣は、からすみの原料として重要視されています。からすみは古代ギリシャやトルコの保存食品で、天正年間に長崎に伝わりました。簡単に作り方をご紹介しましょう。冬の初めに卵巣を入手したら、血管に針を刺して血液を絞り出して抜いた後、塩を真っ白になるほどまぶし、3週間ほどおきます。次に薄い塩水で少しずつ塩抜きし、ガラス板ではさんで成形。焼酎や酒を塗りながら、冬の乾いた空気で乾燥させてでき上がり。また胃と腸の間にある幽門《ゆうもん》は、ぼらならではの珍味「へそ」。砂泥ごと餌を食べる食性のため筋肉が発達し、コリコリした食感です。

むつ

ムツ科で、全長60㎝ほど。北海道以南から沖縄にかけて分布。水深300〜600mに棲む深海魚で、幼魚のときには沿岸の浅場に群れ、産卵時にも浅い場所に上がってきます。大きな目を持ち、うろこも大きい白身魚。脂っこいことを四国の方言で「むつっこい」というので、この名に。干ものやかまぼこの材料にもなります。4〜5月頃に充実する卵巣は「むつこ」と呼ばれ、たらこ（248ページ）に似た味わい。特に早春に獲れる未成熟の卵巣はおいしく、魚より高価になることもあります。白子（精巣）も珍重（249ページ）。近縁に「黒むつ」がいます。なお「赤むつ」（通称「のどぐろ」）や、「白むつ」と呼ばれる魚は別種で、スズキ科です。

【選び方】 目が澄んで、ふっくらしているもの。切り身はツヤがあって、ドリップの少ないものを。

【旬の時季】 「寒むつ」という言葉があるように、冬。

【漁獲地】 長崎県、千葉県、静岡県、東京都など。

【栄養】 白身魚の中では脂肪が多く、脂溶性ビタミン、DHA、EPAも豊富です。

料理のコツ

どちらかというと、関東以北で親しまれている魚。深海魚で、柔らかくねっとりした身に脂がのっています。新鮮な場合は刺身でどうぞ。身が柔らかく、おろす時に身割れしやすいので注意しましょう。透明な身に、山葵《わさび》醤油はもちろん、梅肉醤油も合います。塩焼きにする場合は、身が柔らかいので、焼き目をつけるほどしっかり焼くほうが身が締まります。柚子風味に下味をつけた「柚庵《ゆうあん》焼き」や、味噌漬け、粕漬けにも。「煮付け」も定番です。また、大根おろしを加えた「おろし煮」や、「揚げ煮」もぴったり。鍋ものや「潮汁《うしおじる》」などに用いても、いいだしが出ます。一尾魚が手に入ったら、頭や中骨などのアラの部分もだしに利用しましょう。味噌汁の「アラ汁」は、寒い日に喜ばれます。むつこや白子は、煮ものや、椀だね、鍋ものの具に。洋風のバター焼きなども合います。

魚介加工品ほか

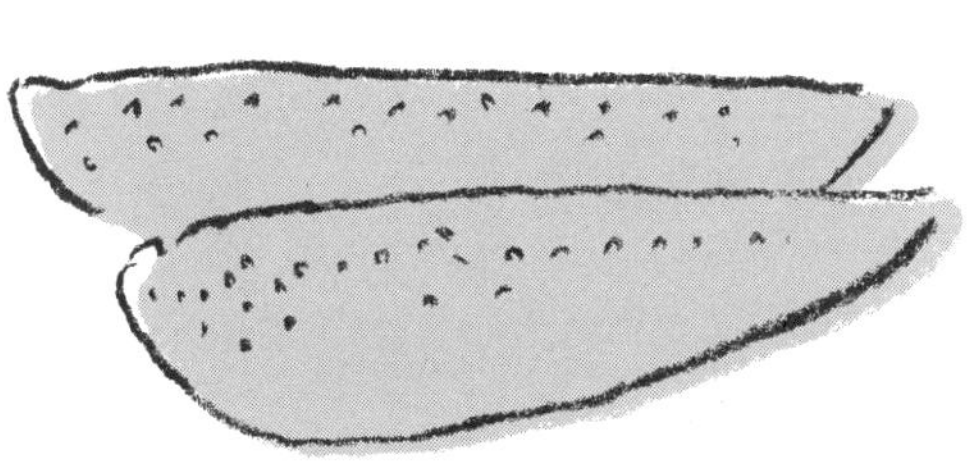

鮟鱇の肝

あんこうのきも

一般に「あん肝」と呼ばれる鮟鱇（215ページ）の肝臓で、〝海のフォアグラ〟と称されるほど高脂肪。体重に占める肝の割合が15〜20％もあるのは、鮟鱇が餌の少ない深海に棲むうえ運動量が少なく、栄養を肝臓に脂肪として蓄えて少しずつ使うため。冬の寒さと春の産卵に備え、秋から脂肪が増えます。あん肝は珍味として人気で、これだけで流通することも。古くなると苦みが出るので、新鮮なものを求めましょう。

【選び方】 必ず鮮度のいいものを買うこと。ふっくらして裏側が白く、血管が鮮明に見えるものを。やはり、高価なものが良品。

【旬の時季】 鮟鱇の旬と同じ冬。

【漁獲地】 鮟鱇は山口県、茨城県、福島県など。北海道産も良品。

【栄養】 肝の脂肪分は鯛《たい》が2％、鮪《まぐろ》が3％に比べ、鮟鱇は40％。脂溶性ビタミンAもずば抜けて多く、鉄などのミネラルも豊富な栄養価の高い素材です。

◎料理のコツ

鮟鱇は身は淡泊ながら、肝はねっとりとした食感です。肝が手に入ったら、蒸してポン酢で食べる「肝蒸し」でシンプルに味わってみましょう。昔ながらの作り方ですが、簡単です。まず大きな血管を包丁や骨抜きで除去し、塩分1.5％の塩水に30〜60分浸して血抜きをしながら、薄く塩味を付けます。塩水が赤くなったら替えて最後は真水で洗い、薄皮をむきます。これをラップやアルミ箔で包んで棒状に成形し、両端をねじってバットに並べ、蒸気の立った蒸し器で20分蒸してでき上がり。粗熱をとって冷蔵庫で締め、小口から切ってポン酢ともみじおろしでいただきます。甘みと旨みがあり、日本酒やワインの肴に絶好の一品。洋風にアボカドと盛り合わせても、よく合います。また「あん肝豆腐」は、蒸して裏ごしし、卵と混ぜて流し缶に入れ、20分蒸した「卵豆腐」のようなものです。

塩イクラ

しおいくら

「白鮭」（211ページ）の成熟卵の塩蔵品。産卵近い白鮭の卵を、漁獲後すぐに手で絞り出し、魚卵分離機で1粒ずつほぐし、食塩水に12～18分ほど浸漬して作ります。透き通った赤紅色から〝赤い宝石〟と呼ばれることも。この色は、餌の海老や蟹など甲殻類の色素の影響によるもの。河口近辺にいる鮭の卵が理想で、川を遡上した鮭では卵膜が厚く固くなり、良質な製品ができません。塩分濃度は昔は10％でしたが、減塩傾向で5％前後に。「イクラ」とは本来ロシア語で「魚卵」の意味で、塩蔵法は大正時代にロシアから伝来。「すじこ」は卵膜に包まれた未熟卵で、塩漬けにします。

【選び方】 製造年月日をチェックし、新しいものを。粒が揃って、赤紅色でツヤのあるものを。すじこはきれいなオレンジ色でツヤのあるものを。鮭はかすかな苦みを持ち、鮮度によってはイクラにも苦みが出ます。

【漁獲地】 白鮭の漁獲地、北海道や岩手県など。アメリカやロシアからの輸入も。

【栄養】 高たんぱく、高脂肪。DHAやEPAを多く含み、ビタミンB群も。赤色の色素アスタキサンチンには抗酸化力も。塩分が比較的多く、摂りすぎに注意。

料理のコツ

大根おろしと和えた「おろし和え」や刺身用の鮭と混ぜた「親子和え」に。郷土料理に使われることも多く、新潟県では根菜の汁もの「のっぺい汁」や雑煮に、宮城県では「はらこ飯」に。生のすじこが手に入ったら、「イクラの醤油漬け」を自家製してみましょう。卵は2％の塩水の中で1粒ずつほぐして皮や血管を除き、ざるに上げて水気をきり、浸け汁に浸します。この浸け汁は、すじこがかぶるほどの量の淡口醤油と、その5分の1量の酒、かつお節ひとつかみ、昆布10㎝角1枚を鍋に合わせてひと煮立ちさせ、冷ましたもの。30分たったら食べられ、2週間はおいしくいただけます。塩イクラを使って、塩味を調整しつつ作ってもよいでしょう。ほぐす際に真水を使うとたんぱく質が流出して、表皮も硬化し、水は白く濁るので注意を。

塩数の子

しおかずのこ

数の子とはにしんの卵巣のことで、一般には塩蔵品「塩数の子」で流通。にしんは頭の角張った鰯《いわし》のような姿から「かど鰯」と呼ばれ、「かどの子」から転じてこの名に。小さな卵粒が数万個もあり、子孫繁栄の象徴としておせち料理に欠かせません。塩数の子を正月料理に用いるのは、江戸時代中期から。かつては北海道でにしんの豊漁が続きましたが、現在は漁獲量が激減し、国産数の子は〝黄色いダイヤ〟と呼ばれるほど希少に。カナダやアメリカ、ロシアなどから冷凍を輸入して加工したり、現地で加工した卵を輸入しています。まれに、春先に「生数の子」が出回る場合も。

【選び方】 塩数の子は、天然ものは貯蔵すると色が濃くなるため飴色がかった透明なものが自然。不自然にきれいな黄色のものは、漂白したものなので避けて。

【漁獲地】 国産はわずかですが、北海道など。

【栄養】 DHAやEPAが豊富です。

●料理のコツ

数の子には独特の渋み、苦みがあり、プチプチした食感とともにやみつきになるおいしさです。塩数の子は必ず塩抜きを。一気に抜こうとすると旨みまで抜けてしまうので、塩分濃度1％の薄い塩水を何回か替え、内部の塩をゆっくりムラなく引き出し、旨みを残すのがポイント。真水を使うと表面が水っぽくなり、傷みやすくなります。塩抜きの方法を説明しましょう。塩数の子10本に対して1ℓの水に、水の重量の1％の塩（小さじ2）を加えて薄い塩水を作り、塩数の子を浸します。塩水を2～3回替えて、水をなめて少しだけ塩辛さが残る程度になったら引き上げ、薄皮をていねいに除き、水気をきります。日持ちさせるため、この後、酒適量をボウルに入れて数の子を洗います（酒洗い）。鍋にだし汁250㎖、醤油・淡口醤油・酒各50㎖を合わせ、削り鰹《がつお》ひとつかみを加えてひと煮立ちさせてこし、冷めたら数の子を浸します。塩抜きした数の子の粕漬けも絶品。マヨネーズと合うので、ポテトサラダの具にも。

塩くらげ

しおくらげ

食用にされる6種ほどのくらげのうち、「越前《えちぜん》くらげ」や「備前《びぜん》くらげ」などを塩蔵したもの。越前くらげは中国の渤海《ぼっかい》や黄海《こうかい》などで発生し、夏から秋に日本海に漂着。福井県沿岸でよく獲れるのでこの名に。体の色が黄褐色で傘の直径が1m前後、体重は100kgにもなり、くらげの中では最大。備前くらげは赤みを帯び、傘の直径が30〜50cm。瀬戸内海や九州沿岸でも獲れ、有明海では「あかくらげ」と呼ばれ、8月が漁期です。くらげは全動物の中で最も水分が多く、みょうばんを混ぜた塩をすり込んで下漬けしてから、2〜3日後に再びみょうばんと塩で本漬けし、水分を抜きます。一般に流通するのはほぼ中国産です。

【選び方】 表面が美しい飴色で異臭がなく、乾きすぎていないものを。

【漁獲地】 備前くらげは有明海。

【栄養】 水分が96〜98%。コラーゲンも多い素材です。

◎料理のコツ

姿のままのものと、細切りタイプがあります。くらげは味もにおいもそれほどなく、コリコリした食感を楽しむ素材で、中国料理によく登場します。和食では酢のものや和えものにします。塩蔵品が一般的なので、使うときはまず、塩抜きから始めます。まずサッと水洗いをして汚れを落とし、塩分濃度1%の塩水に浸け、1時間おきに塩水を替えながら、姿のままのくらげなら5時間、細切りタイプなら2時間ほどおいて塩抜きします。塩抜きしただけで料理に使うと、アクが残ります。姿のままなら切り、細切りならそのままで、鍋にたっぷりの水と一緒に入れ、火にかけてほどよく縮んだら、水にさらしてから合わせ酢に浸します。細切りの胡瓜《きゅうり》やじゅんさいなどと合わせて酢のものに仕立てれば、初夏にふさわしい一品です。刻んだトマトやオクラといった夏野菜と酢ゼリーで固めると、しゃれた前菜になります。胡麻《ごま》ペーストで和えてもおいしいものです。

塩たらこ

しおたらこ

すけとう鱈の卵巣「またらこ」の塩蔵品。「助子《すけこ》」または「紅葉子《もみじこ》」とも呼ばれます。すけとう鱈は身肉より卵巣のほうが価値が高く、真鱈（２３０ページ）の卵巣に比べて卵粒が細かくねっとりしています。主に塩蔵品の「塩たらこ」で出回ります。これは薄塩の塩蔵品「甘塩たらこ」で、食用の色粉で薄紅色に着色されるのが一般的。最近は無着色のものも多くなりました。朝鮮半島ではすけとう鱈を「めんたい（みんたい）」と呼ぶことから、たらこは「めんたいこ」、福岡で韓国風に唐辛子漬けにしたものが「辛子めんたいこ」です。秋口には塩蔵していない、ベージュから薄いピンク色の「生たらこ」が出回ることもあります。

【選び方】 色が赤すぎるものは避け、皮が薄くしっとりしていて、淡い薄紅色のものが良品。大きさは親指大のものが、扱いやすいでしょう。

【漁獲地】 北海道が多く、青森県、岩手県、宮城県など。アラスカやロシアからの輸入品も。

【栄養】 ビタミンA、ビタミンB_2やミネラルが豊富。コレステロールが多いので注意を。

●料理のコツ

生たらこを塩蔵すると非常に黒ずんだ色になり、新しいものでも古く見えます。そこで発色剤を使い、あの薄紅色に仕上げるわけです。この塩たらこはおにぎりに、お茶漬けにと人気が高く、ほかにほぐしてしらたきと甘辛く炒り上げたり、煮含めた小芋にまぶしたり、昆布と一緒にコトコト煮て煮しめにすることも。「寄せたらこ」も酒肴にふさわしい一品。これは一番だしを淡口醤油で調味してゼラチンを溶かし、このゼリー液でほぐしたたらこを固めるもので、私は〝四角いたらこ〟と呼んでいます。細かく刻んだ長芋などを散らせば、見栄えも充分。また、塩たらこの天ぷらも意外なおいしさです。秋口に出回ることもある生たらこは、日持ちしませんが、手に入ったら野菜などと炊き合わせにするとよいでしょう。

白子

しらこ

魚の精巣。魚によっても差がありますが、真鱈《まだら》（２３０ページ）やふぐ（２３４ページ）、鮟鱇《あんこう》（２１５ページ）、真鯛《まだい》（１７４ページ）、むつ（２４２ページ）などの成熟した白子は特に味がよく、珍重されます。生きている魚から取ったものは、芳醇でクリーミー。ほのかな甘みもあり、とろけるような舌ざわりです。中でも真鱈の白子は大きく複雑なひだを有し、菊の花のように見えることから「菊子」とも呼ばれて味は濃厚。江戸前ずしの軍艦巻きのたねにも。あぶり白子にする場合もあります。魚によっては白子を持っているかどうかで、価格がガラリと変わる場合もあります。

【選び方】 新鮮なものを。古くなると苦みが出ます。

【旬の時季】 鱈の旬は冬。

【漁獲地】 真鱈は北海道など。

【栄養】 脂肪が多く、ビタミンＢ群も。コレステロールが多いので摂りすぎには注意が必要です。

◉料理のコツ

入手したらすぐ塩水で洗い、血管や筋をきれいに除去し、一口大に切ります。柔らかいので、手荒く扱うとつぶれます。鍋に白子とかぶるほどの水を入れてゆっくり火を入れ、70℃くらいになったらそのまま2分おき、ていねいに水にとります。熱湯に通すと白子が破裂し、見栄えが落ちるので、扱いには注意が必要です。水気をきって器に盛り、もみじおろしやポン酢などで。酒の肴にはもってこいです。ほかには揚げ出しや、茶碗蒸しの具、鍋ものに。さっとあぶって焼き色をほんのりつけて、白味噌仕立ての味噌椀にしても。天ぷらもおすすめです。

しらす干し

しらすぼし

生後2～3カ月のかたくち鰯（しらす）を漁獲後1～2時間以内に塩ゆでし、干した塩乾物。水分が3～4割ほど残った、柔らかいタイプです。よく乾燥して固い場合は、「ちりめんじゃこ」と呼び分けます。ちりめんじゃこは乾燥度が高いぶん、グラム当たりの価格は2倍ほどします。関東ではしらす干しが、関西ではちりめんじゃこが好まれる傾向に。いずれも最近の健康志向で、減塩タイプが多くなっています。

【選び方】 きれいな乳白色で、1尾ずつ形がきちんとして小さく揃い、きめ細かいと良品。ちりめんじゃこはよく乾いて光沢があり、小さいものが良品です。

【旬の時季】 しらす漁の最盛期は5～6月と10～11月で、それぞれ春しらす、秋しらすと呼ばれます。

【漁獲地】 しらすが多く獲れるのは兵庫県、愛知県、静岡県など。

【栄養】 しらす干しのたんぱく質は、鶏肉の2倍。丸ごと食べるのでカルシウム源にも最適。ただし、塩分があるので注意。

◎料理のコツ

しらす干しはふわっとした食感。対して、ちりめんじゃこはカリッとしています。しらす干しは炊きたてご飯にのせるだけでおいしく、ちょうど新茶の時季の5月にしらす干しの新ものが出回るので、贅沢に「新茶茶漬け」をどうぞ（251ページ）。「しらす飯《いい》蒸《む》し」は、蒸したもち米にしらす干しをのせたもの。もち米を3時間以上水に浸し、さらし布の上に広げて蒸し器で30分蒸し、最後にしらす干しをのせ、温まったらでき上がり。または、大根おろしと混ぜて醤油をたらした「しらすおろし」は、朝食の定番です。ちりめんじゃこのほうは、干したぶんだけ風味も味も濃厚。かき揚げに、卵焼きに、お好み焼きに。油でカリカリに揚げてパスタにのせても。煮くずれないので、佃煮や、山椒の実の佃煮と炊いた「ちりめん山椒」にもします。

しらす干しの新茶茶漬け

→p.144

材料(1人分)
しらす干し …… 大さじ1
ご飯(温かいもの) …… 80g
新茶(緑茶) …… 適量

器にご飯を盛ってしらす干しをのせ、あつあつの新茶をたっぷりかける。

ちりめんじゃこのおにぎり

→p.144

材料(1人分)
ご飯(温かいもの) …… 160g
ちりめんじゃこ …… 大さじ2
塩 …… 適量

① ちりめんじゃこはざるに入れ、風に当てる。
② ご飯に①を加え、さっくりと混ぜて2等分する。
③ 塩分5%の濃い塩水を作る。手を塩水でぬらしてご飯を軽く握り、2個のおにぎりを作る。

干し貝柱

ほしかいばしら

貝柱の素干し品で、主に帆立貝（239ページ）を利用しますが、いたや貝、たいら貝（229ページ）などを使うことも。貝柱を塩水でゆでて天日で干し（または機械干し）、内臓や外套膜《がいとうまく》を除いて加工したものは「白干し」、付けたまま加工したものを「黒干し」と呼びます。殻付きでゆでる場合と、殻から取り出してゆでる場合があり、加工法は産地によってさまざま。中国料理に欠かせず、江戸時代から日本の貝柱が中国へ多く輸出されていました。和食でも、冬瓜などの淡泊な野菜を煮るとき、かつおと昆布のだしでは旨み不足なので、濃厚なだしがとれる干し貝柱を使う場合があります。

【選び方】 黄褐色でよく乾燥したもの。大きいほうが旨み豊か。茶褐色に変色したものは古いので避けます。

【漁獲地】 北海道、青森県、岩手県、宮城県など。

【栄養】 高たんぱく、低脂肪。疲労回復効果のあるグリコーゲンやミネラル、タウリンが豊富。

●料理のコツ

コハク酸やグルタミン酸などの旨み成分を多く含むため、コクがあり、だしとして〝底力〟がある素材です。形状別には丸のままと、割ったりほぐしたりしたタイプがあり、スープに使うなら安価なほぐしで充分。使う際には、まずさっと水洗いをしてボウルに入れ、丸なら3時間、ほぐしたものは20分、かぶるほどの量の水に浸けてもどします。この水に旨みが出ているので、こしてだし汁にします。貝柱を特に柔らかくしたい場合は、もどした後、別のボウルに移して酒をふり、ラップをかぶせて小一時間蒸すと形がくずれません。蕪《かぶ》などの野菜と蒸せば、贅沢な蒸し料理に。もどしたほぐし貝柱をゆっくりと煮出してあんに仕立て、野菜にかければ「貝柱あんかけ」に。変わったところでは「貝柱餅」があります。もち米2カップを洗って3時間水に浸し、もどしたほぐし貝柱100gを合わせて30分蒸してすりこ木で搗《つ》き、まな板の上でのします。適当な大きさに切って焼き、雑煮風に仕立てましょう。

海藻

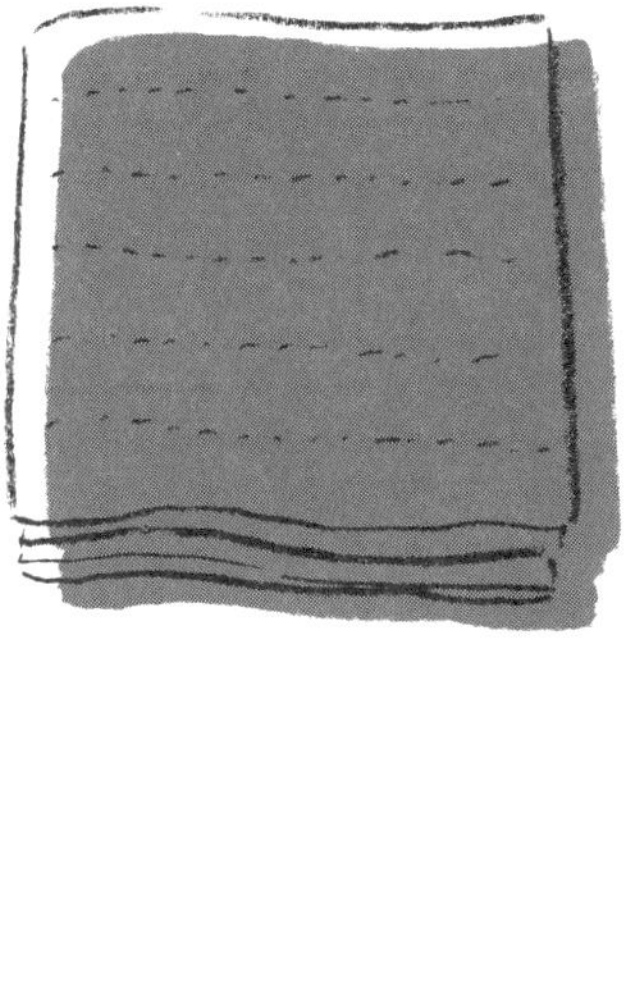

海苔

のり

紅藻類ウシケノリ科アマノリ属の海藻で、紫紅色。「甘《あま》苔《のり》」はこけ状、または小型の柔らかい葉状で、日本近海には20種以上も生育。海藻の中でも味がよく、手近な岩礁地帯に生えるので干潮時に摘み取りやすく、古くから「紫菜《のり》」として生のりで食用にされてきました。江戸時代初期に品川沖で、海中に木の枝や竹などでヒビ（柵囲い）を建てて胞子を付着させる養殖が始まり、江戸中期には現在の四角い板状の「干し板海苔」が誕生。「浅草海苔」という名前は、浅草川（隅田川）河口で甘苔が採れたから、浅草の紙漉き技術にヒントを得たから、など諸説が。養殖されていた浅草海苔は、明治になって標準和名「あさくさのり」を与えられました。しかし現在は激減。養殖には黒褐色で収穫量も多いスサビノリを中心に甘苔数種を利用、ヒビは化学繊維の網に。干し板海苔は、焼き海苔、味付け海苔などに二次加工されます。

【選び方】 干し板海苔は光沢があり、香りがよく、光に透かすと、緑色に見えるものを。

【旬の時季】 12月初めから採集し、この時期は「初摘み」と呼ばれて新海苔の材料にします。続いて出る芽は「二番摘み」。回数を重ねるほど固くなり、香りも味も落ちていきます。

【産地】 養殖は佐賀県、兵庫県、福岡県、熊本県、宮城県など。佐賀県の「有明《ありあけ》（佐賀）海苔」、千葉県の「木更津《きさらづ》海苔」などがブランドです。

【栄養】 たんぱく質や炭水化物が多く、ミネラルやビタミン類も豊富です。

料理のコツ

干し板海苔の魅力は、あぶった海苔が口中でパキッとほぐれる食感にあります。黒褐色の海苔をあぶると青緑色に変化し、海苔そのものの香りもふんわりと立ちます。あぶり方にはコツがあり、1枚を焼く場合は光沢のある側を内側に二つ折りに、2枚焼くときは光沢のある側同士を合わせて中表に重ね、凹凸のある側のほうをさっと火に当てます。こうして、海苔と海苔の間に香りを閉じ込めます。炭火が理想的ですが、ガス火の場合は少し弱火で。炊きたてご飯にわさびを少し塗り、焼いたばかりの海苔でくるりと巻いて食べるのは、家庭ならではの最高の味でしょう。海苔巻きを巻くときは、巻きすのツヤのある面を上向きに置き、その上に、海苔の光沢のある面を下向きにして重ね、すし飯を広げて巻きます。なお、太巻きは焼き海苔で巻くと破れるので、焼いていない海苔で巻きます。こうすると、すし飯がくずれずに締まります。

ちらしずしに飾る「針海苔」は出刃包丁を使い、まな板の上で切るときれいに揃います。一方、そばにのせる海苔は少し太くてよいので、キッチンばさみで切ってもいいでしょう。光沢のなくなった海苔や湿った海苔は、佃煮にどうぞ。

ひじき

ホンダワラ科の褐藻類。高さ20㎝～1m、太さ3～4㎜の茎が岩礁に生え、茎からは円柱状の葉と小枝が出ます。日本近海特産で、太平洋側では北海道南部から九州まで、日本海側では兵庫県以西に分布。生では黄褐色で、渋くて食べられませんが、ゆでて乾燥させると渋みはなくなり、黒変します。これが「干しひじき」。日本での食用の歴史は古いものの、現在国産は1割、韓国や中国からの輸入が9割。国産は天然もの、輸入品はほぼ養殖です。長ひじきは茎、芽ひじきは葉の部分で、芽ひじきのほうが細かく柔らかく、高価です。

【選び方】 光沢のある黒で色ムラがなく、太さが揃ってよく乾燥したもの。芽ひじきはきめ細かいものを。

【旬の時季】 春から初夏に繁茂し、春に柔らかいものを採取。初夏以降は固くなります。

【産地】 長崎県、千葉県、三重県など。千葉県の「房《ぼう》州《しゅう》ひじき」、三重県の「伊勢ひじき」が昔から有名。

【栄養】 食物繊維が多く、カルシウム含量は海藻中トップ。カリウム、鉄、ヨウ素なども含まれます。

◎料理のコツ

芽ひじきと長ひじきでは、肉質が締まっている芽ひじきをおすすめします。長ひじきは煮溶けてしまうこともあり、口中でもモソモソしがちです。芽ひじきをもどすときは、たっぷりの水で洗えば充分。長時間水に浸す必要はありません。それを熱湯に数秒浸してから使います。新鮮なものほど茶褐色に近い色になります。組織が柔らかく煮汁もしみ込みやすいので、あまり長く煮すぎないことが大事。油揚げなどと煮含めるのが一般的ですが、私はおかずの主菜にもなるよう、豚肉やベーコンなど動物性の旨みのある素材と組み合わせます。色鮮やかなパプリカを加えれば、ひじきの黒い色が引き立つ風格のある一品に（257ページ）。白和えや炊き込みご飯に使っても、白と黒のコントラストがきれいです。油との相性がよいので、炒めるとコクが生まれます。かき揚げにもどうぞ。

ひじきと豚肉の彩り煮

→p.145

材料(4人分)
芽ひじき(ぬるま湯でもどしたもの)
　…… 100g(乾物で20g)
豚バラ薄切り肉……80g
パプリカ3種(緑・赤・黄)……各50g
煮汁
　水 …… 80mℓ
　砂糖 …… 大さじ1½
　醤油・みりん …… 各大さじ1

①芽ひじきは、熱湯にさっと通してざるに上げ、水気をきる。
②豚肉は3cm幅に切り、熱湯にさっとくぐらせて霜降りにし、冷水にとって水気をきる。
③パプリカはそれぞれヘタと種を取り、3cm長さの短冊切りにする。
④鍋に煮汁の材料を合わせて、①を煮る。煮汁が半分くらいになったら②を加え、煮汁が少なくなるまで煮る。煮汁が少し残るくらいで、最後に③を入れてひと煮する。

もずく

「糸もずく」と「太もずく」に大別されます。糸もずくはモズク科モズクで、主に日本海側に自生。春から初夏に繁茂し、夏に枯れます。褐色の直径1㎜ほどの細い糸状の海藻で、長さは30～40㎝になります。ほんだわらやつるもに付着するので、この名に。食感がなめらかで、表面にぬめりがあり、別名は「絹もずく」。特に春先に真っ先に出回るものは「花もずく」と呼ばれる高級品。一方、太もずくにはナガマツモ科フトモズクや、ナガマツモ科オキナワモズクなどがあり、瀬戸内海から九州南部、沖縄にかけて分布。直径2～3㎜と本来のもずくの2～3倍の太さで、色は黒いのが特徴。ぬめりは少なめで、コリコリッとした歯ごたえ。「沖縄もずく」は1970年代に沖縄で養殖が始まり、一年に3回も収穫できます。現在、パック入り味付けもずくのほとんどがこれで、消費量も伸びています。その結果、もずくと言えば沖縄もずくを指すようになりました。塩漬けや乾燥もずく、味付けもずくのかたちで流通しています。

【選び方】 塩漬けもずくと味付けもずくは、太さが揃っているものを。特に味付けもずくは、製造年月日をチェックして新しいものを。

【旬の時季】 天然ものの生育期間は冬から初夏。若いほうが柔らかく、味がよいです。なお、日本海側では6～7月に採取されます。

【産地】 養殖の沖縄もずくは、沖縄県が9割。天然の糸もずくは石川県の能登や、新潟県の佐渡が有名。

【栄養】 食物繊維と、ミネラルのヨウ素が豊富。ぬるぬるした成分は、食物繊維の一種のアルギン酸とフコイダンです。

◎料理のコツ

もずく自身に味はあるものの、主には〝のどごし〟を味わう素材なので、太もずくでも糸もずくでも、なめらかにのどを通るものが良品です。ごくたまに別の海藻が混じっていると、途端にのどごしが損なわれます。塩もずくを使う際には、必要量をざるに入れ、水を張ったボウルに入れて、流水を少しずつかけながら塩抜きします。塩を抜きすぎないほうが、旨みは残ります。

これを湯通しして冷水にとり、水気をきって使います。一般には酢のものとして、「もずく酢」で食べます。かけ酢には、醤油と酢を半々に合わせた二杯酢2に対し、だし汁8を合わせた加減酢を使います。酢は使う前に電子レンジにかけて酢っ気を飛ばすと、むせることなく、おいしく食べることができるでしょう。生姜汁もきかせます。また、味噌汁などの汁ものやもずく雑炊などに使うときは、もずく自身が〝だし〟になります。

若布

わかめ

アイヌワカメ科の褐藻類。長さ1～2mほど、黄褐色の平らな茎と根、大きく柔らかい葉を持つ一年草の海藻。初夏に、胞子を放出してから枯れます。日本沿岸の外洋に面した岩礁に生える代表的な海藻で、古くから「ニギメ」として利用。神様へのお供えや縁起物に使われました。潮流の激しい、岩礁の多い沿岸で採れるものほど良品。1954年（昭和29年）に養殖が始まり、現在、国産の9割が養殖。生若布は年に1回の収穫で保存できないため、乾燥若布（干し若布）、塩蔵若布で流通。「めかぶ」は成熟若布の根元にできるヒダ状の胞子葉、「茎若布」は茎の部分です。

【選び方】 塩蔵品は触ったときに肉厚で縮んでいないものを。干し若布はしっかり乾いたものを。

【旬の時季】 2～6月頃に採取され、2～3月頃に採ったものは柔らかく良品。

【産地】 養殖若布は岩手県、宮城県、徳島県など。天然若布は岩手県「三陸《さんりく》（南部）若布」、徳島県「鳴門《なると》若布」、新潟県「佐渡《さど》若布」などが昔から有名。

【栄養】 カルシウム、カリウム、鉄、ヨウ素、β《ベータ》-カロテンが豊富。ぬめりは食物繊維の一種、フコイダン。

◎料理のコツ

若布を湯にくぐらせて、褐色が鮮やかな緑色に変わる瞬間は心躍るもの。鮮度が保たれて扱いやすい塩蔵品をおすすめします。使うときはまず塩を洗い流し、水に浸けて2～3回水を替えれば充分。多少の塩分が旨みになるので、長く水に浸けて塩分を抜きすぎないように。それから、さっと湯通しします。長く加熱するとヨード臭が出るので注意。味噌汁はもちろん、春に出合いものの筍《たけのこ》と合わせる「若竹煮」や、鍋仕立てにした「若竹鍋」などが定番。和えものや酢のもの、若布ご飯にも。乾燥させて砕くと「ふりかけ」に。なお、生若布は、産地の海辺で春先にだけ手に入るので、一年中流通する「生若布」とは塩蔵のもどしです。

だし素材と調味料

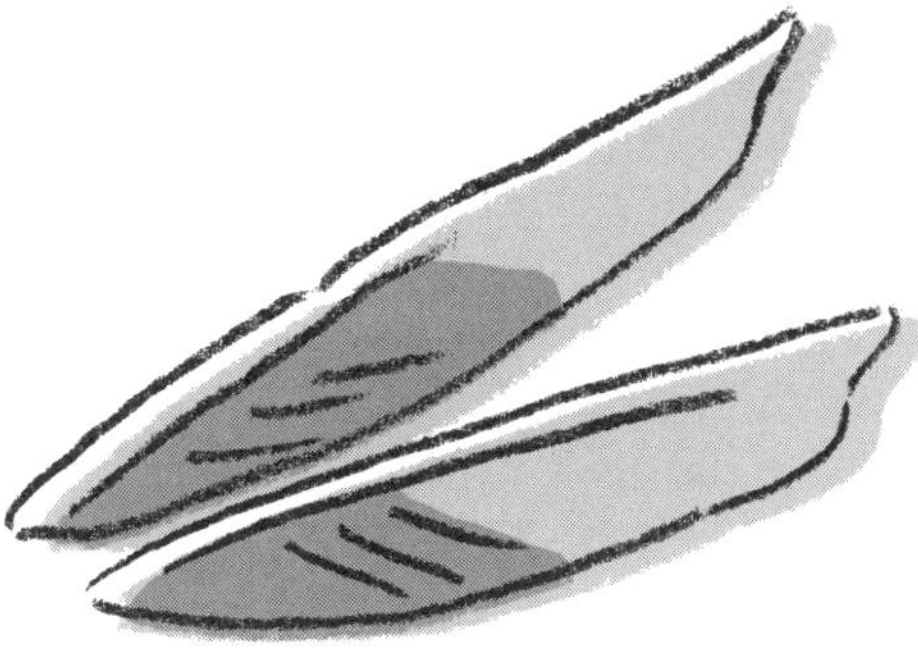

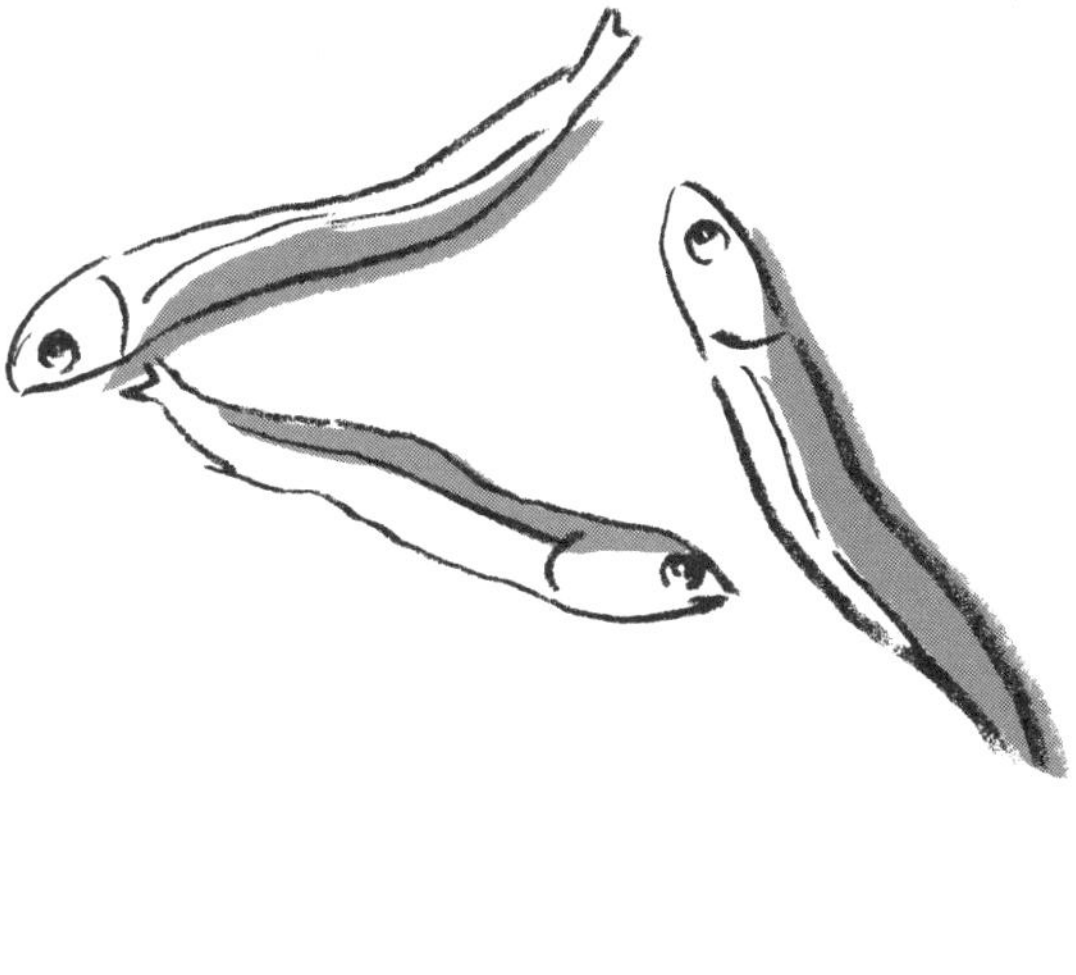

鰹節

かつおぶし

鰹節は、製造工程によって大きく「荒節《あらぶし》」と「枯れ節《かぶし》」（本枯れ節）の二つに分けられます。荒節は、冷凍された鰹を解凍し、頭や内臓を切り落として煮てから、焙乾《ばいかん》（燻製）、暗室での寝かしまでを約1カ月で行うもの。表面は黒く焦げた色で、薄く削ったものが「花鰹」としてパック入りで流通します。一方で枯れ節は、荒節にさらに一定の温度と湿度で、半年ほどかけてカビ付けを3回以上繰り返し、水分を13％以下にしたもので、保存性に優れます。もともと鰹は鮮度落ちが早い魚で、昔は生食が難しく保存用に干し固めていましたが、江戸時代中期に土佐藩で燻煙による加工法（燻乾法《くんかん》）が考案されました。鰹を燻煙加工する保存法は、インド洋の島国モルディブでも行われていますが、カビ付け加工は日本独特の技術です。

回遊魚の鰹は各地で漁獲時期が異なり、西日本で春から初夏の脂が少ない鰹を用いたものは「春節」、三陸で秋に獲れる脂ののった鰹を用いたものは「秋節」と呼ばれ、脂が多いと〝だし〟が濁るので、春節が上質とされます。鰹の切り分け方からも、呼び名が変わります。小型の鰹を三枚におろし、左右二枚に分けたものは「亀節《かめぶし》」で、血合いが入るので濃いめの〝だし〟に。大型の鰹を三枚におろし、背と腹に二分して四節に分けたものは「本節《ほんぶし》」。さらに本節で背肉を使うと「雄節《おぶし》」（または背節）」、腹肉を使うと「雌節《めぶし》」（または腹節）」で、雄節は淡泊な〝だし〟になり、雌節は濃厚な〝だし〟に。この鰹節の旨み成分の主体は、イノシン酸です。

鰹節は「勝男武士《かつおぶし》」に通じる縁起物として、男の子の行事や結納品などに登場します。

【選び方】 手に持ったときずっしり重く、軽く叩き合わせて、キーンと高く澄んだ音がするものを。カビが薄く均等に付いているものを。花鰹は、赤みを帯びた色のものを。酸化すると白っぽくなります。

【栄養】 生の鰹よりも必須アミノ酸やビタミン類、ミネラル、旨み成分が豊富です。

料理のコツ

枯れ節は、日本の加工食品では一番手間がかかるもので、世界一固い食べものといわれます。微生物のカビが内部の水分を吸収して体表面から蒸発させ、水分を減らしています。さらにカビは、脂肪を分解して特有の香気を作り出し、優良カビが不良カビの生育も抑えています。使う際には乾いた布巾で拭いて、鰹節削り器で薄く削ります。削りたての香りは最高で、お浸しにのせても、そのまま食べても美味。

鰹だしのとり方は、水1ℓに削った鰹節20g（水の重量の2％）を用意し、鍋に入れて火にかけ、75〜80℃の間、特に80℃くらいで1分間ほど浸し、旨み成分を抽出します。温度計がない場合に判断する目安は、鰹節が鍋底に沈まずに、鍋の中央で揺らいで漂う状態です。この後、火を止めて1分したら、キッチンペーパーを敷いたざるでこしとります。これが「鰹一番だし」で、お吸いものなどに使います。温度が高かったり煮出す時間が長いと、渋み成分が出て香りも飛ぶので要注意。だしガラに半量（５００㎖）の水を加えて弱火で煮立てると、「鰹二番だし」がとれるので、野菜の煮ものなどに使います。

鰹節のイノシン酸に、昆布の旨み成分グルタミン酸を合わせると相乗効果が生まれ、単独のだしよりも旨みが6〜10倍も強くなります。これが「鰹昆布だし」で、料理本などでは一般に「一番だし」や「鰹と昆布の合わせだし」などと書かれます。鰹昆布だしは、水１ℓとだし昆布（真昆布、利尻昆布、羅臼昆布など、２６４ページ）５gを鍋に入れて水から中火にかけ、泡が出て75〜90℃になったら、鰹節10〜15gを加えて火を止め、１分そのままにしてこしとります。お吸いものにふさわしい、品のいいだしです。残った昆布と鰹節には、90℃の湯５００㎖を注いで5分間浸したままにし、こすと「二番だし」がとれ、味噌汁や煮ものなどに向きます。最後に残った鰹節と昆布は刻んでポン酢に浸し、常備菜として食べきります。私が提唱する〝だし素材の三段活用〟です。いい鰹節は高価だと思われますが、１本の鰹節で１００人分をまかなうだし汁がとれるので、結果的には高くないと思います。

昆布

こんぶ

褐藻類コンブ科コンブ属とその近縁種の海藻。根と茎、暗褐色（または淡褐色）の平たく細長い1枚の葉からなり、根で岩礁に着生。日本では東北北部から北海道沿岸にかけて生育。食用にするのは真昆布、利尻昆布など10種ほど（266ページ）で、〝だし〟用、煮もの用などで使い分けます。昆布は、葉の表面の嚢《のう》（袋）から胞子が放出され、岩などに付着して発芽。幼芽は春から夏に成長して「1年もの」になりますが、薄く小さく、味もよくありません。これは先端から枯れ、冬至過ぎに再び茎の基部から成長し、夏までに「2年もの」になります。2年ものを夏に採取し、1～2日間天日干しして裁断・結束します。

昆布はもともと「ひろめ」や「えびすめ」と呼ばれ、そこから「ひろめる」「よろこぶ」に通じると鏡餅の飾りなどに用いられ、仏教寺院では精進料理のだしに使われました。鎌倉時代には北海道の開発が始まり、函館（当時は箱館）周辺で採れた昆布が、若狭《わかさ》や近江商人によって日本海を運ばれ、敦賀《つるが》などから京都へ。江戸時代には北前船《きたまえぶね》に積まれて西進し、下関経由で瀬戸内海に入り、当時の商都・大坂（大阪）に集積されました。長崎や沖縄から中国へも輸出。一方、江戸へは大坂経由のため割高で、普及しませんでした。

現在の昆布は、天然ものが1割、養殖ものが9割です。昆布の養殖はまず、明治時代に増殖目的で岩礁を造成。1960年代に、胞子を採苗用の糸に付着させて濃い培養液である程度成長させた後、天然昆布が生育する海中に移し、満1年で採取する「促成養殖法」が始まり、現在の主流に。真昆布や利尻昆布、羅臼昆布などで行われています。

出回っている昆布は、生育する浜やその海の深さ、昆布の状態で1～5等まで格付けされています。等級が高いものが高級ですが、判断基準に厚みや幅も含まれるため、味のよさだけを反映しているわけではありません。

【選び方】 一般には、よく乾燥して肉厚のものを。

【産地】 北海道、青森県、岩手県など。

【栄養】 海水のミネラルを溜め込んでいる昆布は、カリウム、カルシウム、マグネシウム、鉄などが豊富。β《ベータ》-カロテンも。粘り成分は食物繊維の一種フコイダン。

◎料理のコツ

〝昆布だしらしさ〟は、旨み成分のグルタミン酸と、少し含まれる海塩分で生まれます。現代では、使う前にぬれ布巾で拭く必要はありません。〝だし〟が出やすいよう包丁目を入れるのも、効果は薄いというデータが出ています。おいしい昆布だしを抽出するポイントは、なにより温度。だし昆布13cm角1枚に水1ℓを用意し、60〜70℃くらいの温度で弱火で10分煮出してとることで、クリアに澄んだ旨みと香りが出て、上品なだしになります。高温では、昆布に含まれるヨードの味が強く出るのでご注意を。煮出す前に水に30分浸して昆布を柔らかくすると、旨みが出やすくなります。家庭では冷水ポットに水と昆布を入れて冷蔵庫に入れておく「水出し法」もおすすめ。香りと旨みは少なめですが、ストックできるので便利です。ただし3日くらいで使いきりましょう。

品のいい植物性の昆布だしは、肉や魚など動物性の素材の煮ものに使うと生きます。使い終わった昆布は刻んでポン酢に浸け、お浸しなどに混ぜて食べきりましょう。この昆布だしに鰹節を加えてとったものが「鰹昆布だし（一番だし）」で、旨みが6〜10倍になります（263ページ）。

（266ページに続く）

コラム

野崎流、簡単「鰹昆布だし」のとり方

材料（作りやすい分量）
昆布 …… 5cm角1枚（5g）
鰹節 …… 10〜15g
熱湯（ポットの湯で可） …… 1ℓ＋500mℓ

ボウルに熱湯1ℓを入れ、昆布と鰹節を入れ、そのまま1分おく。キッチンペーパーを敷いたざるでこす。これが「一番だし」。
同じボウルにこし終えた昆布と鰹節を戻し、熱湯500mℓを注ぎ、5分おき、キッチンペーパーを敷いたざるでこす。これが「二番だし」。

昆布のいろいろ

★がごめこんぶ
トロロコンブ属。表皮に籠の目状の模様があるので、この名に。葉の縁にはひだがあります。北海道の室蘭、函館沿岸で採れるこの昆布は、独特の強い粘りがあり、松前漬け《まつまえ》、とろろ昆布、おぼろ昆布に加工されます。

★長昆布　ながこんぶ
コンブ属。幅が狭く長いのが特徴。釧路、厚岸《あっけし》、根室など北海道東部沿岸に多く、昆布の中では生産量が最多です。乾燥品は灰色を帯びた黒色をし、甘みは薄いものの味はよく、煮昆布、おでん用などに向きます。江戸時代に沖縄に伝わり、沖縄料理に根づいています。

★真昆布　まこんぶ
コンブ属。昆布の代表格で、肉厚。函館から室蘭にかけての地域が主産地です。乾燥品は黒褐色で、切り口の色で「白口」「黒口」に分けられ、白口はだし昆布の最高級品。〝だし〟は澄んだ色をし、料理店向きで高価です。おぼろ昆布やとろろ昆布にも加工します。

★三石昆布　みついしこんぶ
コンブ属。別名・日高昆布。細長い昆布で、日高地方沿岸を中心に函館、室蘭、十勝の沿岸で採れます。乾燥品は濃緑色で黒みを帯び、〝だし〟は少し青白く濁ります。柔らかく煮上がりが早いので、煮昆布にも向きます。

★羅臼昆布　らうすこんぶ
コンブ属。幅広で肉薄、採れる地域は知床半島の根室海峡側と狭く、生産量は少なめです。乾燥品は、黒褐色と茶褐色のものがあります。真昆布に匹敵する昆布で、だしは黄色に濁りますが、味にはコクがあります。

★利尻昆布　りしりこんぶ
コンブ属。真昆布より幅が狭く、利尻・礼文両島を中心とした北海道北部で採れます。山の伏流水が流れ込むため、ミネラル分が多く上質。乾燥品は黒褐色です。〝だし〟は澄み、だしをとった後には煮ものに使うとよいでしょう。おぼろ昆布などにも加工されます。

煮干し

にぼし

「煮干し鰯《いわし》」のことで、別名いりこ、だしじゃこ。江戸時代、高級品だった鰹節や昆布に代わる〝だし〟として、黒潮に沿った九州や四国の沿岸で誕生しました。体長5㎝ほどの新鮮な鰯（208ページ）を薄い塩水でゆで、温風乾燥機や天日で乾燥させたもので、JAS（日本農林規格）で水分は18％以下と定義されています。鰯は、保存中に油焼けしないよう脂肪分の少ないかたくち鰯や真鰯を使います。新鮮なうちにゆでて乾燥させることで、腹が内側に曲がって「へ」の字の形に。なお「田作り」に使う「ごまめ」は真鰯の素干し品で、苦みがあります。煮干しはゆでているのでアクや乾燥中の成分変化がなく、だし用途向きに。

【選び方】 頭も尾もついている銀白色で、「へ」の字形に乾いたものを。5㎝大が使いやすいです。

【産地】 長崎県、香川県、千葉県、静岡県など。香川県の伊吹島《いぶき》「伊吹いりこ」が有名。

【栄養】 たんぱく質とカルシウムが多く、だしをとった後も食べればカルシウム補給に。EPAやDHAも豊富。わたの部分にはビタミンDが含まれます。

◎料理のコツ

鰯の成分が、煮干しにすることで旨み成分のイノシン酸に変化し、味噌との相性がよい〝だし〟になります。グルタミン酸と相乗効果があるので、昆布と併用すると旨みが濃厚に。〝だし〟をとる際に、料理店では頭とわたを除きますが、家庭では丸ごとで大丈夫。ビタミンDを含む腹わたと一緒に食べることで、カルシウムが効率的に吸収されます。手早く旨みを出すために、背骨に沿って半分に開きましょう。イノシン酸は水に簡単に出るので、煮干し20gを水1ℓに入れて、常温で3時間以上おく置きこし法がおすすめ。3日くらいで使いきりましょう。取り出した煮干しに水1ℓとだし昆布8㎝角を加え、沸騰させてこすと「煮干しの二番だし」。これも味噌汁や煮もの用に。残った煮干しは、野菜炒めや煮ものの具として使いましょう。

干し椎茸

ほししいたけ

椎茸（94ページ）を乾燥させたものが「干し椎茸」です。もとは天日干しでしたが、現在ではほぼ機械による熱風乾燥で、天日干しは併用する程度。笠の形によって「冬菇《どんこ》」と「香信《こうしん》」に大別されます。冬菇は笠が七分開きのときに採取したもので、笠は丸みを帯びて肉厚、味や香りもよいタイプ。中でも低温の乾燥状態で成長させると特別に肉厚になり、笠の表面に亀裂が入り、高級品になります。香信は低価格の普及品で、笠が開いていて肉薄。他に薄切りのものも出回ります。

【選び方】 乾燥し、形が整っていて光沢のあるものを。形の善し悪しで価格が異なり、だし用なら低価格の欠けているもので充分。袋が粉だらけのものは避けます。

【産地】 大分県、宮崎県、岩手県、静岡県など。

【栄養】 生椎茸に比べてビタミンDが豊富。ビタミンB_1、B_2、食物繊維も多く、血中コレステロールを抑制したり、抗がん作用が期待できる成分も含まれます。

●料理のコツ

干し椎茸にすると、椎茸の旨み成分であるグアニル酸が乾燥で凝縮し、濃厚になります。また水でもどすとレンチオニンという芳香成分が生まれます。グアニル酸は、グルタミン酸やイノシン酸と合わさると相乗効果が生まれるため、昆布、鰹節を併用するとおいしい〝だし〟がとれます。「干し椎茸だし」５００mℓをとるには、干し椎茸15gを水に30分浸して水を捨て、新しい水６００mℓを加えて、ラップをかぶせて冷蔵庫に一晩（厚みによって約5〜10時間）おきます。浸け汁とともに鍋に移し、ひと煮立ちさせます。これをアクを取ってキッチンペーパーを敷いたざるでこせばでき上がり。一晩水に浸したものならひと煮立ちさせるだけでもかまいません。もどしている途中、柔らかくなった干し椎茸を切ると、さらに早く吸水します。初めからお湯でもどすと雑味が出るうえ、旨みが出にくいので要注意。このだしは味の薄い素材の煮ものや汁ものに、精進料理に。椎茸は煮ものの具にします。

塩
しお

主成分は塩化ナトリウム。日本では縄文時代から海水を煮詰めて生産。中世に海水を砂浜に撒く「揚浜式塩田法《あげはましきえんでんほう》」が、江戸時代には海水を引き入れる「入浜式塩田法《いりはましきえんでんほう》」が発達。1953年（昭和28年）には、「流下式塩田法」（流下盤《りゅうかばん》に海水を流して竹製の枝条架《しじょうか》から滴下させる）に。1972年（昭和47年）、「イオン交換膜法」が開発され、塩化ナトリウム100％に近い食塩が大量生産可能になりました。販売面では、1905年（明治38年）制定の「専売制」が1997年（平成9年）に廃止。2002年（平成14年）には塩の製造・販売・輸入が完全自由化され、各地で、特色ある塩が作られています。現在、国産塩は「イオン交換膜法」によるものが90％以上。また食用塩の85％は国産品です（工業用を含めれば15％で、多くは輸入品）。

【産地】 兵庫県、徳島県、香川県、長崎県、岡山県など。

【選び方】「食用塩公正取引協議会」表示ルールに沿った塩には、「しお公正マーク」がつきます。

●料理のコツ

塩は調味料の中で旨みは最少で味を比較する意味はなく、ミネラルの有無も、ほかの食材で摂ればいいことです。私は使いやすさで、純度の高い精製塩と、粒子の粗い「自然塩」を使い分けます（注。「自然塩」の表示は定義が明確ではなく、「食用塩公正取引協議会」のルールで使用禁止。ここでは「精製塩」との区別のため例外で使用）。精製塩は魚や肉の下味付けや野菜の塩もみ、漬けものなどに。粒のある塩は焼き魚の化粧塩用や、豆腐を塩で食べるような場合に使います。塩は味付け以外にも、魚や肉、野菜の水分を脱水し、鮑《あわび》の塩磨きなど魚介のぬめり物質を除きます。りんごなどでは塩水による褐変防止作用、魚のすり身に弾力を出す作用、たんぱく質凝固作用なども。防腐作用も大切です。国産塩は海塩以外にも、塩分を含む温泉水から作る山塩《やまじお》もあり、外国の塩には岩塩や塩湖の塩なども。形状も粉末状、フレーク状などさまざまですが、水に溶かすと区別はつきません。各地の塩を使うのは、いわば〝ロマン〟の範疇でしょう。

醤油

しょうゆ

主成分は18％前後の食塩と、旨み成分の窒素化合物など。原料は大豆、小麦（大麦や裸麦の場合も）、塩で、麹菌・酵母・乳酸菌という3種の微生物が同時に働いてできる調味料です。塩味に、グルタミン酸など約20種に及ぶアミノ酸類の旨み、乳酸などの酸味、ブドウ糖など糖類の甘みが加わり、多くの微量成分も働いて苦み、渋みもある複雑な味が生まれます。300種以上含まれる芳香成分も、大きな特徴です。

醤油は、東南アジアから東アジアで発祥した発酵食品「醤《ひしお》」がルーツ。肉、魚介、野菜なども使い、そのまま食べたり浸出液を調味料に用いたものですが、日本では穀物や豆を原料とするものに進化。鎌倉時代に紀州（和歌山県）・湯浅で、醤油の原形である「溜《たまり》醤油」が誕生。淡口《うすくち》醤油とともに、関西で利用されました。江戸時代になると江戸近郊で濃口醤油が作られ、庶民の食事にも使われるようになって、今日に至ります。

JAS（日本農林規格）では、製造方式で「本醸造」「混合醸造」「混合」の3つに大別し、「本醸造」が8割を占めます。本醸造の醤油は、「濃口醤油」「淡口醤油」「溜醤油」「再仕込《さいしこ》み醤油」「白醤油」の5種に分類。また、窒素分の含量や色の濃淡で、「特級」「上級」「標準」などの区別も。一般に醤油と言えば「濃口醤油」を指し、全生産量の80％を占めます。近年では、北米を中心に世界に輸出されています。なお、秋田県のはたはたで作る「しょっつる」、石川県の鰯《いわし》や烏賊《いか》で作る「いしる」は東南アジアの魚醤と同類です。

【選び方】　パッケージの表示をチェックし、原材料や種類を知って選びましょう。

◎料理のコツ

濃口醤油はすっきりした香りとクリアな味わい、繊細な色が命です。この香りを逃がさないように料理するのがコツ。香り成分は加熱によって逃げるので、2～3回に分けたり、料理の仕上がり時に加えるなどを心がけましょう。焦がすと香ばしくなるので、鍋肌から入れる知恵も必要。焼き飯や焼きおにぎりなどがその例です。醤油は味付け以外に料理に旨みを加え、昆布

（264ページ）に含まれるグルタミン酸、鰹節《かつおぶし》（262ページ）のイノシン酸と相乗効果を発揮するので、これらと一緒に使うと一層引き立ちます。成分が非常に複雑なため、料理に及ぼす作用も複雑。魚の生臭さを取るほか、素材を酸性にして身を引き締めます。醤油の色は素材においしそうな色を付け、加熱すればアミノ酸と糖分が反応して、焼き鳥のタレや佃煮などのようにきれいなきつね色のツヤが生まれます。濃い塩分と酸の効果で保存作用があるので、醤油漬けなどの漬けものにも使われます。一方、淡口醤油は、煮物に使うと素材の色を生かします。淡口醤油は旨みは少ないのですが、近年のように〝だし〟を多用する料理には効果的ですから、家庭に常備したほうがいいでしょう。

さて、「自家製昆布醤油」の作り方をご紹介しましょう。濃口醤油50㎖にみりん50㎖、日本酒25㎖、昆布粉2gを合わせて火にかけ、沸騰したら弱火で2分加熱し、冷まします。刺身醤油や、野菜のお浸しなどのかけ醤油にもぴったりです。

なお、アミノ酸を添加したタイプの醤油は料理の味を損なうので、避けたいものです。

★濃口醤油　こいくちしょうゆ

塩分15～16％。旨みや香りが強く、肉や魚の臭みを消して風味をよくします。料理用、かけ醤油用に使える万能醤油。

★淡口醤油　うすくちしょうゆ

塩分18～19％。発酵と熟成期間が短く、色や香りを抑えた醤油でコクや旨みは少なめ。野菜や白身魚などの淡泊な色や香りを生かします。関西が主流でしたが、全国的に普及。

★溜醤油　たまりしょうゆ

塩分16％。醤油の原型に近く、色が濃くて独特の香りと濃厚な味を持ちます。原料はほぼ大豆で小麦はわずかなため、麦由来の芳香が少なめ。すし、刺身、照り焼きや佃煮にも使われます。多いのは愛知県、三重県、岐阜県など中部地方。

★再仕込み醤油　さいしこみしょうゆ

塩分16％。濃口醤油に麹を仕込んで熟成させます。味も香りも濃厚で、別名「甘露《かんろ》醤油」。刺身やすしなど、卓上用に。山口県を中心に、九州から山陰地方に多いタイプ。

★白醤油　しろしょうゆ

塩分18％。透明に近い醤油。原料は小麦が主で、大豆はわずかなため旨み成分が少なくて甘みが強く、独特の香りがあります。色の薄さを生かして吸いもの、茶碗蒸しに。江戸末期、現在の愛知県で生まれた歴史の浅い醤油。

味噌

みそ

主成分は炭水化物やたんぱく質。塩味、旨み、甘み、酸味、苦み、渋みなどが複雑に絡み合った、深い味の調味料。大豆を煮るか蒸してつぶし、米麹（または麦麹など）と塩を加えて発酵、熟成させて作ります。味噌は古代中国の「醤《ひしお》」がルーツで、日本で独自に進化。室町時代に大豆の生産量が増えて農家が自家製味噌を作るようになり、戦国時代には兵糧として、武田信玄による「信州味噌」、伊達政宗による「仙台味噌」、豊臣秀吉・徳川家康による「豆味噌」なども発達。江戸時代になると各大名も味噌作りを奨励し、庶民の必需品に。明治以降、近代には容器の変遷などがあり、現代に至ります。地方ごとに味や色が異なり（次ページの表を参照）、現在は全国で数百種にも。それらは麹の原料別に「米味噌」「麦味噌」「豆味噌」に大別。米味噌は、大豆に米麹を加えて作ったもので、味噌全体の8割を占めます。麦味噌は大豆に麦麹を加えて作ったものので、豆味噌は大豆に豆麹を加えて作ったもの。なお、発酵に必要な菌を添加して発酵期間を短くしたものや、容器に詰めた後、発酵が続かないように加熱殺菌したものもありますが、これらは本来の味噌とは言えません。このように味噌は生きもので、理科学的な分析ができず規格化が困難なため、ＪＡＳ（日本農林規格）がありません。

【選び方】 パッケージの表示をチェックし、原材料などを確認。「天然醸造」「長期熟成」などの表現は「全国味噌業公正取引協議会」による表示基準があり、会員証も目安になります。

【栄養】 優れたたんぱく源で必須アミノ酸も含み、消化しやすく、ビタミンやミネラル、食物繊維も豊富。

◎料理のコツ

味噌は、日本の調味料の中でも特に優れもの。旨みのない塩を基準にすると、醤油は１００倍、味噌は２００倍もの旨みを持っています。私が使うのは、「信州味噌」、愛知県の「豆味噌」、京都の「白味噌」の3つ。どれも、味噌の菌が生きている加熱処理をしないもので、しかも大豆の粒が残る「粒味噌」タイプを選び、そのまま、または味噌汁や煮ものにはこして使います。信州味噌は旨み、風味、塩分がちょうどよくていろいろな料理に使え、豆味噌は夏の「赤だし」に、白味噌は「田楽」などの焼きものや汁ものに。

味噌を汁ものに使うとき、だしが必要な場合と、水で充分な場合があることを知ってください。米味噌を例にすると、味噌ごとに大豆と米麹の割合が違い、大豆を10とすれば仙台味噌は米麹6、越後味噌は7、信州味噌は8、江戸甘味噌は10、西京白味噌は20の割合。米麹が多い味噌ほど甘く、甘みは旨みなので水でいいわけです。米麹が少ない味噌は、だしが必要です。なお、味噌汁は長く煮立てると味噌特有の風味が蒸発してなくなるうえに、舌ざわりも味も悪くなるので注意を。

味噌には味を付ける、旨みを加える以外にも作用があります。まず、風味付け。味噌そのものが臭い成分を吸着するので、ダブル効果で風味が加わります。「鯉《こい》こく」や「鯖《さば》の味噌煮」「牡蠣《かき》の土手鍋」など青魚や淡水魚、貝類などに利用するのがその例。「味噌焼き」のように焦がすと、一層いい匂いになります。料理に色をつける作用は、赤味噌、淡色味噌、白味噌それぞれで効果を発揮。塩分による保存作用は味噌漬けに利用。

味噌の分類

<table>
<tr><th>麹の原料別に分類</th><th>味による分類</th><th>色による分類</th><th>代表的な産地</th><th>代表的な味噌名</th></tr>
<tr><td rowspan="6">米味噌</td><td rowspan="2">甘味噌</td><td>白</td><td>近畿地方　岡山　広島　山口　香川</td><td>西京白味噌
讃岐白味噌　府中白味噌</td></tr>
<tr><td>赤</td><td>東京</td><td>江戸甘味噌</td></tr>
<tr><td rowspan="2">甘口味噌</td><td>淡色</td><td>静岡　北陸地方　九州地方</td><td>越中味噌</td></tr>
<tr><td>赤</td><td>徳島　その他</td><td>御膳味噌</td></tr>
<tr><td rowspan="2">辛口味噌</td><td>淡色</td><td>関東甲信越地方
北陸地方　全国各地</td><td>信州味噌</td></tr>
<tr><td>赤</td><td>関東甲信越地方　東北地方
北海道　全国各地</td><td>北海道味噌　津軽味噌
仙台味噌　越後味噌</td></tr>
<tr><td rowspan="2">麦味噌</td><td>甘口味噌</td><td></td><td>九州地方　四国地方　中国地方</td><td rowspan="2">瀬戸内麦味噌
九州麦味噌</td></tr>
<tr><td>辛口味噌</td><td></td><td>九州地方　四国地方
中国地方　関東地方</td></tr>
<tr><td>豆味噌</td><td></td><td></td><td>中京地方(愛知　三重　岐阜)</td><td>東海豆味噌</td></tr>
</table>

注　甘味噌、甘口味噌は塩分6%前後　辛口味噌は塩分12%前後

砂糖

さとう

主成分は「ショ糖」。原料は、光合成でできる糖質を「ショ糖」で蓄えるさとうきび（甘蔗《かんしょ》または甘しゃ）と、さとうだいこん（甜菜《てんさい》、別名ビート）。さとうきびはイネ科で熱帯や亜熱帯で栽培され、さとうだいこんは根の長さ30cmほどのアカザ科で、冷涼な地域で栽培されます。ニューギニア原産のさとうきびは紀元前2000年頃にインドで定着し、世界に伝播。日本へは奈良時代に伝来。栽培は江戸初期に琉球（沖縄）で始まり、薩摩藩は莫大な収益に。長崎からも輸入されました。甜菜糖は18世紀ドイツ発祥で、明治初期に北海道に定着。いずれも貴重で、一般に普及したのは明治以降。製造法や精製度などで分類すると、「含蜜糖」に黒砂糖、赤砂糖、和三盆などが、糖蜜を分離した「分蜜糖」にグラニュー糖、上白糖《じょうはくとう》、三温糖、氷砂糖など。和三盆は香川県や徳島県の名産。淡黄色の微細結晶で高級和菓子用です。

【産地】 さとうきびは鹿児島県の奄美群島（奄美大島・徳之島・喜界島《きかいじま》）と沖縄県。さとうだいこんは北海道。

【栄養】 1gはおよそ4キロカロリーのエネルギー。食べるとすぐぶどう糖になる即効性があります。

◎料理のコツ

西洋料理や中華料理では、あまり砂糖を使いません。和食では家庭に普及した昭和初めから、甘さイコール旨さであると〝だし〟のように使い始めました。野菜の煮しめなどに入れるのは、その例。すき焼きも砂糖を使う代表です。砂糖には、ほかにも役割が。加熱したでんぷん（α《アルファ》でんぷん）に水が含まれる場合、冷やすと生でんぷん（β《ベータ》でんぷん）に戻ってパサパサしますが(老化)、砂糖は水分を吸収し、老化が起きません。カステラがいつまでもしっとりしているのはそのため。卵のたんぱく質が固まる温度も上げるので、卵焼きが柔らかく仕上がります。なお、「上白糖」は日本独自の優れた砂糖で、何にでも使えます。家庭では上白糖を基本に、あとは目的で1、2種の使い分けをするとよいでしょう。

酢
す

主成分は酢酸。穀物や果実をアルコール発酵させて酒にし、「種酢《たねず》」と呼ばれる酢酸菌で発酵。酒作りと関係が深く、日本の米酢、フランスのワインビネガー、イギリスのモルト（麦芽）ビネガーなど風土に合った酢があります。日本では、5世紀に中国から酒の製法と前後して伝来。江戸時代には米酢が大量生産されて、江戸前寿司などの使い方も誕生。現在、ＪＡＳ（日本農林規格）では「食酢」を2つに大別。「醸造酢」と「合成酢」で、後者は氷酢酸や酢酸を薄めて糖類や旨み成分などを加えたもの。流通するのはほとんど「醸造酢」で、原料別に「米酢」、小麦や米などの穀物で作る「穀物酢」など多様。消費量が多いのは穀物酢です。

【栄養】　クエン酸を含み、疲労回復に効果的です。

◎料理のコツ

まず、「合成酢」ではなく「醸造酢」を使うのが基本。香りが強すぎない「穀物酢」がおすすめです。私は特別にコクが欲しい場合に「米酢」を、またサラダには「ワインビネガー」、素材が淡泊な場合に「バルサミコ酢」を忍ばせたりもします。酢は、旨みも持つ調味料で、すし飯でも酢のものでも直前に酢に火を通し、「酢っ気」を飛ばして使うのがポイント。鼻孔や舌への刺激が弱まり、旨みも感じやすくなります。ただし魚の酢洗いやさばの酢締めなど、生酢《きず》として使う場合はそのままで。酢の役割としては防腐力、殺菌力は一番。生姜《しょうが》や茗荷《みょうが》の甘酢漬けが薄紅色になるアントシアニン色素発色作用や、蓮根《れんこん》を酢水に浸すと褐変を防げる色止め作用も。たんぱく質凝固作用もあります。鯖《さば》の酢締めは、まず塩で（私のやり方では砂糖で締めて塩でも）締め、酢に浸しますが、魚肉は白くなり、凝固します。卵をゆでるときの湯に酢を入れると、卵が割れても白身が固まるのもそのため。魚の生臭さを消すのは「鰯《いわし》の酢煮」の料理例が。酢のものに使う際は、「合わせ酢」にします。酢1対醤油1で合わせた「二杯酢」や、二杯酢に砂糖（またはみりん）1を合わせた「三杯酢」、「三杯酢」をだし汁で調整した「土佐酢」、そのまま飲めるようにだし汁を多くした「加減酢」などがあります。

酒
さけ

ここでは、日本酒について述べます。主成分はエチルアルコール類で酸類や糖類、少量のアミノ酸を含みます。米が原料の酒造法は中国から伝来しましたが、麹菌を利用するなど日本独自に発展。平安時代には現代と変わらぬ製法だったことが、『延喜式』（900年代）に記載。江戸時代には、「造酒屋」による効率的な酒造技術が発達。上方の酒が、大消費地・江戸へ運ばれました。明治以降は、精米技術や管理システムが進化して均質化。現在、日本酒は多様化して輸出も拡大しています。日本酒は米麹を用いて蒸した酒米を糖化し発酵させ、こして作りますが、糖化と発酵を同時に進行させる「並行複発酵法」が特色。酵素の動きを止めて熟成させる「火入れ」など、伝統製法も継いでいます。酒税法では醸造酒は、原料や精米歩合などで「純米大吟醸酒」「吟醸酒」「純米酒」など8つに分類。これ以外が「普通酒」で、消費量では一番多いタイプです。

【選び方】 瓶やパッケージの「製法品質表示基準」をチェックして、選びましょう。

【栄養】 日本酒（普通酒）は100g当たり、109キロカロリー。適量を摂取すれば、アルコールが血行を促進、高血圧の予防・改善などにも役立ちます。

◎料理のコツ

料理には、醸造酒の中でも普通酒がいいでしょう。ただし、上質なお吸いものには純米酒を。「料理酒」というものもありますが、ごく例外を除き、醸造アルコールに塩分やアミノ酸を添加したもの。料理の味付けがブレるし、たくさん使うと苦みも出るので感心しません。日本酒は、塩、醤油、味噌など基本調味料の効果を最大限に発揮させます。ほかに、下ごしらえで魚や肉の臭いを取り、柔らかくします。私は、アルコールが蒸発して水分が減りやすい「捨て水効果」を利用。煮ものは最初は多めの水分が必要ですが、水100％では煮詰まるのに時間がかかり、煮くずれることも。酒は半分の時間で済み、蒸発の際に臭みも付着して消えます。

みりん

主成分は、40～50％のブドウ糖をはじめオリゴ糖など多くの糖類。アミノ酸などの旨み成分や、12～15％のアルコールも含みます。蒸したもち米、米麹、焼酎（または醸造アルコール）を原料に醸造し、糖化・熟成させて作ったもの。正月のおとそ、ひな祭りの白酒などにも使用。ルーツは、古くから日本にあった「練酒」「白酒」などの甘い酒という説や、中国伝来の「蜜淋《みいりん》」が戦国時代に九州に伝来という説も。江戸中期には甘い酒として珍重され、調味料としても使われるように。昭和30年代に一般家庭に普及しました。「みりん風調味料」（「料理のコツ」参照）などと区別するため、「本みりん」と呼ばれます。アルコール分があるため酒税がかけられ、酒類販売免許のある店でのみ販売。

【選び方】 パッケージの表示を確認し、原材料などを知って選びましょう。

【栄養】 炭水化物が多く、アミノ酸も豊富。ビタミンB群やミネラルの銅も含まれます。

●料理のコツ

みりんは、まろやかで奥深い甘みがあります。この甘みを上手に利用するのがポイント。濃度があるので、煮詰めると料理にツヤや粘り気、いい匂いをもたらします。煮汁やソースを作るのに好都合ということ。また、アルコール分は均一に味がしみ込むのを助け、蒸発する際に素材の嫌な臭いも付着。煮くずれを防ぎ、きれいな焼き色も付けます。同じ醸造調味料である醤油、酢、味噌などとは相性がよく、それぞれの効果を高める作用も。ところで「みりん風調味料」や「みりんタイプ発酵調味料」というものがあります。前者は高濃度の糖液に塩分、アミノ酸、化学調味料などを加え、アルコール分はほとんどありません。後者はアルコールが含まれますが、飲用できないように塩分を高濃度に加えたもの。どちらも酒税がかからないので「本みりん」より安価で、一般の食料品店で売られています。しかし前者は醸造ではないため風味が落ち、アルコールによる調理効果がなく、後者は料理の味付けがブレるので、やはり「本みりん」をどうぞ。

植物油

しょくぶつあぶら

主成分は脂肪酸。奈良時代に中国から胡麻《ごま》油が伝来し、灯火以外に薬用や食用に。江戸期には菜種油が量産されて庶民の料理にも「天ぷら」が普及し、薩摩藩の「つけ揚げ（さつま揚げ）」なども発達。胡麻や、アブラナの種子・菜種は、含油量45％前後と搾油しやすい種子です。昭和初期、世界有数の大豆産地だった満州への進出を契機に、絞り粕が優れた稲作肥料になる、含油量18％の大豆も原料に。当時、イギリスでヘキサンという溶剤で抽出する技術が誕生し、日本でも近代的な製油法が発展しました。植物油は原料別に大豆油、菜種油、胡麻油などがあり、固有の風味を持ちます。「サラダ油」「天ぷら油」「白絞油《しらしめゆ》」など、用途別にブレンドされた油も。菜種油が最も多く生産されています。

【選び方】 パッケージに記載された品質表示で、原材料や賞味期限をチェック。

【栄養】 脂質としてエネルギー源になり、必須脂肪酸や、ビタミンEも含まれます。

料理のコツ

和食では食文化の歴史上、もっぱら植物油を使います。「天ぷら」や「竜田揚げ」などの揚げものや、筑前煮やきんぴらのような炒め煮などがその例。私はサラダ油を基本に使い、天ぷらは太白《たいはく》胡麻油で、という使い分けです。日本では昭和30年代後半に、サラサラした「サラダ油」が安価に登場。生野菜を食べるブームとともに、食生活に油が入りました。和食の減塩の目的もあり、油は調理中に乳化して塩味を和らげ、料理そのものの味も丸くするのです。揚げものでは、食材のアクや臭みが水分とともに抜け、香ばしさとパリッとした食感が加わります。揚げもののコツを説明すると、まず、家庭では小さくていいので深めの揚げ鍋を使うこと。一回に揚げるたねは、油の表面積の$\frac{1}{2}$～$\frac{1}{3}$程度に。揚げる温度はどんな料理もだいたい170～180℃で、揚げ終わりはたねが浮いて周囲の泡が小さく、衣が薄いきつね色になったとき。油の温度は、菜箸を入れたときの泡の出方で判断します。箸全体から細かい泡が出るのが170～180℃（中温）です。

◎この本に登場する栄養用語解説

たんぱく質

三大栄養素の一つで、筋肉、内臓などの臓器、皮膚、髪の毛などの主成分。酵素やホルモン、免疫抗体などの材料にもなる。血液中の酵素を運ぶヘモグロビンや鉄を貯蔵するフェリチンもたんぱく質の一種で、人間の体の隅々まで関わっている。たんぱく質は体内で合成と分解を繰り返し、分解されるとアミノ酸になる。アミノ酸は20種類あり、体内で合成できない9種類は「必須アミノ酸」と呼ばれ、食事以外に摂る方法はない。動物性たんぱく質は肉類、魚介類、卵、乳・乳製品などに、植物性たんぱく質は大豆・大豆製品に多く、米、小麦、そばなどの穀類にも含まれる。

脂質

三大栄養素の一つで、体温の保持や活動のためのエネルギー源。細胞膜や、ホルモンの材料にもなる。脂質の大部分を占める中性脂肪は、体内で分解されて脂肪酸とグリセリンになり、エネルギー源として使われ、余った脂肪酸は体脂肪として貯蔵される。体内で合成できない脂肪酸が「必須脂肪酸」で、リノール酸、α-リノレン酸、アラキドン酸の3種。これは食事から摂る必要がある。脂肪は植物油や肉類、乳製品に多く、脂ののった魚にも多い。

炭水化物

三大栄養素の一つ。化学式が、炭素と水でできているように見えるのでこの名がついた。エネルギー源になる糖質(でんぷんなど)と、消化されにくい食物繊維とがある。糖質は、消化と吸収に優れた利用しやすいエネルギー源で、生命維持のために欠かせない。糖質は植物が光合成によって作り出し、人間の体内では合成できないので食事で摂る必要があるが、摂りすぎると体内で脂肪に変わって蓄積され、肥満を招くことにも。糖質の最小単位である「ブドウ糖」は、脳の唯一のエネルギー源で、不足すると疲労感や脱力感に見舞われる。主食と呼ばれるご飯やパン、麺類などの穀類や、芋類、砂糖などに含まれる。

食物繊維

炭水化物の一種で、人間の体内では消化しづらく、エネルギー源にはなりにくいが、さまざまな生理機能がある。水溶性と不溶性のものがあり、不溶性の場合は大腸内の食物カスを包んで排出し、便秘を防ぐ。水溶性のものは、腸内の善玉菌の餌になって腸内環境を整える。大豆や芋類、きのこなどに多い。

ミネラル類

◎ナトリウム　カリウムとバランスを取り合って、体液の水素イオン濃度(pH)の調整や、体液量の調節に関わる。食塩や醤油などの調味料、加工食品、保存食などから摂取することが多い。筋肉の興奮を抑える働きもあるが、摂りすぎには注意。

◎カリウム　ナトリウムとバランスを取り合う関係にあり、ナトリウムが過剰になると排泄する働きがある。塩を摂りすぎる傾向のある日本人には、大切なミネラル。血圧を安定させる働きも。野菜、芋類、海藻、果物、豆、魚介に多く含まれる。

◎カルシウム　人体に最も多く存在するミネラルで骨や歯を形成し、血液にも一定量含まれる。多くの神経伝達に関わり、筋肉の収縮を正常に保つ働きも。乳製品や小魚、小松菜、ひじきなどに含まれ、乳製品のカルシウムはリンとのバランスがよく、吸収されやすい。

◎マグネシウム　丈夫な骨や歯の形成に必要で、筋肉の働きを調整し、心臓を正常に保つ働きも。血圧の調節にも関わり、新陳代謝やエネルギー作りを補助している。人間では骨に多く蓄えられている。種実類、魚介、海藻、野菜、豆類に多い。

◎リン　体内ではカルシウムに次いで多く含まれ、85%はカルシウムと結合して骨を形成している。エネルギー代謝に関わったり、たんぱく質や脂質などと結合して細胞膜も形成。広く動植物に存在し、特に肉や魚、乳製品、大豆に多い。

◎鉄　赤血球中のヘモグロビンの成分で、肺から全身に酸素を運ぶ重要な役割を果たしている。肉類や魚類など動物性食品に多く含まれるヘム鉄と、野菜・海藻、大豆製品など植物性食品に含まれる非ヘム鉄があり、ヘム鉄のほうが吸収率はよい。

◎亜鉛　さまざまな酵素の働きを促進する働きがあり、爪や髪の毛の成長、傷の修復、粘膜の維持などに不可欠な栄養素。味覚を正常に保つ役割も果たしている。魚介類に多く含まれ、肉類や大豆製品、海藻にも含まれる。

◎銅　鉄から赤血球ができるのを助ける。人間の体内に多くある酵素の材料にもなる。例えば活性酸素を除いて老化を防ぐ、骨の形成を助けるなど。エネルギー生成を促すなども。牡蠣や烏賊など魚介類、大豆、種実類に多い。

◎ヨウ素　甲状腺ホルモンの主成分。甲状腺ホルモンは、発育や基礎代謝の促進に深く関わっており、重要な働きをしている。ヨウ素は海水に多いため、海産物全般に豊富に含まれ、日本人は世界的にも突出した摂取量を誇る。

ビタミン類

◎ビタミンA　油に溶ける脂溶性ビタミン。動物性のレチノールと植物性のβ《ベータ》－カロテン類があり、皮膚や目の健康を守り感染症を予防。肉のレバー、鰻、卵、緑黄色野菜に多い。

◎ビタミンD　脂溶性ビタミン。紫外線に当たると体内で合成できるが量は少なく、食事で補給を。カルシウムの吸収を助ける重要な働きをする。魚介や魚の肝臓、卵、きのこに。

◎ビタミンE　脂溶性ビタミン。体内で有害な働きをする活性酸素を防ぎ、老化を防止する。植物油や種実類、青菜、魚介類などに多く含まれる。

◎ビタミンK　脂溶性ビタミン。出血を止める「止血ビタミン」であり、また、カルシウムを補助して骨を丈夫にする働きも。納豆に非常に多く含まれ、緑黄色野菜、海藻にも。

◎ビタミンB_1　水溶性ビタミンのB群の一つで、糖質の代謝に不可欠。白米が主食の日本人に特に大切なビタミン。疲労回復にも不可欠。豚肉、鰻、米の胚芽、豆類、種実類に多い。

◎ビタミンB_2　水溶性ビタミンのB群の一つで、たんぱく質、脂質、糖質の代謝に働く。特に脂質の代謝に深く関わる。肉のレバー、鰻、卵、納豆、乳製品、葉もの野菜に多い。

◎ナイアシン　水溶性ビタミンのB群の一つで、たんぱく質、脂質、糖質の代謝に働く。アルコールの分解に大きな役割を担っているのも特徴。肉や青魚、種実類などに多い。

◎ビタミンB_{12}　水溶性ビタミンのB群の一つで、葉酸と協力して赤血球のヘモグロビン生成に働く「赤いビタミン」である。動物性食品、特に牡蠣などの貝類や、肉のレバーに多い。

◎パントテン酸　水溶性ビタミンのB群の一つ。糖質、脂質、たんぱく質の代謝に必要な、酵素を助ける役割。皮膚や粘液の健康維持にも。魚介類、肉、卵、納豆、きのこなどに。

◎ビタミンC　水溶性ビタミンで、強い抗酸化作用があり、コラーゲンや抗ストレスホルモンの合成に不可欠。風邪をひきにくくし、美肌効果も。緑黄色野菜、芋類、果物に多い。

◎ビタミンU　水溶性で、ビタミンに似た働きをする（ビタミン様物質）。キャベツから発見され、別名キャベジン。胃酸の分泌を抑え、胃腸の粘膜を修復する。ブロッコリーにも。

◎イノシトール　水溶性で、ビタミンに似た働きをする物質（ビタミン様物質）。コレステロールの流れを円滑にし、肝臓に脂肪がたまらないようにする。果物に多い。

機能性成分

ポリフェノール類

◎アントシアニン　赤や紫、青色をした色素成分で、水溶性。抗酸化作用があり、視力を守り、肝臓の機能を強化する働きもある。赤紫蘇、黒豆、小豆、紫芋などに含まれる。

◎イソフラボン　女性ホルモンのエストロゲンと似た働きがあり、骨粗鬆症予防や、更年期障害の解消に役立つ。豆腐、納豆、きな粉などの大豆製品に多く含まれる。

◎カテキン　主にお茶類に含まれる、苦みや渋みのもととなる成分。抗酸化作用があり、免疫力を高める。高い温度で抽出されやすいので、熱く淹れたお茶に多い。

◎γ《ガンマ》-オリザノール　米の胚芽や米ぬかに含まれる成分。米油にも多い。自律神経をととのえ、皮膚の肌あれや乾燥を防ぐなどの作用が期待される。

◎クルクミン　ウコンに含まれる黄色い色素成分。肝機能を強化したり、胆汁の分泌を促す働きがある。カレー粉や、ウコンで色付けしたたくあんにも含まれている。

◎クロロゲン酸　コーヒーに含まれる苦み成分で、タンニンの一種。抗酸化作用がある。牛蒡、さつま芋、じゃが芋、りんごなどにも含まれる。

◎サポニン　植物に含まれる糖の一種。苦みやえぐみ、アクのもとで、水に溶かすと泡状になる。殺菌、抗菌作用がある。特に大豆サポニンは、抗酸化作用が強い。

◎ショウガオール　生姜に含まれる辛みや香りの成分で、乾燥させたり加熱することによって生じる。強い抗酸化作用があり、胃液の分泌を促し、食欲を増進させる。

◎セサミン　胡麻の食物繊維の成分。抗酸化作用があり、血中コレステロールを下げたり、アルコールを分解し、肝臓の働きを強める働きなどがある。黒胡麻に多い。

◎タンニン　お茶や柿などに含まれている渋み成分。筋肉を収縮させ、止血や鎮痛などに働く。便を固くするので下痢止めにも役立つ。紅茶やコーヒーにも含まれる。

◎ナスニン　茄子の皮の紫の色素成分で、アントシアニンの一種。抗酸化作用のほか、動脈硬化防止や抗がん作用が期待される。水溶性なので、味噌汁など汁ごと食べる調理法で。

カロテノイド類

◎アスタキサンチン　鮭や海老などに含まれる赤い色素成分。抗酸化作用が非常に強く、特に脂質の酸化を防ぐ力が大きい。蟹、鯛、蛸、イクラやたらこなどにも含まれる。

◎α《アルファ》-カロテン　緑黄色野菜に含まれる色素成分。体内でビタミンAとして働くが、ビタミンA効力は比較的弱い。抗酸化作用や抗がん作用が期待される。

◎カプサンチン　赤ピーマンや赤唐辛子などの植物に含まれる、赤い色素成分。抗酸化作用はリコペンと同等。なお、辛味成分のカプサイシンとは別もの。

◎β《ベータ》-カロテン　緑黄色野菜に含まれる黄色やオレンジ色の色素成分。体内で必要に応じてビタミンAとして働く。抗酸化作用も強く、体の成長にも働く。人参、南瓜などに多い。

◎リコペン　トマトやすいかなどの植物性食品に含まれる、赤い色素成分。カロテンの一種だがビタミンA効力はない。強力な抗酸化作用がある。

◎ルテイン　緑黄色野菜に含まれる黄色い色素成分。抗酸化作用があり、特に目の健康を守る効果がある。とうもろこしや卵黄にも含まれる。そばに含まれるルチンとは別。

含硫化合物類

◎アリシン　硫化アリルの一種で、にんにくの香り成分。疲労回復を助け、抗酸化作用や食欲増進効果、抗菌作用がある。長葱、玉葱、にら、浅葱などにも含まれる。

◎スルフォラファン　ブロッコリーなどアブラナ科の野菜に含まれる、辛み成分。抗酸化作用があり、解毒に役立ち、免疫力を向上する働きがある。キャベツ、貝割れ菜にも。

多糖類

◎キチン・キトサン　蟹、海老など甲殻類の殻に含まれる動物性の食物繊維。コレステロールや有害物質を吸着して体外に排出。免疫力を高める働きも。きのこやチーズにも。

◎グルコサミン　人間の体内で作られ、軟骨、爪、靭帯などに存在。関節の動きをなめらかにし、痛みを和らげる。山芋、オクラ、ふかひれ、甲殻類の殻、干し海老などに含まれる。

◎グルコマンナン　蒟蒻に含まれている食物繊維。別名・コンニャクマンナン。便秘を解消し、コレステロールの上昇を抑え、血糖値を正常化させる。

◎コンドロイチン　人間の軟骨、目の角膜、各臓器、皮膚などに存在する、ねばねばした物質。食物繊維の一種である。納豆、山芋、オクラ、海藻、鰻などに含まれる。

◎β《ベータ》-グルカン　きのこ類に含まれる成分。免疫力をアップさせ、コレステロールを下げ、抗がん作用も期待できる。大麦、オーツ麦などにも含まれる。

◎ムチン　山芋や、里芋などに含まれるねばねばした物質。人間の粘膜にも存在する。胃の粘膜を保護し、肝臓や腎臓の機能を高める。オクラ、蓮根、納豆、なめこにも。

オリゴ糖

◎大豆オリゴ糖　オリゴ糖とは糖質の一種で腸内環境を整え、美肌効果、便秘改善、虫歯予防効果がある。「大豆オリゴ糖」は、大豆に含まれる。甘みは砂糖の70％ほど。

アミノ酸など

◎アスパラギン酸　アスパラガスから発見されたアミノ酸。疲労回復や体力アップ効果がある。グルタミン酸と同様に旨み成分で、醤油や味噌にも存在。豆類、肉類にも含まれる。

◎コラーゲン　人間の皮膚や血管などに存在する繊維状たんぱく質。体内たんぱく質の30％を占める。美肌効果や骨を強くする役割が。肉類の筋、魚のアラや皮、ふかひれにも。

◎タウリン　イオウ成分を含むアミノ酸。人間の体内にも存在し、その5〜8割は筋肉にある。血圧を下げ、肝機能を高める。牡蠣、烏賊、蛸などの魚介類に多い。

不飽和脂肪酸

◎アラキドン酸　広い意味での必須脂肪酸。免疫機能を調整し、血中コレステロールの上昇を抑え、学習能力を向上する働きも。肉類やレバー、魚介、卵などに多い。

◎α《アルファ》-リノレン酸　体内では合成できない必須脂肪酸の一つ。アレルギーを抑制し、高血圧を予防するなどの働きがある。アマニ油、えごま油、くるみなどに含まれる。

◎EPA（IPA）　エイコサペンタエン酸の略称。別名、IPA（イコサペンタエン酸）。青魚や鰻に多く含まれる不飽和脂肪酸。中性脂肪が溜まるのを防ぎ、血栓を防ぐ。

◎オレイン酸　オリーブ油など、常温で液体の油に含まれる不飽和脂肪酸。酸化しにくいのが特徴。血中コレステロールを下げる働きが。アーモンド、ピーナッツにも。

◎DHA　ドコサヘキサエン酸の略称。青魚に多く含まれる不飽和脂肪酸。血中の中性脂肪を減らすなどの働きが。青魚以外には鰻、鮭、鮪のトロにも。

◎リノール酸　体内では合成できない必須脂肪酸の一つ。血中コレステロールを下げる働きがある。胡麻油やひまわり油、綿実油のほか、くるみやピーナッツにも。

その他の機能性成分

◎クロロフィル　青菜類に含まれる色素成分で、別名、葉緑素。植物内で光合成の中心的な役割を担う。抗酸化作用や腸を整える働きがある。青菜、ピーマン、緑茶、海藻などに。

◎ナットウキナーゼ　納豆菌の発酵作用でできる、たんぱく質分解酵素。原料の大豆には含まれない。血中コレステロール値を下げ、血栓を溶かす作用がある。

◎レシチン　脂質の一つで人間の細胞膜や脳、神経組織に多く存在する。血中コレステロール値を下げ、学習や睡眠などにも関わる。大豆、卵黄、鰻、雲丹、銀杏に多い。

◎**蛇籠《じゃかご》切り**　本来は河の護岸などのため、竹で編んだ網に石を詰めたもので、それを模した蓮根の飾り切りの一種。

◎**醤油洗い**　少量の醤油を材料にからませ、余分な水分をとり、薄く下味をつけること。和えものの下ごしらえ法。

◎**白髪《しらが》葱**　長葱の白い部分を4〜5cm長さに切り、細いせん切りにして水にさらしたもの。白髪のように真っ白く細い姿から、この名に。料理の仕上げに盛ることが多い。

◎**酢洗い**　酢を使う料理で、少量の酢を材料にからませ、余分な水分をとるとともに薄く下味をつける下ごしらえ。

◎**吸い口**　椀の蓋を開けたとき食欲をそそるよう、吸いものや味噌汁などに添える香り素材。春の山椒《さんしょう》、秋の柚子など。

は

◎**ひと塩**　材料に薄く塩をふったり、薄い塩味をつけること。干物の「ひと塩」は、塩分控えめの薄い塩味のこと。

◎**細造り**　刺身の切り方の一種で、おろした身を細長く切る方法。「糸造り」とも言う。

ま

◎**松笠切り**　烏賊《いか》などの表面に、包丁を寝かせぎみにして斜めから入れ、斜め格子状の切り目を入れること。熱を加えると切り口が開き、松笠状になる。

◎**面取《めんと》り**　切った野菜の角を薄くむき取り、角を丸くすること。煮くずれするのを防ぐだけでなく、姿が美しくなる。

や

◎**焼霜《やきしも》**　魚や肉を炙《あぶ》って、表面だけにさっと熱を通すこと。たんぱく質が変性して白く霜がおりたようになる。

◎**湯霜《ゆしも》**　さっと湯に通して、すぐに冷水にとること。主に刺身のように生っぽく食べるときの方法。「湯引き」ともいう。

ら

◎**六方むき**　里芋などの球形の材料を、六面体になるように皮をむきながら切る方法。煮くずれしにくく、見た目も美しい。

この本に登場する料理用語解説

あ

◎粗熱《あらねつ》をとる　加熱した材料や料理を、手で触れられるほどに冷ますこと。そのまま置いたり、ぬれ布巾を鍋底にあてる。

◎追い鰹《がつお》　だし汁や煮ものの仕上げに削り鰹を加え、さらに旨みや風味を加えること。

◎おか上げ　ゆでた材料を水にとらずに、そのままざるに上げて冷ますこと。「生《き》上げ」ともいう。

か

◎桂《かつら》むき　大根や胡瓜などを4〜6cm長さに切り、丸みに添って包丁を上下に動かし、巻き紙のように薄く切ること。

◎鹿《か》の子《こ》切り　材料の表面に垂直に包丁を入れ、縦横に格子状の切り目を入れること。子鹿の背のまだら模様を模したもの。烏賊《いか》などで用いる。

◎皮霜《かわしも》造り　鯛など、皮に旨みが多くて固い魚を皮付きのまま刺身にする場合、皮の部分にだけ熱を通すこと。皮を上にまな板に並べて布巾をかけ、上から熱湯をかけてすぐ氷水にとり、水気を拭いて刺身に切る。

◎皮目《かわめ》　魚や鶏肉の皮が付いた部分、皮がついた面のこと。「皮目から焼く」とは、皮の付いた側から先に焼くこと。

◎化粧塩《けしょうじお》　魚を一尾のまま塩焼きするときに、胸びれや尾びれにたっぷりつける塩のこと。焼き上がりの姿がよくなる。

◎小口切り　野菜の切り方の一種で、長葱や胡瓜など細長いものを片端からまっすぐに切ること。厚さは用途による。

さ

◎酒《さか》蒸《む》し　素材に塩と酒をふって蒸すこと。白身魚や貝、鶏肉など、淡泊な材料を上品に仕上げるときに使う加熱法。

◎さくどり　鮪のような大きな身のかたまり、また三枚におろした大きな魚を、刺身や切り身にする前に形を整えること。さくどりした身が「さく」。

◎ささがき　牛蒡《ごぼう》でよく用いる切り方。左手で材料を回しながら、右手に持った包丁で先がとがるようにそぎ切る。

◎霜《しも》降《ふ》りにする　魚や肉を湯に通し、表面だけにさっと熱を通すこと。たんぱく質が変性して白く霜がおりたようになる。湯の温度は、素材や目的によって約65℃から熱湯まで。すぐに冷水にとって、余熱を止める。

野崎洋光（のざき・ひろみつ）
東京・南麻布の日本料理店「分とく山」総料理長。1953年、福島県古殿町生まれ。武蔵野栄養専門学校を卒業、栄養士でもある。従来の考え方にとらわれない今の時代に合った料理哲学を、やわらかな語り口で分かりやすく説く、稀有な料理人。常に家庭料理の大切さ、家庭でしか作れないおいしさを唱えている。『和食のきほん、完全レシピ』（小社刊）、『日本料理 前菜と組肴』（柴田書店）など、著書も多数。

参考文献

『新・食品事典』全14巻 河野友美編 真珠書院
『七訂 食品成分表2016』 女子栄養大学出版部
『あたらしい栄養学』 吉田企世子・松田早苗監修 高橋書店
『日本料理 材料別献立便利帳』 野崎洋光著 柴田書店
『野崎洋光が考える 美味しい法則』 野崎洋光著 池田書店
『和食の美味しいコツ』 野崎洋光著 講談社
『野崎洋光のおいしさの秘密』 野崎洋光・松本仲子著 女子栄養大学出版部
『野崎洋光の野菜料理帳』 野崎洋光著 家の光協会
『野菜料理』野崎洋光著 柴田書店
『魚料理』野崎洋光著 柴田書店

ホームページ

独立行政法人農畜産業振興機構 https://www.alic.go.jp
農林水産省統計情報 http://www.maff.go.jp/j/tokei/
JF全漁連（全国漁業協同組合連合会） http://www.zengyoren.or.jp
ぼうずコンニャクの市場魚介類図鑑 http://www.zukan-bouz.com
大阪市水産物卸協同組合 http://www.suinaka.or.jp

撮影 日置武晴
顔写真 南雲保夫
ブックデザイン 縄田智子（L'espace）
イラスト 若山美樹（L'espace）
スタイリング 岡田万喜代
取材・構成 森山弥生
校正 株式会社円水社
編集部 原田敬子

料理上手になる 食材のきほん

発行日 二〇一七年二月二五日 初版第一刷発行
著者 野崎洋光
発行者 小穴康二
発行 株式会社 世界文化社
〒一〇二―八一八七 東京都千代田区九段北 四―二―二九
電話 〇三―三二六二―六四八三（編集部）
電話 〇三―三二六二―五一一五（販売業務部）
印刷・製本 中央精版印刷株式会社
DTP 製作 株式会社明昌堂

ISBN 978-4-418-17302-0

定価はカバーに表示してあります。
落丁・乱丁のある場合はお取り替えいたします。